——一线教师
18年的成长经历和育人实践

王象文 著

中国出版集团 现代出版社

图书在版编目（CIP）数据

润物无声：一线教师18年的成长经历和育人实践 /
王象文著. -- 北京：现代出版社，2024.7
ISBN 978-7-5231-0877-2

Ⅰ．①润… Ⅱ．①王… Ⅲ．①教育研究 Ⅳ．①G4

中国国家版本馆CIP数据核字(2024)第101955号

润物无声：一线教师18年的成长经历和育人实践

著　　者　　王象文

出 版 人　　乔先彪
责任编辑　　吴永静
责任印制　　贾子珍
出版发行　　现代出版社
地　　址　　北京市安定门外安华里504号
邮政编码　　100011
电　　话　　(010) 64267325
传　　真　　(010) 64245264
网　　址　　www.1980xd.com
印　　刷　　北京政采印刷服务有限公司
开　　本　　710mm×1000mm　1/16
印　　张　　16
字　　数　　262千字
版　　次　　2024年7月第1版　2024年7月第1次印刷
书　　号　　ISBN 978-7-5231-0877-2
定　　价　　58.00元

修身立德，做一名优秀的教师

前几天，办公室一个有30年教龄的语文老师在与我分享育儿经的时候说："孩子在小学五、六年级就要让他们多读中国四大名著，尤其是《西游记》。"的确，《西游记》是一部老少皆宜的作品，它融合了儒释道三家思想，堪称经典中的经典。比如，唐僧每到一个地方都会说："贫僧唐三藏，从东土大唐而来，去往西天取经。"寥寥几句就回答了："我是谁？我从哪里来？我要到哪里去？"这三个问题说难也不难，说简单却又精辟高深，直指人心。古往今来，多少智者穷其一生都在追寻这三个问题的答案，其结果也都是见仁见智。我想，作为教师，我们何尝不是用一生的教育实践来追寻这三个问题的答案呢？

"我是谁？我从哪里来？我要到哪里去？"回想自己的教师生涯，已有18个年头，这一路上我默默地耕耘着、奋斗着、奉献着，从一个懵懂无知的新教师，成长为一名优秀教师。教师这个职业虽然平凡，但也可以在平凡的工作中做出不凡的业绩。当我拿起笔想记录点什么与大家分享的时候，我思索了很久，几经修改，最终决定用"润物无声—— 一线教师18年的成长经历和育人实践"作为标题。"润物无声"出自杜甫的"润物细无声"。它寓意着教育的力量就像水一样，可以悄无声息地滋润嫩芽，孕育未来。这本书不仅仅是一段个人经历的述说，更是我对教育事业的热爱和探索与启示。在这里，您将看到教师成长的曲线，体验到教育奇迹的发生，感悟到教育的真谛。通过真实而深入的描绘，我们将一起领略教师是如何在教学中成为照亮学生成长的灯塔，又是如何在悄无声息中绽放美丽的。

我是谁？——教师之缘

我是谁？我是我孩子的父亲，是我父亲的孩子，是我老师的学生，是我学生的老师……在生活中，每个人都有不同的角色，不论什么角色，都值得我们去反思是否做得优秀，比如"作为一个父亲，我是一个优秀的父亲吗？""作为一名教师，我是一名优秀的教师吗？"等问题。下面，我想分享一下自己与教师这个职业的不解之缘。

2000年，高考填报志愿时，我根本就没有想过要填报师范专业，当时我就像现在很多学生的想法一样，觉得教师这个职业太单调、太辛苦，但阴差阳错，那一年我的高考分数没有达到想去的学校的分数线，最终被调剂到湖北教育学院英语教育专业。现在回想起来，我还是幸运的。

2004年，大四那年，惠东教育局和几所高中学校的领导在武汉招聘应届毕业生，我仍然记得与陈校长第一次见面时的情景，他看完我的简历后，给我的第一句话就是"你长得很像老师"，没有太多的深入交流，我就进入了现在的这所学校。后来，我也听到很多朋友说"一看你就知道你是老师，你像老师"之类的话。这么多年来，我也一直在思索："老师到底长什么样？"可能是我与教师这个职业真的很有缘吧。就这样，从毕业至今我一直在惠东高级中学工作，从教近18年，做了16年的班主任工作，目前担任高三年级主任的职务。去年，我被借调到教育局办公室，之后，又被借调到县教师发展中心工作，那里的工作性质、内容和在学校很不一样。因为不适应没有学生的日子，所以半年后，我又回到了学校。每当同事问我为什么这么快就回到学校时，我总会回答："我还是适合当老师。"

从职业的角度，我们不难回答"我是谁？"，我是一名人民教师。刚入职时，我总想着把自己所学的知识教授给学生，希望学生能够考出好分数，但随着教龄的不断增加，我对教师这个职业的认识也不断加深，不再单纯地认为教师就是教授知识，不再错误地认为教师就是帮助学生提分。作为一名教师，我们要有教师的职业意识、职业认同和职业承诺。我们不仅要教好书，更要育好人。立德树人为教育之根本，我们要做学生锤炼品格的引路人，做学生学习知识的引路人，做学生创新思维的引路人，做学生奉献祖国的引路人。

我从哪里来？——教师之路

今天的成功是因为昨天的积累，明天的成功则依赖于今天的努力。回想自己从教近18年的经历，一路辛苦一路歌，苦中有乐，乐在其中。如果我还算得上一位优秀教师的话，我想我的这份"荣誉"要归功于这18年的修炼。对于18年的教师之路，我想将其概括为五个关键点：良好的心态、扎实的学识、科学的方法、不懈的坚持和团队的力量。

第一个关键词：良好的心态

我至今仍记得自己教第一届学生的情景。2004年大学毕业后，我来到惠东高级中学，开始了自己的教学生涯。当我满怀热情与憧憬地踏上工作岗位时，迎接我的是两个特长班——美术班和体育班，成了这两个班的英语教师和美术班的班主任，让我突然感觉理想和现实的差距是如此之大。特长班学生的英语水平普遍较差，大部分学生的英语成绩在30~50分，班上能有80分的学生我都是如获至宝；纪律方面也是令人头痛的，对于我这个刚走上讲台的新手来说，这的确是一种磨砺。刚开始我也抱怨学校安排我带这样的班级真是大材小用，悲叹自己怀才不遇。但我还是要面对现实，渐渐地，我摆正了自己的心态，重新审视我的学生，发现特长班的学生竟然如此的可爱，我与他们打成一片。在这三年中，我痛并快乐着，不管学生给我制造什么麻烦，我都"动之以情，晓之以理，付之以爱"，因为我相信教师的爱一定会换来学生的爱，我要与他们共同成长。2007年，我的第一届学生毕业了，我看着他们在寝室整理行李，再目送他们离开校园，我深深地感受到付出真爱后的那份依依不舍。

正是这届特长生，教会了我如何与学生相处，教会了我如何做好一名教师，教会了我以积极的心态面对一切困难。我真的很感谢他们，这一份经历对于我而言是一笔财富。学生的成绩差并不可怕，关键在于我们应该以一种积极的心态去面对自己的学生。在我的教学生涯中，师生共同成长是我所追求的目标，学生教会了我许多东西，与其说是我在教授他们知识，不如说是他们教会了我如何当教师。正如于漪老师所说："我做了一辈子教师，但一辈子还在学做教师。"

第二个关键词：扎实的学识

"水之积也不厚，则其负大舟也无力。"作为教师，我们要有扎实的学识。学生往往可以原谅老师的严厉刻板，但不能原谅老师学识浅薄。知识储备不足、视野不够，在教学中必然捉襟见肘，更谈不上游刃有余。如何提高自身的专业水平和能力？我想，对于我个人而言最重要的一点是勇于参加各种教育教学比赛。这18年来，我做教师最大的感慨就是"越努力，越幸运"。

比如，积极撰写论文。我多次参加惠州市、惠东县优秀论文评比，有5篇论文获惠东县一等奖，有3篇论文获惠州市一等奖，还有10余篇在报纸杂志上发表；又如，我认真研究高考题，积极参加惠州市高考模拟命题大赛，连续五年获得惠州市英语高考模拟命题比赛一等奖。这一张张荣誉证书虽然微不足道，但其记录着我的付出和汗水，记录着我一路走来的成长轨迹。

2014年，我被学校推荐参加惠东县主题班会大赛。为了上好那节主题班会课，我在全年级8个不同的班级上了同一节主题班会课，主动邀请其他班主任帮我磨课，还让同事帮我录一些上课片段并进行打磨，每上一次都会修改一次，最终，这节主题班会"朋友都去哪了"获得惠东县主题班会决赛第一名，同时，主题班会的设计方案也获得了全国一等奖。

2015年，惠州市举行首届高中英语教师基本功大赛，惠东县需作为一个团队参加比赛。当时在科组内进行动员后，还是没有英语教师愿意参加比赛，于是我作为英语科组长，带头报名参加比赛，在单项上我选的是英语钢笔字书法比赛。为了在比赛中取得好成绩，我那段时间天天练字，可以说那段时间写的英文字母比我这几年所写的英文字母的总和还要多。此外，我还每天不停地做高考题。最终，功夫不负有心人，在英语钢笔字书法单项比赛中我获得惠州市一等奖，团体总分也获得惠州市一等奖。

第三个关键词：科学的方法

做了16年的班主任，给我留下最深刻印象的是二〇一六届的学生，这是最辛苦的一届，也是给我带来荣耀的一届，同时也是我带的第四届学生。随着教龄的增加，我的教学理念日趋完善，班级管理方法也更加科学。第一，班级目标。我给他们定的班级目标：优、雅、勤。即优秀的习惯、高雅的举止、勤奋的品质。围绕这个目标，我与班委一起制定了班规。采用小组制，实行精细化管理。第二，班级文化。班级文化是一种无形的力量，在很大程度上影响和决定着学生素质的发展。其具体包括图书角、黑板报、每周班级简报等内容。第三，班级活动。班级活动是实现班级管理目标的桥梁，是促进班集体建设的中介，是学生展示才华的乐园，成功地组织好各种班级活动是建设优良班风学风的有效途径。如每周的班会课由学生主持，组织学生进行足球比赛、篮球比赛、拔河比赛，举行班级好声音活动，等等。第四，家校联系。家长支持教师，教师才能更好地支持学生。每次家长会我都会安排学生和自己的家长在校园拍张合影，这张合影我会冲洗出来让学生带给家长。家长对此很感激，因为这些合影给他们留下了美好的记忆。每次学生家长来我办公室交流，我都会事先准备好茶水，表达我的热情和对他们的尊重。每次节假日，我都会在家长微信群给家长送上温馨的祝福，平时，我会经常把学生学习生活的照片分享给家长。我的真诚也获得了家长的支持和帮助。正是因为家长的支持，班级的各项活动才能够顺利开展，并取得良好的成绩。班级连续3年被惠东县教育局评为成绩进步突出班级，同时，我也连续3年被惠东县教育局评为英语科教学业绩优秀教师。

第四个关键词：不懈的坚持

在二〇一六届学生升入高三的这一年我坚持了三件事：其一是坚持多鼓励。每天认真观察班上学生的情绪波动，寻找每一个学生的闪光点，并利用一切可能的机会把表扬和鼓励传达给学生。如在课间见到某个同学时，告诉他今天他在某个方面表现得不错；在课堂上表扬学生的进步，尽可能让学生多一份鼓励，多一份自信。其二是坚持以身作则。这一年，我坚持每天下午放学在操场跑10公里，一方面是锻炼身体，释放压力，另一方面也是给学生做榜样。我这种坚持的精神也激励了我们班的学生，带动了一批学生跟我一起跑步，每天跑完步我都是提前20分钟直接进教室，当同学们看到我浑身湿透的样子时，他们就会立刻安静下来学习。事实证明我做到了，学生也做到了。其三是坚持抓重点落实。春节假期，根据学生的情况，我划分出了20位重点临界生，特意把这20个学生拉入一个微信群，要求他们每3天给我发一次作业，他们就这样坚持了一整个春节假期。由于不懈地坚持，班级的学习氛围越来越浓厚，考试成绩逐步提高，最终在2016年，班级参加高考的60人有44人上了重点线，全班平均分达到535分（重点线508分），比同类型班级高出10多分，其中1人考入清华大学，1人考入浙江大学，2人考入中山大学。我们用行动印证了"越努力，越幸运"。

第五个关键词：团队的力量

一滴水只有放进大海里才永远不会干涸，一个人只有把自己和集体事业融合在一起的时候才能更有力量。2012—2020年，我担任学校英语科组长，英语科组当时有成员46人，其中男教师10人，女教师36人，有7位教师具有研究生学历，高级教师14人，担任学校行政领导职务的有4位，广东省骨干教师3人，惠州市首席教师2人，惠州市优秀教师4人，惠州市英语核心组成员5人，惠州市骨干教师8人，惠东县优秀教师25人。我校英语科组于2023年被评为惠州市中小学示范性教研组，2015年被评为惠东县"巾帼文明岗"，2017年被评为惠州市"巾帼文明岗"，2020年被评为广东省"巾帼文明岗"。这一路走来，我深深地感受到团队的重要性，一个人的成长离不开团队的力量。再后来，我开始负责年级管理工作，每周参加年级的管委会例会、班主任例会、备课组长例会和年级教师大会。每次开会时，我都很庆幸拥有如此优秀的团队。正所谓"独行速，众行远"，只有借助团队的力量，我们才能走得更远。我经常跟同事们开玩笑说："教师职业其实就是一个人与一群人的共同成长。"所以，一直以来，我心怀感恩，感谢我所在的学校——惠东高级中学，感谢我身边的领导、同事和朋友，他们中有很多是我生命中的贵人。如教师发展中心的郭冠东主任，一直以来指导我如何开展教学研究；还有我们的王团校长，每当我在写材料遇到困难时，他都会手把手地教我如何写、如何修改。

我到哪里去？——教师之梦

不忘初心，方得始终；初心易得，始终难守。作为一名教师，我一直秉承教师的初心，把初心当作使命，不断激励自己成长。从教18年，担任班主任16年（含4年年级长工作）、英语科组长7年，我已从一名稚嫩的新入职教师成了一名具有丰富经验的优秀教师。在此期间，我先后荣获了惠州市优秀班主任、惠州市优秀教研工作者、惠州市高中十佳英语教师、惠州市首席教师、广东省南粤优秀教师等荣誉称号，担任惠东县高中英语名师工作室主持人等。我获得了一个个让自己满足、让同事羡慕的荣誉，我常想：作为教师，我是幸福的，也是幸运的，我不是一个人在奋斗，我的背后是惠东高级中学这个大家庭，是他们成就了我。

第一点：树立目标，明确方向

我还记得很早之前参加培训时，一位特级教师分享了他的成长历程，他的一句话让我感触很深，他说："教师这个职业一眼可以看到头，可能三十年如一日，每天都在重复昨天的故事，也可能每天都是精彩的，关键是看你如何选择。"当时我就暗暗决定：是该好好规划一下自己的职业生涯了。后来，我就决定每5年给自己一个规划，2004—2008年是我做教师的第一个五年，当时的目标是能成为一个合格的教师，2009年我评上了中一职称。2009—2013年，我的第二个五年计划就是冲刺高级教师职称。2014—2018年，我的第三个五年计划就是评上高级教师职称。其间一波三折，我两次参加高级教师职称评审，但两次评审都暂停。虽然职称评审工作一度中断，但我没有灰心，我不断地积累自己，终于在2019年通过高级教师的评审，一下如释重负。

评上高级教师职称后，我突然有点儿失落，内心有一种失去目标的感觉，有些困惑和迷茫，然后我被借调到县教育局办公室，又被借调到县教师发展中心。当换了一个环境之后，我忽然明白：我还是爱教师这个职业，学生才是我生命的土壤。于是，转了一圈，我又回到了学校。学校有早读、晚自习，相比而言，工作比较辛苦，但非常充实。我开始给自己规划第四个、第五个五年计划，第四个五年计划为参评特级教师、正高级教师准备材料，争取能在第五个五年评上特级教师或正高级教师。有了目标，我内心更踏实，也更平静。

第二点：脚踏实地，知行合一

梦在心中，路在脚下。有了目标和方向，接下来就是行动了。2021年，我开始了自己的追梦之旅。我给自己列出了行动清单，制定了未来五年的职业规划，每年做到"五个一"：写一篇论文、看一本专业书籍、上一节示范课、开展一场讲座、指导一位新教师。在育人方面，作为高三年级主任，我秉持"一个都不能少"的育人理念，根据立德树人的根本任务，培养学生德智体美劳全面发展；在教学教研方面，2021年，作为课题主持人，我成功申报了一个市级课题和一个县级课题，以课题研究来引领教学，撰写了一篇教学论文。2021年4月，我校通过广东省基础教育校（园）本教研基地项目，我作为项目的主持人，将以此为契机做好基地项目研究工作。我想，我今天站在哪里固然重要，但是我下一步迈向哪里则更重要。

序言

其一，加强学习，积极参加各类培训，不断提高自身的专业水平和能力。2021年，我加入了广东省邓少美名师工作室，成为其中的一员。省名师工作室是一个学习共同体，我也将以此为平台与其他成员共同学习，不断成长。2021年，我又加入了惠州市"1+N"头阵计划，成为其中的一员。虽然辛苦，但我很充实。当把学习当成一种习惯时，就能从中找到快乐。作为一名教师，我永远在学习的路上。

其二，加强研究。教师即研究者，苏联著名的教育家苏霍姆林斯基说过："如果你想让教师的劳动能够给教师带来乐趣，使天天上课不至于变成一种单调乏味的义务，那你就应当引导每一位教师走上从事研究的这条幸福的道路上来。"对于教师如何做研究，我想首先是态度，如果你想做研究，你就能做好研究；其次是方法；最后是能力。教师的教育研究有利于解决教育教学实际问题，提高教育教学质量。教师的教育研究可以使课程、教学与教师真正地融为一体。教师的教育研究可以促进教师的专业成长与发展，不断提升教师的自我更新能力和可持续性发展能力，增强教师职业的乐趣和价值感、尊严感。

其三，加强阅读。一个不爱读书的教师很难培养出热爱读书的学生，一个不爱学习的教师在要求学生努力学习方面是底气不足的。我们可以去读读四史，学习党史、新中国史、改革开放史、社会主义发展史，提高自身的政治和道德修养，学史明理，学史增信，学史崇德，学史力行。同时，也要多读专业书籍，在身边找问题，带着问题读书；在读书中获取某种观点、立场与方法；用这种观点、立场与方法进行反思，在反思中改进教学。

其四，加强写作。写作是教师生涯的重要台阶。从我个人的经历而言，我觉得开展写作的最直接方法就是经常写反思，反思自己的课堂，反思学生的表现，反思生活中的问题，反思社会现象，从反思的问题中积累材料，在写反思中锻炼自己的写作能力。在平时的教学生活中，我就有写反思的习惯，如果今天这堂课自我感觉良好，我就会很开心，并记录一下这节课的成功之处；如果这节课没有上好，我会很后悔和内疚，并记录下自己做得不足的地方。反思对我的成长帮助非常大。我很羡慕那些文笔很好的教师，很多教师语言功底很好，但就是没有写的习惯。平心而论，我的文笔不是很好，但我喜欢写写感悟或生活中精彩的瞬间，每次写出来的东西也都是自己保留，权当自娱自乐吧。

唯累过，方得闲；唯苦过，方知甜。鸡蛋，从外打破是食物，从内打破是生命。人生亦是，从外打破是压力，从内打破是成长。如果你等待别人从外打破你，那么你注定成为别人的"食物"；如果你自己从内打破，那么你会发现自己的成长相当于一种重生。

总之，教师只有修身立德，才能立德树人。自立立人，自达达人，衷心祝愿每一位教育工作者身体健康、家庭幸福、事业有成！

王象文

2024年2月

目 录

育人：教导有方

教研：思而促学

管理：有条不紊

心得：学思并进

育人：
教导有方

教师是园丁，学生是花朵，花朵的绽放需要园丁的辛勤呵护，而花朵的成长能给园丁带来无比的快乐！

默默耕耘　静待花开

—— 我与二〇一六届（9）班的故事

2016年6月8日下午，伴随着英语科考试结束的铃声响起，为期两天的2016届高考终于结束了，随之而来的是学生们的欢呼："我们解放啦！"两天的高考绝不仅仅是两天的辛苦，这两天是沉重的，它承载着三年高中生活的辛苦，它承载着教师的默默付出，也承载着家长的殷切希望。当了12年班主任的我，此时心里轻松了许多，我又带完了一届学生。走出考场，学生们直奔寝室，整理自己的物品，准备和早已在校门外等候多时的家人们一起回家。我也来到了寝室，最后一次陪伴这群学生，向他们一一挥手告别，此时我的心情异常复杂。看着学生们一个个带着行李和家人一起走出校门，我虽有不舍，但还是在心中默默祝福他们：祝他们有一个好的前程。

2016年6月24日，是高考放榜的日子，这一天牵动的不仅仅有考生的心，还有每一位考生家长的心。人们都在等待着这一时刻的到来，听说中午12点整就可以在官方网站上查成绩，我上午11：30就准备好学生的信息，当时我异常紧张，很想快点儿知道学生的成绩，又害怕学生考得不好。但该来的总是要来的，到了中午12点，网络大"塞车"，似乎查成绩的人太多致使网络瘫痪，我还一个都没有查出来，下午1点我才陆续查到了几个学生的成绩。学生们也不断地通过短信和微信告诉我他们的成绩，直到下午4点我才把全班所有的成绩收集完。其实，第二天省考试院就会把全市的成绩发给惠州市考试中心，市考试中心又会把惠东县的成绩发到县里，县里就会把成绩发给每个高中，我们只需要再等待一天就能得知所有的成绩数据。但是不管班主任还是家长，都期望立刻知道孩子的成绩，今天能够知晓就绝不会等到明天。重点线为508分。我们班共有60名学生，有44名学生上了重点线，其余的学生也都在本科线上。其中，杨同学以648分获得理科总分县第一名，李同学以125分获得语文单科县第一名，杨同学以276分获得理科综合县第一名，陈同学以134分获得数学单科校第一名，吴同学以141分获得英语单科校第一名。不管从上线人数还是从高分层人数看，这个成绩都是可喜的。我将成绩数据汇报给领导，领导也对其给予了充分的肯定。但有一个问题一直困扰着大家，那就是陈同学能不能被清华大学录取，因为之前陈同学参加了清华大学的自主招生获得高考加分30分，现在他高考的裸分是641分，算上加分30分，他就可以以671分的总分报考清华大学，但清华大学最终的录取分数线还未公布。那一晚我一直在思考这个问题，以至于有些失眠。我毕竟教了陈同学三年，这三年来我也见证了他的成长，他是我带班以来所见过的悟性最好的孩子，如果今年他不能被清华大学录取，是不是我这三年还不够努力？不仅是我关心陈同学能否被清华大学录取，学校领导和社会都在关注这个问题，因为惠东这几年都没有考上清华大学的学子。几经周折，陈同学最终被清华大学录取，陆陆续续也听到其他同学被录取的好消息，我也了却了一个心愿。

2016年10月11日，惠东县教育局在我校学术报告厅举行了新学年教育教学工作会议暨魏书生德智体深度融合教育思想专题研讨会，我有幸被邀请作为发言人，发言的内容是班主任工作经验介绍，发言时间为15分钟。我很珍惜这次发言的机会，准备了讲稿，讲稿的标题是"越努力　越幸运"，在发言中我讲到了自己12年班主任工作的三点总结：积极的心态、科学的方法、恒久的毅力。特别是讲到了带二〇一六届（9）班这3年来的心得与反思。其实这3年一路走来绝非15分钟就能讲完的，这是一个很长很长的故事。

2016年10月26日，在学校学术报告厅举行了二〇一六届高三高考论坛，我再一次有幸被邀请作为班主任代表上台发言，其实我完全可以把上次的《越努力　越幸运》发言稿再读一篇，因为这次的听众不是同一批人。上次的听众是全县中小学校长，这次是我校的全体教师，但我选择了采用不同的方式——我制作了PPT来讲述我和我们（9）班的故事。这个PPT我做了很长时间，我10月17—25日在上海复旦大学学习，26日14：00才回到学校，这个PPT是在上海学习期间做的，标题为"2016届（9）班——我们的故事"，这个故事与其说是在上海学习那几天做完的，不如说是我用了三年的时间做成的。我在PPT中加入了大量的图片，这些图片记录了我们（9）班三年学习生活中的点点滴滴。

我思考良久，决定把我们（9）班的故事用文字记录下来，因为这是我最珍贵的一段记忆，也是我的学生们成长的轨迹。在高中三年的生活中，他们哭过、笑过，打闹过，也沉思过……这是我们最真实的生活。

让班级文化成为花开之沃土

文化是一个很大的命题。自古以来，说到文化，每个人都可以谈几句，但很难给它一个准确的定义。作为班主任，我一直在思考何为班级文化这个命题。记得2004年我第一次做班主任时，开展班级管理的第一步就是公布班规，班规要求学生能做什么、不能做什么等，我想，这应该就是所谓的"用制度来管理班级"吧，但这种做法在实践中效果不佳。随着外出学习和交流的增加，我的班主任经验日益丰富，当我担任二〇一六届（9）班的班主任时，已经是有9年班主任经验的老班主任了，已经完成了三次高中循环教学。一个好的班级文化就像是花儿成长的沃土，可以促进学生茁壮成长。（9）班是我带的第四届学生，因此，我想用文化管理班级。

如果非要给班级文化下个定义的话，我想，班级文化应该是班级成员共同遵循的愿景、信念和价值标准。这个定义至少包含三层意思：一是班级文化应该是全班同学的选择，不能是班主任的"一厢情愿"；二是班级文化应该是学生追求的目标，既然是目标，就要遵循学生的成长规律；三是班级文化需要时间的沉淀，学生从接受到理解，再到融入班级文化的建设应该是一个过程，而不能仅仅只是一个结果。

首先，确定班级目标。2013年当我第一次接手（9）班时，我就不断地追问自己，未来的三年，我希望（9）班成为一个什么样的班级呢？虽然班主任是极其普通的工作，但班主任承载的是几十个学生的未来，关乎几十个家庭的幸福，班主任工作又是具有极大的挑战和重要意义的。我的班级我做主，既然做了班主任，就要把自己的一亩三分田种好。当时，我想到了三个字：优、雅、勤。我希望我的学生将来是一个优秀的人，是一个品行高雅的人，是一个具有勤奋品质的人。当我提出目标时，同学们也很认可。同学们很快设计了班徽，这个班徽虽然很简单，但它代表着一种追求，一种精神，一种燃烧青春的精神。

其次，以目标为中心开展班级布置。在班级布置中，一个重要的内容是班级的板报。每次的板报我都要求学生以"优、雅、勤"展开设计，如高一年级的校报以"让老师同学因为我的存在而感到幸福"为主题，同时以小组为单位，把每个小组的照片呈现在上面，并且设置了小组积分栏，一方面是树立学生的班级和小组的团队意识，让他们认识到自己在团队中的价值，做一个"优秀的高中生"；另一方面是激发学生的竞争意识，小组积分栏每周都会公布小组的积分情况，目的是引导学生做一个"勤奋的高中生"。又如高三年级的校报以"别说梦想遥不可期"为主题，并配以各个大学的照片，目的是让学生追求梦想，并在追求梦想的道路上始终铭记班级的目标：优、雅、勤。

再次，围绕班级目标制定班级制度。为了和同学们达成思想共识，我在不同场合告诉学生："这个班级不是我一个人的班级，也不是几个班干部的班级，这个班是我们大家的班级，所以，我愿意和大家一起努力，为这个班级出一份力量。"有了班主任的承诺，同学们的班级责任感更强了，班级参与度更高了，班级的凝聚力也更强了。以"优秀、高雅、勤奋"为目标，我组织全班同学讨论如何才能达成目标，经过大家的民主讨论，班级学习小组积分制度产生了。与其说是制度，不如说是班级的共识，它就像指南针，引导同学们怎么走才能到达目的地。在班级制度的设计中，惩罚不是目的，我更多地采用奖励。我记得当时就如何才能体现出同学们勤奋的问题，同学们进行了热烈讨论，最后我们也达成了共识，每月评选一名"班级勤奋之星"。

最后，把制度落实下去。一分计划九分落实，再高大上的目标和制度，如果没有行动，没有落实下去，一切都是空谈。班级事务由班干部承包负责，在班级各项事务中尽量要做到"事事有人做，人人有事做"，充分发挥班干部的主观能动性。在接下来的三年里，依靠小组制，依靠班干部的力量和全体同学的力量，我们把班级小组积分制度实施得很好，每周都有班干部统计各组积分，虽然在这期间对某些要求和奖励稍有修改，但一切行动始终围绕班级目标"优秀、高雅、勤奋"而展开。实行班级小组积分制度，最重要的一点是要定期公布小组积分结果，并根据小组积分进行奖惩。

附：

高一（9）班学习小组积分制度

我们的目标：优秀、高雅、勤奋！

一、值日班长负责当天的考勤记录，如实并详细地记录在班务日志中

1. 早上（6：55），晚上（6：55）迟到，每人次扣1分。

2. 课堂、自习课上讲话的每人次扣1分。

3. 晚自习讲话，影响他人学习的每人次扣1分。

二、团支书负责记录

1. 为班集体服务的事项，如帮助搬书等，每人次加1分。

2. 好人好事，如捡到饭卡、校牌、钱包等，每人次加1分。

三、学习委员记录

1. 考试加分：与上次考试排名做比较有进步的每人次加2分，成绩排名全年级前30的每人次加5分，单科成绩排年级前3的每人次加5分。

2. 负责汇总各科科代表的记录。各科科代表负责各科课堂和作业情况，根据班级和各科实际情况可酌情给分。

各科科代表负责如下记录：

（1）课堂表现包含展示、点评、质疑。主动表现并且答案正确的每人次加2分，主动参与但答案错误的每人次加1分，小组共同的以小组参与人员总数计分，如：一个小组中有2人一起展示则加2分，2人以上的加5分。

（2）各科教师将根据作业情况和课堂情况推荐表现好的个人每人次加2分。

四、体育委员负责记录

1. 体育课迟到每人次扣0.5分。

2. 跑操请假每人次扣0.5分，没有请假扣2分。

3. 运动会参加人员每人次加3分，如获奖：一等奖加6分，二等奖加5分，三等奖加4分，四、五、六名均加3分。

4. 参加篮球赛等班级集体体育比赛活动的每人次加3分。

五、劳动委员负责记录

1. 星期五劳动课得10分的参与劳动的小组每个小组加4分。

星期五劳动课得9.5分的参与劳动的小组每个小组加2分。

星期五劳动课得8.5分以下的参与劳动的小组扣3分。

2. 星期五的劳动要体现团结互助的精神，本次劳动如有成员还未完成任务，其他成员不得提前离开，如有特殊情况，需向劳动委员解释并得到劳动委员同意方可提前离开，否则扣1分。

3. 安排了劳动，但无故不参加劳动的每人次扣2分。

4. 平时主动拖扫教室外的走廊或是清理教室讲台的每人次加2分。

六、宣传委员负责记录

1. 参与教室布置的同学每人次加2分。

2. 负责班级日志的建设，为班级日志提供素材的每人次加2分。

3. 参加学校活动的，如五四英语晚会、元旦晚会、科技艺术文化节的项目等，每人次加2分，如获奖：一等奖加6分，二等奖加5分，三等奖加4分。

4. 主动地主持班会课的每人次加3分。

5. 在班会课进行展示的每人次加2分。

七、生活委员负责记录

1. 定期召开寝室长会议。

2. 负责汇总男、女生寝室每天的打分，违纪的寝室每人次扣1分。

奖励一：每两周汇总一次积分，积分排在第一和第二名的小组可以选择免扫包干区或周五劳动一次，第一名的小组优先选择。

奖励二：每四周汇总一次积分，积分达到50分的小组并且在11个小组中排名前7名的小组可以任选杂志一本（比如《读者》《青年文摘》《故事会》等，价值5元左右）。

希望大家共同努力，打造"优、雅、勤"卓越（9）班！

高一（9）班学习小组积分公告（摘选部分）

第8—9周各小组积分排行榜：

第一名：第一小组；第二名：第九小组；第三名：第七小组；第四名：第十小组；第五名：第五小组；第六名：第八小组；第七名：第二小组；第八名：第三小组；第九名：第六小组；第十名：第十一小组；第十一名：第四小组。

在第8—9周的积分排行中，第一小组成功取得三连冠的成绩，特别嘉奖！而第7小组的三连亚则被第九小组打破，憾居第三。学霸组第十小组因优异的阶段考成绩而疯刷43分，从第5—7周的最后一名逆袭为本次排行的第四名。第四小组成为首个被"特别奖励"的小组，奖品为小组成员每人背诵语文和英文课文各1篇，由语文老师宋主任和班主任亲自检查落实。让我们以掌声嘉许以上5个小组！

第14—15周小组积分公告：第九小组"TFmen"之所以力压群雄斩获第14—15周小组积分第一，是因为他们有"完美主义"的"大拇指"育逢，指引方向的"食指"Rocky，冲锋陷阵的"中指"志超，擎天立地的"无名指"阿澄，能屈能伸的"尾指"玉雄，掌控全局的"大手"淑豪（见第14—15周文明之星照片），才能惊天地泣鬼神地把并列第二名的第五组和第六组压在"五指山"下。正如他们的口号"没有我们的金手指碰不到的地方"所言，齐心协力的他们无所不能。衷心祝贺他们！曾经四连冠的第一小组因"主力"——"辣妹子"娜娜请假了较长一段时间而下滑至倒数第一，大家不能仅靠个人的力量得分，每个小组都是一个小集体，每个人都应该有集体荣誉感，为自己的小组贡献出自己的一份力量。

——学习委员刘同学播报

让班级简报成为花开之肥料

种下一颗种子，有了肥沃的土壤，还需要坚持施肥，这样才能枝繁叶茂。

如果要问二〇一六届（9）班给我留下了什么，我可以毫不犹豫地回答："除了大脑中的回忆，还有一直存放在我电脑中的几个G的班级简报。"这些班级简报的电子版及其相关素材一直保存在我的电脑中，每当翻开这些简报，当时的场景就在我脑海中一一浮现。

看似寻常最奇崛，成如容易却艰辛。班级简报开始于2014年9月，也就是高二上学期，班级简报也可以说是班级周报，每周一期，记录着我们（9）班的点点滴滴，一直坚持到2016年1月，整整一年半的时间，一共有50期。这一路坚持下来，其实真的很不容易。创办班级简报的想法最先是我提出来的，刚开始我心里也没底，能够坚持下去当然是好事，但问题是每周一期的班级简报谁来供稿、写什么内容等。

作为班主任，我理所当然地是班级简报的主编，班干部和科代表是编委。我记得2014年9月新学期第一周，当我提出在班上创建班级简报时，同学们很感兴趣，刚开始没有规定谁来写稿，大家本着自愿的原则自由投稿，但一周过去了，也没有收到一份稿件。第二周我修改了规则，要求科代表带头投稿，稿件的内容可以是记录本周各科有趣的人和事，到第三周，终于收到了几份稿件，我编辑好后打印出来贴在教室最前面。

万事开头难，为了给同学们增强自信，我也参与其中，带头投稿。渐渐地，供稿的同学越来越多，稿件内容也越来越丰富，包括记录、感悟、评价等，甚至出现了特约撰稿人。当我每周拿着学生的供稿编排时，我感觉自己也很受益。就这样，班级文化在班级弥散，班级学习氛围越来越好，班级凝聚力不断增强。

说实话，创办班级简报是非常辛苦的一件事，从收稿到编排，再到打印，每一个过程都需要耐心和爱心，因为学校没有彩色打印机，每次编排好以后为了让相片更漂亮，我都会拿到校外打印店打印。虽然辛苦，但我觉得这种做法很有意义：一是班级简报是一种记录，记录了同学们在高中生活的点滴，这是他们的真实写照，具有保存意义；二是班级简报代表着一种班级文化，在简报中大家畅所欲言，谈人生、谈学习、谈感悟，这是一种积极向上、民主自由的文化；三是班级简报锻炼了学生的能力，写作能力对高中学生来说是一项重要的能力要求，如果每周都能动笔写写，简报张贴出来就是对学生写作的肯定，学生也能从简报中得到鼓励和信心。

以下是摘选英语科代表周同学的部分供稿。

1. 第三周周四第四节英语课，班级举行了英语角话题讨论活动，话题为：Who is the greatest person in your heart and how has she/he influenced you? 大家畅所欲言，说出了对自己影响最大的那个他（她）。他们包括father, mother, teacher, famous persons, my deskmate and so on。这让我们明白了我们要时刻注意自己的言行，我们的一举一动都可能会影响到他人。本周五下午第一节英语课，我们举行了班级英语演讲比赛，每个小组都派出了一名代表参加比赛，其中淑豪的"Huidong TV Station"为我们介绍了近期新闻，非常有创意，获得第一名。凯明为大家介绍了真诚、善良的阿甘，思翰和我们分享了忠犬八公的感人故事，洁静与大家谈了友谊，让我们感受到那份真挚的感情，若瑄的"Say you, say me"让我们要勇敢地做自己，坚鑫用他自身的魅力打动了各位评委，以上6位同学为本期班级演讲比赛的获胜者，我们对他们表示祝贺，也希望大家在下期的演讲比赛中表现得更精彩。

2. 第四周英语歌曲学习时，凯杰为我们推荐了一首英文版的"素颜"，当音乐响起，同学们便一齐唱了起来，气氛十分活跃；凯杰也一展歌喉，站上讲台教我们唱这首歌。本周四的英语角活动也十分精彩，我们讨论的话题是：How do you understand the sentence "Be happy with what you have"? 每个小组都派代表谈论了对"Be happy with what you have"的看法，让我明白要珍惜我们所拥有的东西，如健康、时间、友情、亲情等，我意识到其实我们每一个人都有自己的幸福。

3. 第五周周四班级English Corner交流的话题是：What would you do when your parents don't agree with you on certain things? 每个小组都派出了代表与我们分享了他们的观点，通过这次交流同学们认识到communicate和understand

的重要性。周五我们进行了班级英语演讲比赛，由淑豪同学主持，每个小组都派出参赛选手，希望同学们抓住机会，Show yourself!

4. 第八周周四的交流话题是：Do you think whether the senior high school students should do part-time jobs during their spare time? 对于这个话题，同学们表现得十分活跃，在讲台上各抒己见，特别是阿澄同学淡定幽默的表现给同学们留下了深刻的印象，赢得了同学们热烈的掌声，还有楚瑜等同学的出色口语同样让同学们印象深刻。希望在下周的交流中能继续看到大家出色的表现。

5. 第九周周四的英语课上，我们开展了话题交流活动，本周的话题是：If you have chance to travel in a foreign country, which country would you like to go? Why? 上台展示的同学带着憧憬与我们分享了他们最想去的国家。虽然相距遥远，但它却是我们的生活目标。这是在我们心里想着，可只能远远地看着，只有为之努力才能接近和实现的梦想。希望每个同学都能为心中那美好而坚定的梦想而奋斗。在周五的演讲中，阿澄同学依然以其自信、流利的演讲得到了大家的一致认可，但有部分同学准备不足。希望在下次的演讲中能看到大家自信从容的一面。

6. 眨眼间，第十周又过去了。时间就是这样子，来无影，去无踪。你想用力抓住它，可它却又从指缝间溜走了。在第十周的英语学习中，给我印象最深的是英语老师可以为之前我们所做的一道翻译题进行更深层次的思考，去查资料并且写了反思，给我们进行了又一次的讲解。这种对知识、对工作的态度是很值得我们去学习的。从这件事情我明白了一个道理：看待问题不能只是从主观出发，还要进行思考，去探索、去钻研。"纸上得来终觉浅，绝知此事要躬行。"

7. 如果上帝给你一项超能力，你会选择什么？不同的人有不同的观点，在本周四，我们围绕这个话题开展了英语交流活动。台上的同学奇思妙想，台下的同学惊叹连连。尽管这些能力不真实、不科学，也难以实现，但想象力却是无穷的。每个拥有伟大成就的人都是从"做梦"开始的，所以，你可以尽情地挥洒自己的想象力。本周与我们交流的同学有慧慧等11位，感谢以上同学的分享。

以下摘选部分学生有关生活感悟的供稿。

1. "以人为镜，可以明得失。"今天下午的一节课，当听到隔壁班的"活跃"上课气氛，我的心情是复杂的，或许更多的是感叹。不久之前，我们也是那种状态，在课堂上大吼大叫、起哄，略显浮躁。所谓当局者迷，旁观者清。我想我现在已经知道，面红耳赤地叫喊不会为我们带来什么，有时候我们所需要的是让心存一片宁静之处，淡定让我们有所收获，正所谓宁静致远。

——赖同学供稿

2. 人总是这样，只有失去某种东西，才会觉得它是如此珍贵。现在回想起那一天，我仍心有余悸。那一天，明媚的阳光洒进宿舍，照亮了我们发泄青春的身影，我们高谈阔论，全然不觉已打铃了。正当我们想转换话题时，嗅觉灵敏的教官早已站在门前，我们只好鹅行鸭步地走到楼下，接受教官的惩罚。那一夜，我们失眠了。一周，整整一周啊，教官通过早晚罚站半个小时毫不留情地榨取了我们学习的精力。但教官的惩罚让我明白了一个道理：错了就是错了，做了就是做了，辩解是徒劳的，能做的只有承担后果。前事不忘，后事之师，从今以后我会更加注重自己的言行，尽可能地防止类似的事情发生，并且要尊重体谅教官。

——黄同学供稿

3. 高中生涯，熙熙攘攘，莘莘学子在学习上"你拼我抢"。在高二学年的第一番"世斌较量"上，有人"春风得意马蹄疾"，有人"飞流直下三千尺"。无论你考得好坏，都成过往烟云。考好了的不骄，再接再厉；考差了的不馁，奋起直追。现在的考试，只是高考的练兵，我们化笔为剑，在一次次的练兵中淬炼，最后在考场中亮剑。我们要劳逸结合，在"文明精神"的同时，还要"野蛮体魄"。在紧张忙碌的学习之余，可适当地锻炼身体，放松身心。一年一度的校运会即将到来，同学们可以在运动场上大展雄风，尽情挥洒汗水。

——周同学供稿

4. 高中充满挑战，有时候，我们的心灵难以避免地处于低谷。我想说，鸡汤虽然油腻，但是，在饥饿难耐、身心疲惫的时候，喝上一大碗，难道不滋补吗？不要因为见得太多而忽视了它的存在，它本身蕴含着巨大的能量，它就在那里，你却视而不见。就如班主任说的：只要你去发现，接受它，它才能成为你的东西。

——文同学供稿

5. 最近读了史铁生的《我与地坛》，我受益匪浅，想和大家分享一下。

育人：教导有方

13

在这本书中，史铁生仿佛是你的朋友在与你对话，表达他的苦闷与乐观，抒发他的感悟与思想。他平易近人、待人亲切，他与你唠叨今天和昨天发生了什么事，他使人们从他那可贵而平常的精神里汲取营养。他是一位亲爱的朋友，更是一位知性明心得悟者，所以，和他交朋友吧，你会很高兴的。

——王同学供稿

以下是其他简报示例。

高二（9）班第十三周班务简报

1. 在我校第十九届校运会中，我们高二（9）班的运动员们努力拼搏，取得了优异的成绩，表现如下：瑞宏同学获得800米第一名、跳高第二名；阿超同学获得400米第四名、跳远第八名；丽丽同学获得800米第五名；玲玲同学获得跳远第四名；阿杰、阿华、思翰和贤庆同学在4×100米接力中获得第三名；还有阿海的铅球、琪琪的100米、阿霞的200米、冰冰的400米、娜娜的铅球、慧慧的4×100米等表现突出，对以上同学表示祝贺和感谢！

——陈同学供稿

2. 在上周四晚举行的高二（9）班《班级好声音》冠军争霸赛中，斐然同学获得冠军，阿妍、阿静、阿玲"（9）班S.H.E."组合获得亚军，阿发和阿超"（9）班筷子兄弟"组合获得季军，思翰同学也获得季军，对以上同学表示祝贺。同时也感谢主持人卓楠同学和阿志同学以及少校、若瑄、阿澄和娜娜四位同学。在本次《班级好声音》活动中，同学们展现了自己的风采，施展了自己的才华！

——林同学供稿

3. 一年一度的校运会终于开幕了，运动健儿在赛场上矫健的身姿令人过目难忘，而你知道这些体育项目在英语中如何表达吗？如：long-distance running（长跑）、sprint（短跑）、shot put（推铅球）。当你看到"跳远"或"跳高"时，你会想到什么单词呢？没错。"跳远"就是long jump，"跳高"就是high jump。那同学们了解操场吗？它们有什么特别的呢？田径场是arena；助跑道是approach；起跑线是starting line；接棒区是take-over zone；球门区是goal area；中线是halfway line...最后，想给同学们送上一句话：Never under-estimate your power！每个人的潜能都是无限的。

——周同学供稿

4. 积分公告：在第12—13周中，第六小组终于站起来了，以0.5分的微弱优势击碎了第一小组五连冠的梦，以致第一小组只能屈居第二名。平时处于劣势的第五小组和第二小组凭借校运会的出色发挥分别勇夺第三名和第四名。第十一小组虽然只有一名运动员，但其他组员在后台默默地为运动员写祝福稿，加油呐喊，为班级打扫卫生，他们这种集体意识和力量也不容忽视，最终实至名归地夺得第五名。因此，在第12—13周获得班级积分前五名的小组分别是：第六小组、第一小组、第五小组、第二小组和第十一小组，祝贺他们！

——刘同学供稿

运动会之野蛮体魄记

毛泽东同志曾经说过："野蛮其体魄，文明其精神。"作为一名优、雅、勤的modern Chinese senior high school student，当然要适当地粗、俗、狠一点儿啦。让我们来看一看以下模范：咦？who is he？这身影，这姿势多么潇洒、不羁。这就是我们的体委——瑞宏。谁说他是身体的侏儒？看，他像大鸟一样张开双手，头微微仰起45度，脸上带着一丝笑容。在我看来，他黝黑的身体充满着爆发力，隐藏着一颗不屈的灵魂，张扬地显露出他的霸气。最终他以第二名1分56秒的成绩充分地证明了人小志高的道理。

接下来让我们看一下这张图片。图上是参加4×100接力跑的4位龙兄虎弟，他们一个个神态自若，胸有成竹。首先是凯杰同学，他斜视着蓝天微微笑着，应该是在想着赢了之后怎样庆祝。接下来是嘉华同学，虽然他与4个人的平均身高有些差距，但他在最后一棒中以超人的速度为组合斩获第三名。接下来是思翰同学，他全身黑，也在以45度角仰望蓝天，应该也是跟凯杰一样在神游天外。最后是贤庆同学，他双手放在腰后，用略微忧郁的眼光目视前方，似乎在告诉我们他正在为怎么才能潇洒地赢得这场比赛而发愁。

可惜的是，我手头上没有女生的照片。但我们知道，她们是身藏功与名，她们也不想让我们男生看到破坏她们形象的照片。

最后是一张大合照，这是我们组班以来的第一张大合照。照片上每个人都有着属于自己最真、最开心的笑。但毫无疑问，都是为这个班而笑。我相信，鲜艳的红旗上的"惠东高级中学高二（9）班"将是我们高中最美好的回忆之一……

运动会，是肉体的比赛，是灵魂的拼搏，是优胜劣汰的自然法则在学校的诠释。在这战况激烈的场地中，处处都有着我们（9）班子弟的身影：100米中男有思翰，女有美琪；200米中有我们可爱的小男生嘉华，也有剽悍而不失温柔的阿霞；400米中有我们的monitor智超，还有他活泼热情的组员冰锦；在艰难的800米中，怎少得了我们坚强的后盾体委瑞宏和丁香花般美丽的女强人嘉丽呢？正所谓众人拾柴火焰高，4×100米，当然要派出我们的F4——贤庆、凯杰、思翰、嘉华，还要有美丽的四朵金花——雁玲、美琪、冰锦、慧惠啦。铅球，代表着力量与激情的比赛，浑身肌肉的胡荣海和臂力过人的陈润霞那是一定要在场的。接下来是代表人类美好梦想的项目——跳高，喜欢挑战的元气少女云娜和小鲜肉瑞宏欣然上场，赢得一片喝彩。最后是惊心动魄的跳远，跳若袋鼠的智超和动如脱兔的雁玲奋勇出击，全力一搏。

结尾：愿你们在新的一年里加强锻炼，提高身体素质，来年我们再战、再拼！

——黄同学

《2015年新春特刊》班级简报

1. 新学期，新气象。在新的学期里，我希望大家能够做到"拿得起，放得下"。

首先要做到的是"拿得起"。当班级需要我们挺身而出的时候，我们要拿得起"荣誉"这份旗帜；当机遇需要我们把握的时候，我们要拿得起"拼搏"这份精神；当困难需要我们挑战的时候，我们要拿得起"勇气"这把宝剑……

其次要做到的是"放得下"。当诱惑误导我们前进的方向的时候，我们要放得下"享受"这份甜品；当失败拖住我们飞翔的身影的时候，我们要放得下"自弃"这片阴影；当"误会"蒙蔽我们的双眼的时候，我们要放得下"情绪"这份冲动……

我相信，只要我们每个人拿得起新学期的希望，放得下旧学期的成败，我们的（9）班将会更优、更雅、更勤。

——刘同学

2. 寒假，短短的二十几天，我们能够做什么呢?我想，最值得我们做的事就是跟家人好好地待在一起。无论是谁，都无法取代家人在我们心目中的位置。树欲静而风不止，子欲养而亲不待。每天陪妈妈聊聊我的朋友，我的生活；陪爸爸打理一下花草，出去走走；陪妹妹下几盘象棋，辅导一下她的学习。平凡的生活，久违的安宁，这就是我的寒假。你呢？

——黄同学

3. 新春之际，我们再次相约（9）班，迎来了"（9）班内阁重组"！

班干部方面：刘淑豪沉着镇定，一马当先，坐镇班长首席；黄愉备受瞩目，英姿飒爽，位列副班长之席；纪涛初出茅庐，跃跃欲试，抢夺学习委员之职；智超退居二线，心系天下，携手兄弟荣海共同出任宣传委员，一心建设美好家园；雄壮健硕的瑞宏，凭借充满爆发力的小腿，一步跃上体委之巅；九班S.H.E.组合中雁玲、阿妍展现巾帼姿态，石榴裙下拜服众人，强而有力地捍住团支书和生活委员的地位；"劳动兄弟"阿愉和贤庆，在闷燥的暑日里也能感受到他们带来的清凉！

至于科代表方面，语文科代表少校独占鳌头，深受老师喜欢的贤庆加盟其中；数学科代表凯杰与慧惠，英语科代表淑豪与榕芬，坚持"不抛弃、不放弃"，我想正是其中的奥义吧，不然何以解释他们至死不渝的情怀；物理科代表起亮热情不减，没有人能阻挡他称霸物理的野心；文聪继任化学科代表，竭力辅助海哥；"大鸟人"家鹏上任政治科代表，即使他戴上眼镜，也丝毫掩盖不了那精悍的眼神；"惠东才子"智军担任历史科代表，他将带领我们驰骋于历史长河，问鼎中原；莉莉重返地理科代表，想必中华大好河山早已刻在她的中国心上了吧！

以上是（9）班班委组成，希望大家在这个短暂的新学期里，共同创造具有（9）班特色的文化！

——陈同学

4. 转眼间，春节时浓厚的节日气氛已经消去，留下的是我们在新的一年所有的期待和自信。新的一年也代表新的起点，对于明年高考的我们，昨天的成功和失败不需要我们纠结，拾起梦想和一颗永不言败的心，勇敢地在学习路上奔跑才是最好的选择。新的开始，做最好的自己，做最真的自己。

——赖同学

5. 南方三月，温暖宜人，春天的脚步早已变得清晰可见。莘莘学子告别春节，闻着春天的芳香，倾听悦耳的春之声，沐浴着和煦的阳光，返回校园继续奋斗，继续燃烧青春。

一路上，车辆川流不息，车辆的喇叭声、家长的叮咛声、同学相见的欢笑声不绝于耳。来到宿舍整理收拾好后，我感觉一切都那么熟悉，仿佛与平常刚放完一天的假回来一样。和同学一起去到教室——我们（9）班的家，在坐到我的座位上时，一句话浮现在我脑海里：这个春节，我是怎样过的？趁着闲暇，我仔细回想了2015年的春节。

它给我最大的感受便是年味又淡了！往年震耳欲聋的鞭炮声几乎不存在了，过年的欲望也被冲淡了很多。虽然今年还是可以听到新年歌曲，但歌词"每条大街小巷，每个人的嘴里，新年第一句话，就是恭喜恭喜……"所描绘的场景却是见不到了，不比北京的街道：一片洁白洁白却带着祥瑞的雪铺满了路面，街道两边的路灯上挂了红红的大灯笼，给人以宁静祥和的新年味儿。

另外在春节期间，在睡梦中的我被舍长烦了17分钟后，应约来到舍长等待的地点，发现只有他一人，无奈之下我又"诓骗"了两名舍友前来，一起去必胜客吃饱后，去了同学家玩UNO至晚上10点回家。以上发生的与舍长在讨论组说的完全不一样，感觉又被舍长骗了。在这5天的学习生活中，有的同学勤奋向学，积极、热情的态度值得其他同学学习，但在语文课堂中，积极举手回答问题的同学很少，希望以后有所改善。

——李同学

6. 羊年的到来不仅让校园里的每一个角落洋溢着喜气洋洋的气氛，同时也告诉了我们一个事实：一场激动人心的崭新旅途业已拉开了序幕。新学期，新气象。开学一周以来，为了加大对班级事务的管理力度以及深入落实"物尽其用，人尽其才"的观点，在班主任以及全体班干部成员的激烈讨论和协调折中下，班内的人事任免和规章制度发生了较大的变动。就像每一个复杂的生物体一样，该个体的生命活动之所以能够维持在一种"动态平衡"的状态下，是因为细胞、组织、器官以及系统之间的紧密联系与相互配合，而班级想要维持稳定以求进步，更离不开老师以及同学们的共同努力。本人作为新上任的生物科代表，定会抱着培培老师的雄心壮志，听从嘉丽前辈的指点迷津，接受同学们的贴心建议，同大家联手把我们高二（9）班打造成一个"优、雅、勤"的完美班级！最后祝老师们在新的一年里家庭幸福、工作顺利，祝同学们学习进步、心想事成！

——张同学

7. 峥嵘的岁月中，总有那么一段或几段日子值得去怀念，去存档。"辞旧迎新，阖家欢乐"是春节永恒的主题，它不会因时间的更迭而失去应有的价值，也不会因过于吸引眼球而处于风口浪尖，它注定不平凡而又平凡地存在着，注定传统而又不传统地度过。它是离家者能闻闻乡土清香的奢侈，它是忙碌者能放慢节奏看生活的享受，春节的意义与价值也就尽在不言中了。

——周同学

8. 新学期，新气象。这一学期文科课也要开课啦！在此热烈欢迎地理、政治、历史老师的归来。地理知识你还记得多少呢？跟着地理老师一起谈天说地过会考吧！

——江同学

9. 中国的农历新年，从最初的为了驱赶年兽，到如今的回家过年团聚，已成为一种文化植入每个人的心中，华夏子孙无论身在何方，无不归心似箭。但有人为了国家安全，戍守边疆，有人为了社会正常运转，坚守岗位。他们舍小家为大家。但有的人却不懂回家的珍贵，在他们看来，只要带着满满的礼物回到家，就是回家了。其实他们不知道，真正的回家并不是回到那幢被冠以"家"的名称的房子。家，之所以为家，是因为那里居住着我们的亲人。回到家中，陪陪父母，和家人谈谈心事，便足以让父母开心好一阵子，这才是父母想要的你回家。

还有作为学生党的我们，仗着年轻就是本钱，觉得平时学习那么辛苦，在新年这样的假期就该好好享受。可是，你的父母为了你，还在更辛苦地努力着，你还有什么好享受的？虽然，年轻就是本钱，但是你若不努力，最终也会不值钱。你今日的努力只是为了你自己，无须打着什么让父母过上好日子的幌子，给自己找借口，等到你真的毕业踏入社会有能力养活父母那日，父母已年过半百，还能贪图享受你什么？要成功就不要找借口，找借口就别想成功。现在你的一切理想，只是为了日后你能有理想的生活。选好目标，好好努力，路，只要走对了，就不会艰苦、遥远。

——周同学

10. 羊年咩咩咩地到来了，吉祥当当当地朝你开来，好运哗哗哗地流向你，幸福的车嘟嘟嘟地在响着。新的一年，新的开始。身为"新化代"的我，任重而道远。新年新气象，（9）班的ambition一定能实现。

——黄同学

育人：教导有方

让主题班会成为花开之雨露

启智润心，潜移默化。学校每周一下午第三节是教育课，这是开展主题班会的主阵地。很多班主任对主题班会不够重视，错误地认为上好文化课程就可以了。的确，作为语文教师，就要上好语文课；作为数学教师，就要上好数学课；作为班主任，就要上好主题班会课。主题班会对于学生而言好比雨露对于种子，只有经历了雨露的浇灌，种子才能健康成长。

我想，既然选择了当班主任，就应该把班主任作为一门学科去研究。如果想做一名优秀的班主任，就应该上好每一节主题班会课。

2004—2016年这12年间我一直做班主任，说实话，刚开始，我对主题班会课也不够重视，至少2004—2007年第一届学生的三年，我对自己所上的主题班会基本上没什么印象了，可能是时间久远忘记了，也有可能是刚开始从事教育工作，自己还缺乏经验，主题班会开展得比较少，每次到了班会课时，基本上是布置年级安排的工作，很少正儿八经地开展主题班会。

第一次让我对主题班会留下深刻印象的是2011年，学校举行班主任主题班会说课比赛，学校要求每个班主任都要参加。因为要参加比赛，我比较重视，准备得比较充分，我记得当时我所选的主题是诚信，让我意想不到的是那次比赛我荣获学校一等奖，这给了我很大的信心。再后来，2014年1月，在学校举行的班主任班会创新大赛中我荣获高一组第一名。当年6月，惠东县教育局举办惠东县首届中小学主题班会大赛，每个学校推荐两名班主任参加比赛，我和马妮老师代表学校参加比赛。我所选的主题为友情，为了这次比赛能取得好成绩，我花了几个晚上查资料、写教学设计、做课件，邀请领导和其他班主任来听我的主题班会课。除了在本班上，还借了其他5个班来上这节主题班会课，一次又一次地打磨让我受益匪浅，题目从最初的"同学之情"到"以朋为邻"，最后确定为"朋友都去哪儿了"。为什么选择这个题目，也是我无意中的灵感。当时《时间都去哪了》这首歌很火，当我听到这首歌时，我突然想到主题班会的题目"朋友都去哪了"，当我选用这个题目时，大家都觉得不错。我找到自己高中时的班级合影，作为这节主题班会的引入，同时又根据刚刚毕业的学生的事例写故事、录制音频等。最终，功夫不负有心人，这节课得到了评委们的肯定，以最高分荣获2014年惠东县中小学主题班会优质课比赛总决赛（高中组）一等奖。2016年，在县德育室邹若萍主任的推荐下，我的主题班会"朋友都去哪了"教学设计参加全国班会课方案评选，并荣获一等奖。

这份经历给我留下了深刻的印象，让我对主题班会有了更深的理解，也让我意识到主题班会对班主任的重要性。作为班主任，上好主题班会是一种能力，也是一种要求。我认为，主题班会不是娱乐活动，也不是自主学习，更不是可有可无的摆设，它是班主任对学生进行思想教育的重要途径，是德育课堂的主阵地。

如何上好主题班会课？我想谈谈三点感悟。

第一，主题班会一定要做到主题明确。主题班会应该主题明确，切不可泛泛而谈。可以根据学生的学习生活、思想动态来确定班会主题；也可以根据节假日来确定班会主题；还可以根据突发事件、时事热点确定班会主题。我想，班级作为一个群体，班级问题是在所难免的，比如纪律问题、学习问题、同学相处问题等，在处理班级问题时，与其全面开花，还不如攻其一点。根据班级的实际情况，有计划、分类别地设计主题班会，对班级管理来说是十分有效的。开学之初，我们可以设计文明礼仪的主题班会；考试之前，我们可以设计提高学习效率的主题班会；节假日之前，我们可以设计与节假日相应文化有关的主题班会。

第二，主题班会一定要做到准备充分。凡事预则立不预则废。主题班会是一节教育课，首先，班主任要调整自己的心态，把主题班会课当作学科课堂一样对待，甚至更为重视。其次，了解自己的班级和学生，对班级问题和学生问题做到心中有数，有选择有针对性地就班级问题或学生问题展开一节主题班会。最后，要提前准备好主题班会的方案，如哪些同学发言等要提前告知学生，让学生做好准备，以防临时发挥太仓促，达不到预期的教育效果。

第三，主题班会一定要做到全员参与。主题班会的主体是学生，一节好的主题班会课不在于教师讲得多么好，而在于学生的参与度，如果全班学生都能积极地参与，我想这节主题班会就是成功的。如果只是教师一个人唱独角戏，再精彩的课堂如果没有学生的参与也是不完整的。因此，在开展主题班会时，班主任要懂得"放手"，该让学生主持的就让学生主持，该让学生上台表演的就让学生上台表演，班主任要敢于把表现的机会留给学生来展现自我，班主任的角色可以是一个导演、一个编剧、一个配角等，千万不要低估了学生的能力。只有先给学生舞台，他们才有自我展现的机会。

比如，高二第一次阶段考试前，我设计了一节以"如何面对考试"为主题的班会，班长主持，并事先邀请了四位同学分享他们的学习方法，以下是班长对这节主题班会的总结。

临近第一次阶段考试，有些同学也许胰岛素分泌过多，几近昏厥，有些同学也许甲状腺激素分泌暴增，兴奋难耐。无论你是哪一种，都请让我给你开些心灵药片，恢复最佳状态，让你驰骋考场吧！

药方一：楚瑜定心丸。面对即将来临的考试，我认为最好的方式是使自己保持平静，少一分躁动，多一分从容。用一颗冷静的头脑去复习已学的知识点，巩固好基础知识。

药方二：洁静驰神膏。很多时候，如果你觉得做什么都不顺心的话，最好不要催促自己了，去做一些能使自己开心的事，如跑步、听歌、打球等。放松后，才能更好地上路。"所谓运气，就是机会恰好撞上你的努力。"不要抱怨什么。如老师所说：争取每天毕业。

药方三：玉雄醒脑散。复习：公式定理是基础，答题格式是重点，思路技巧是关键。解题：低难度快速吃掉，中等难度咬一口试试，高难度先跑，别被它吃掉。

药方四：凯杰补脑汤。如今，面对即将来临的考试，可千万不要忘记以前惨痛的教训。开学以来六次数学周五检测的惨痛经历刺痛着我、警醒着我：细心就是一切！准确率比速度更重要！把时间用来检查选择题比攻坚最后一题更值得！想考试成功，请喝凯杰补脑汤！

怎么样啊，同学们？用过这些药方后，你的内部环境重新维持平衡了吗？想必大有裨益吧！正所谓"青霄有路终须到，金榜无名誓不归"！亲爱的同学们，正值"同学少年，风华正茂，书生意气，挥斥方遒"的年纪，愿你一举夺魁，马到成功。

附：主题班会教学设计案例

朋友都去哪了

一、主题背景

大背景：当前，社会主义核心价值观提倡友善，只有人人彼此友善，以礼以情相待，社会才会更加和谐，生活才会更加美好。

小背景：从事班主任工作10年来，发现好些高中学生对同学缺少关爱，不懂得如何与同学相处，缺少朋友，有些同学在高中阶段甚至连一个朋友都没有，常常感到孤独无助。这一方面是这些同学缺少良好的个性修养；另一方面是这部分同学不懂得欣赏和悦纳他人，缺少处理同学矛盾的方法，导致在高中阶段错失良友。

二、教学目标

1. 关爱自己身边的同学，珍惜同学谊、朋友情。

2. 掌握正确地处理同学朋友之间矛盾的方法。

3. 认识自己，养成良好的品质。

三、班会准备

1. 一个高中学生交友的故事，并录音、配乐。

2. 同学关系的调查表和认识自我的调查表。

3. 《朋友》的音乐。

4. 班得瑞的《童年》《初雪》的轻音乐作为背景音乐。

5. 一张自己高中的相片。

四、班会流程

（一）引入话题

首先通过"朋友都去哪儿了？"的问题引起学生的思考。其次以展示自己高中毕业照（16年前的老照片）作为导入，告诉学生我的朋友（也就是我的高中同学）现在在全国各地工作。

老师：同学们，我们刚刚完成了调查表，今天我们一起来找朋友好吗？你们能告诉我你们的朋友都去哪儿了吗？……现在我想跟大家分享一个我珍藏了16年的宝贝，大家猜猜是什么？（展示毕业照）这是我高中的毕业照，虽然已经过去了16年，岁月磨去我稚气的容颜，但它永远磨灭不了我永久的记忆，永远无法割舍我们的友谊。

（二）初次见面

让学生回忆一下来到高中、来到新的班级的时候谁给我们留下了最深刻的印象。目的是让学生明白人与人交往时第一印象非常重要，我们要给别人留下好的印象。

（三）故事分享

目的是让学生看别人的故事，思考自己的人生。这个故事是我2013届的学生方同学的故事，这个故事讲述了方同学和她的好朋友林同学高中三年的友情，以配音的形式展示给学生，更生动、更有趣味性。方同学是2013年高考惠东县的理科第一名，被中山大学录取，林同学被华南理工大学录取。我把她们的故事分成了四个片段：片段一是第一次尴尬的相遇，片段二是一起奋斗的日子，片段三是最久的一次"冷战"，片段四是后记：同学谊、朋友情。目的是通过她们的故事来教育学生在高中阶段如何和同学相处等。

片段一：第一次尴尬的相遇，活动形式为猜故事——学生续写故事

教师：我们每一个人都希望初次见面时给同学留下好印象，但我们的见面不总是"一见钟情"的哦。这是小方的高中故事，听完片段一后我们以小组为单位，大家来做一次导演，我们充分发挥想象，续写故事，想想接下来会发生什么。

此时，在黑板上写上，初次见面——好印象。

片段二：一起奋斗的日子，活动形式为故事分享——你和你的朋友之间最难忘的一件事

两种情况：有朋友的同学和没有朋友的同学。对于有朋友的同学，让他们谈谈和朋友之间最难忘的一件事，让学生总结对方的什么品质吸引着你或你的什么品质吸引着对方。对于没有朋友的同学，让他们谈谈对自己的认识。目的是让学生明白交友的过程是双方相互认同的过程，既要认识自己，又要欣赏别人。

教师：在我们每个人身上或多或少地存在这样那样的品质，这些好的品质就像珍珠一样散发出迷人的光芒，联系着你、我、他！能够成为朋友是建立在相互认同的基础上的，在欣赏别人的同时，我们要正确地认识自己，提高自己的魅力，就像磁铁一样，彼此吸引。

此时，在黑板上写上，成为朋友—好品质—彼此认同："欣赏他人+自我认识"

片段三：最久的一次"冷战"

活动形式为讨论：再亲密的朋友也会有矛盾，当矛盾发生时，我们应该怎么做？

教师：友谊是可以重塑的，当我们与朋友发生矛盾时，与其懊悔和错失，还不如采取积极的措施，要知道你们的友谊是有基础的，你们的友谊是经得起时间的洗礼的，友谊就像美酒，历久弥香。如果真的是错过了一段友谊，也不要太愧疚，重新审视自己，珍惜眼前，我们每个人的一生是需要很多很多的朋友来陪伴的。

片段四：同学谊、朋友情

（略）

（四）总结升华

教师：朋友都去哪儿了？其实朋友就在我们的身边。同学之间的友谊是人生一份宝贵的财富，如果你有朋友，你要庆幸自己拥有一笔财富；如果你还没有朋友，从现在开始，友善地对待你的同学，你的朋友也正在向你招手。请珍惜同学情、朋友谊！其实我们每个人都是生活在社会的群体中的，我们需要更多的朋友，我们需要他人的友善，只有当我们能够把他人当作朋友，他人才会把我们当作朋友。想象一下，在这个社会上，如果我们人人彼此友善，以礼以情相待，我们的社会就会更加和谐，生活就会更加美好。

（五）拓展延伸

最后，和同学们一起唱周华健的《朋友》。

王老师的3条建议：

1. 找出身边同学的3个或3个以上的优点，并告诉他（她）。

2. 下课后，给自己原来的好久没有联系的朋友打个电话。

3. 给与自己有矛盾的同学和朋友写一封信。

育人：教导有方

（六）板书设计

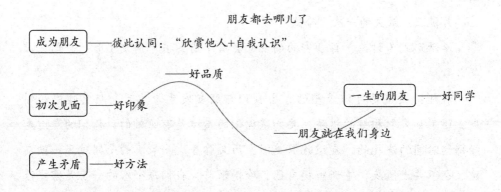

　　（该主题班会教学设计在2016年"班集体建设暨首届中小学班会课评审观摩活动"中荣获班会课方案评选全国一等奖）

让班级活动成为花开之阳光

逐梦而行，向阳而生。对于班级管理，我认为既要遵循学校、年级的规定动作，更要有自己班级的自选动作。规定动作就是按照学校和年级的要求落实好各项任务，自选动作就是班主任要有"我的班级我做主"的魄力，积极开展班级活动。有意义的班级活动会给学生带来无限的乐趣，影响每个学生的一生，使学生的理想、情操、品德在潜移默化中不断升华，智慧、才干不断提高，知识不断丰富。同时，班级活动能促进学生的个性发展，也能够促进班集体的形成与发展。

作为班主任，我非常重视班级活动，我记得在（9）班我经常跟同学们说的一句话是"我们的班级我们做主，我们的活动我们组织参与"。在高一、高二那两年，我们（9）班基本上每两周都会举行一次班级活动，现在回想起来，这些活动成了我们（9）班的美好回忆。

如果非要给这些班级活动进行分类的话，我想我的班级活动大致可以分为三类：第一类是体育类班级活动，比如足球射门比赛、篮球投篮比赛、拔河比赛等，这些活动不仅可以激发学生热爱体育的热情，而且可以培养团队意识，增强班级凝聚力；第二类是知识类班级活动，比如百科知识竞赛、客家文化知多少、一站到底之最强大脑等，知识类班级活动可以促进学生学习科学、热爱科学；第三类是娱乐类班级活动，如班级好声音、你比画我猜等，这些活动可以使学生得到适当的放松。

我印象最深的是当时的"班级好声音"活动，这是仿照《中国好声音》而进行的。当学生提出这个建议时，我觉得非常好，当时《中国好声音》这个节目非常火。在获得我的支持后，学生们就开始做方案，分配任务，扮演角色，顿时，整个班级就成了一个剧组，学生将一切安排得很详细，同时也给我安排了一个"虚名"，那就是"班级好声音"的总顾问。这个活动持续了近两个月，学生们开展得有模有样。作为班主任，我们所需要做的事情就是给学生提供平台和支持，千万不要忽视了学生的能力，我们要以发展的眼光去看待学生的成长，他们长大之后在社会中会有不同的角色，班级活动可以帮助他们体验生活的角色，助力他们健康成长。

还有一次印象深刻的班级活动是高三下学期，为了缓解学生备考的压力，我和班干部策划组织了一场班级足球赛。这次足球赛邀请了班级科任教师参与，共分为两队，男生作为队员参赛，女生作为啦啦队参赛，我和教物理的郑卫锋老师各带领一个足球队参赛，女教师各带一个啦啦队加油助威，比赛的场面很热烈，我们班科任教师都参与了，学生的积极性也都特别高，这次班级活动很成功。至于最后的比赛结果，已无关紧要了，大家都很开心，班级的凝聚力更强了，师生的关系更加融洽了。

对于班级活动，我也有自己的要求，班干部要提前规划，做好活动方案，并且遵循以下三点原则。

（1）目的性原则。每次班级活动要主题鲜明、目的明确，要富有深刻的教育意义，明确为什么开展此项活动和开展此次活动的目的是什么。每次班级活动要贴近高中学生的生活，班级活动做到真实有效，可操作性强。

（2）自主性原则。班级活动不能由班主任一手包办，要让学生来组织、策划并参与。活动中，学生是主体，班级活动的目的是要让学生"动"起来，"动眼、动手、动口""动脑、动心"，从外在肢体感触到内在情感体验的转化，只有通过活动在情感、思想上碰撞出火花，才能实现真正意义上的教育。

（3）趣味性原则。好奇是学生的天性，在班级活动中，要考虑学生的年龄特点和心理特点，活动的形式和内容要适合学生的需求，因此，"有趣"是班级活动的一项重要原则。只有这样，班级活动才能吸引学生的注意力，使他们自然而然地投入活动中。

当然，每次班级活动结束时，班主任要及时总结，提升主题，以强化本次班级活动产生的积极效应。从某种意义上讲，一次成功的班级活动，就好比一次思想教育课。班级活动是打开学生心扉的一把钥匙，只有打动学生的心灵，引起学生情感上的共鸣，使学生完成从外向内的转化，在思想认识上获得提升，才能真正达到教育的目的。

高二（9）班"班级好声音"专栏简报

——"天籁之音"

10月20日16：12，在（9）班里萦绕着一个个美妙的音符。那一刻，（9）班举行了一场没有sponsor，只有热爱音乐的心与真挚的歌声的音乐盛宴。这场音乐盛宴无疑将会给我们的高中生活留下一个快乐足迹。

这场音乐盛宴由Ethan和林卓楠两位小帅哥主持，四位导师——帅气的少校、高大的Luke、可爱的瑄哥以及活泼的娜娜严格把守着通往音乐巅峰的道路。

在预赛中有28位选手，他们分别是Lance思翰，才子志超与Lam，生物专家嘉丽，苗族少年阿鑫，宅男宇航与育逢，By2冰锦与阿琴，巾帼阿霞，飞翔的男人远辉，"老男孩儿"凯铭与海哥，为爱痴狂嘉华，阳光男孩Penpen与瑞宏，南漂少年Kasen与Rocket，Bad boy淑豪，恬静女孩儿妙婷与阿兰，自称"歌王"的班长，S.H.E洁静、阿妍和雁玲，奔跑少年文聪和纪涛，女神斐然。他们之间强强联手，展开了一场没有硝烟的战争。到底谁胜谁负，谁能一举拿下（9）班的冠军呢？

在海选的第一轮，志超与Lam旗开得胜，以一首《盛夏光年》夺得了娜娜的青睐。接着嘉丽也不甘示弱，以一首柔情的《丁香花》征服了少校。苗族少年阿鑫带来的是《安静》，让我们看到了阿鑫真实的一面。阿琴与冰锦带来的是《当我们曾在一起》，赢得了一片喝彩。接下来是阿霞的《我不配》，一举夺下了瑄哥的组员位置。然后是远辉的《给未来的自己》，堪比原唱的声音让导师Luke拍案叫绝，并成功加入Luke的队伍。接着是凯铭与海哥两位"老男孩"，用浓郁的感情演绎了《老男孩》这首歌，让我们了解到他们内心的不甘与永不服输。最后是Lance思翰，以一首《森林》让四位导师转身，让无数少男少女为之痴狂，实在是让人美慕嫉妒。

一周后，开始进行海选的第二轮，这场可谓是重磅戏，嘉华的《七友》让我们心碎不已。淑豪的《Bad boy》让我们嗨爆了全场，并成功加入了娜娜组。阳光男孩Penpen与体委瑞宏以《好心分手》成功地打动了瑄哥，并加入瑄哥的队伍。接着是南漂少年Kasen与Rocket以Eason的《不要说话》让所有人流泪，并进入了娜娜组。接着恬静女孩儿妙婷和阿兰强强联手，以《勇气》征服了娜娜。还有"歌王"班长更是不肯认输，以光良的《童话》温暖了Luke的心窝。S.H.E组合的三位沉鱼落雁、闭月羞花的美女，以一首《开始懂了》让主持人阿楠都不禁流下了眼泪。奔跑少年文聪和纪涛更是选了一首《海阔天空》让大家沉醉不已。最后一位选手是学业唱歌样样精通的斐然，三月不鸣，一鸣惊人，用一副上帝精心打造的歌喉演绎了一首《致青春》，赢得了四位导师的转身以及全场的欢呼和呐喊，以绝对的优势进入了少校组，并成了主持人Ethan心中的新一代女神。

在本次海选中，脱颖而出的选手以及组合有——瑞宏和Penpen组，S.H.E组合，巾帼英雄阿霞，老男孩（凯铭、海哥）组，嘉丽，斐然，Kasen和Rocket组，志超和Lam，淑豪，阿兰和妙婷，还有Lance思翰，远辉和智超。接下来的日子，他们将会带给我们更精彩的表演。

又过了一周，我们展开了新一轮的半决赛。首先登场的是来自可爱撩人、高大威猛、英俊潇洒的Luke以及他的成员。他们分别是思翰、远辉、智超。比赛开始时，首先登场的是Lancc思翰，他是一位让四位导师转身的学员，作为超级重量级选手的他带给我们一首《孤独患者》，Lance以独特的嗓音和丰富的表情，仿佛向我们展示了一位真正的孤独患者，他的歌声呼吁我们关爱那些生活在角落的人们，让不少人的脸颊滑下了眼泪。第二位选手是翱翔在蓝天中的男人远辉，他带来的是《我可以》，充满感情的声音以及elegant舞姿让人振奋，对未来更充满向往和勇气。最后一位选手是"歌王"智超，他并没有唱他所擅长的，而是以一种温柔、淡雅的方式演绎了《好久不见》，仿佛他真的离开了他的她很久，让全场为之悲伤，三位选手的精彩表演让Luke烦恼不已，但是最终Luke在大家的评选下，不得不忍痛割爱两名爱将，让Lance陪他闯入总决赛。

第二位出场的导师是我们可爱迷人、冰雪聪明、倾国倾城的瑄哥以及他的学员体委、S.H.E和巾帼英雄阿霞。第一个冲锋的是瑞宏，瑞宏因为与他的"爱人"Penpen唱了《好心分手》，结果假戏真做了，只能独献一首《逆战》，宏哥以绝对的力度和气场，完美地演绎了这首歌，带动起了全场的节奏，来了个开门红。接着出场的是铁血战士阿霞，谁知她在今天竟展示了她柔情的一面，用细腻的嗓音将我们带入淳朴的故乡生活，成功地演奏了这首《稻香》，让我们沉醉其中。最后出场的是S.H.E组合，她们刚踏上舞台，便赢得了一群男粉丝的欢呼和鲜花，她们靓丽迷人，美煞旁人，为我们带来了一首《Drenched》，甜美的声音填平了我们心中的一道道坎，使我们仿佛喝了一碗蜜糖，更是让主持人阿楠泪流满面。在最后抉择的时候，若瑄在百般深思后，苦着脸放弃了两位爱将，最后选择带着她的S. H. E组合登上巅峰。

第三位出场的导师是青春靓丽、活泼开朗、貌美如花的娜娜以及她的成员志超、Lam、By2、Bad boy淑豪、Kasen和Rocket。首先参战的是Kasen与Rocket，他们为我们带来的是《约定》，平日里羞涩的他们，在这次竟用豪迈、狂野的歌声唱出了这首歌，唱出了另一种风格，实在是音乐界的鬼才。这是一次扣人心弦的演出。第二位出场的是志超和Lam，琴棋书画样样精通的他们为我们带来的是《逆光》，优美的声线、完美的配合将这首歌展现得淋漓尽致，那场景实在是让人刻骨铭心，无法忘怀，pevfect。最后登场的是By2和bab boy淑豪，年轻的他们，精力无限，为我们带来了如此动听的《有点甜》，让全场都被年轻快乐活泼的他们所感染。Bad boy淑豪更是在爱的驱动下，直接扮演米开朗琪罗。最后，娜娜也是被他们弄得神魂颠倒，最终，娜娜选择了志超和Lam走向决赛。

最后一位导师是风流倜傥、才学八斗、不羁放纵的少校以及学员凯铭海哥、嘉丽和斐然。首先出场的是我们的嘉丽，她以一首《后来》柔软了大家的心，让大家在这紧张的气氛中变得舒适。这真是一场无与伦比的演奏。接下来是Ethan的女神斐然，准备充分的她为我们带来的是《幸福不是情歌》，刚开口的第一句，便让全场安静下来，这是何等的power，一如既往地轻松拿下这首歌，让全场为之呐喊助威，让Ethan的心再一次被她的声音所征服。最后出场的是凯铭和海哥，两位帅气的老男人，他们再一次以深沉的声音演绎了一首《一生有你》，简直是（9）班的水木年华，那声音征服了全场所有女性，让所有女性为之疯狂尖叫呐喊，实在是一对江南才子。在最后的挑选时刻，少校在心里做了许久的斗争，最后在痛哭中挑选了斐然陪他登上音乐的巅峰之路。

在选出四位选手后，便是他们的导师开始唱歌，Luke首先为我们带来了一首《后会无期》。那歌声、那场景、那动作，仿佛是一场演唱会，让在场所有人又一次呐喊起来。接下来是娜娜的《当爱在靠近》，声线一开，便惊动了全场人的心，欢快的节奏更是让人兴奋不已，让在场的所有观众都感受到了一股独特的魅力，似乎春天就在身边。第三位是若瑄演唱的《喜欢你》，细腻的嗓音犹如流水般优美，让许多男生兴奋起来，仿佛瑄哥在向在场的每一位说我喜欢你，不知道让多少男生沉醉其中。最后献唱的是少校，他带来《爱在记忆中找你》。他的嗓音就像是冰清大哥附体，是那样的雄厚、优美，每一句都深入我们的心扉，实在是无法用言语来描述。最后是两位主持人的献唱，首先是Ethan的*in the end*，超出自然现象的语速和强烈的力度，就好像林肯公园再现，让在场所有人咋舌和赞叹；接着是卓楠的献唱，他唱出了他的心、感情和所有，让我们感受到了卓楠最想要的是什么，实在是精彩精彩。

让家校共育成为花开之温室

作为班主任，我们要学会"借力"。对于班级管理而言，我们要借助家长的力量，加强家校交流，形成教育的合力。

仍记得，2004年我刚做班主任时，由于性格比较内向，很不喜欢也不擅长与家长沟通，除非是家长打电话向我了解学生的情况，否则我很少主动打电话给家长，误认为"学生的教育是学校的事情，家长帮不上什么"。后来随着教龄的增长，我才意识到自己的错误，学生的教育本来就是学校和家庭共同的事情。到带第三届学生，也就是2013—2016年的（9）班，我在自己的班级中开始践行家校共育，家校沟通交流成了班级管理的一个重要部分，我常常主动打电话给家长，以真诚得到家长的信任和支持。开学初，学生报名登记的时候，我就把每一个家长的电话存在我的手机里，我会抽时间给家长一一打电话，汇报学生在校的情况，同时也了解学生放假在家的情况，一个月的时间里，我基本上与班上的大部分家长取得了联系。第一次开家长会的时候，当家长第一次见到我的时候，就有一种熟悉的感觉。当时家长反映最大的问题是孩子上高中了没那么听话了，不愿意与父母交流了，甚至有些学生与父母有矛盾。因而，第一次家长会的时候，我在班上布置了一个任务，每个同学必须和来参加家长会的父母拍张合影，并专门安排了两个同学作为摄影师，我把这些合影都冲洗了出来，从这些相片中可以看出学生与家长的"和谐"关系。

我记得2014年，也就是高一下学期，我在（9）班的家长群里提出想在班上建立图书角的想法。当天，就有一个家长打电话给我，说愿意为班上捐100本新书，并由她负责购买，我只需要把书单给她就可以了。第二天，我在班上让每个学生写出最想看的两本书，汇总之后就得到了学生最想要的书单了，这位家长很热心，在当当网上一本一本地挑选，没过多久，她就把书拿了过来，同学们很开心。随后，每个同学都从家里拿出一些书籍，共创共享，就这样我们的图书角就建好了。我当时对同学们的要求是"每个学生必须从图书角借走一本书放在最显眼的地方"，目的是"藏书于学生"。高二的时候，同样是这位家长，又为班级捐了100本新书。

当时，班级也成立了班级家委会，有家委主任、副主任和其他三位家委，当我提出每次考完试对表现优异的学生进行表彰时，家长们都非常支持，在家委会的组织下成立了班级奖励基金，班级奖励基金以学生家长自愿为原则，班级奖励基金由家委管理，公开透明。由班干部做好预算，家委会购买奖品并来校给学生颁奖。每次考试后，班级就会进行表彰，同时结合班级小组量化，班级会评出"学习之星""进步之星""勤奋之星""最佳小组"等，奖励面比较广，尽可能让更多的同学获奖，奖品有红包、零食、学习用品、运动用品等，每次颁奖时就是同学们最开心的时刻。我想，对于学生而言，适当的物质奖励还是必要的，这不仅给学生平淡的学习生活增添了几分乐趣，同时也给学生的学习氛围带来了几份活力。我记得2016年临近高考的前一周，一个家委为同学们准备了两个大蛋糕，蛋糕上印着"祝高三（9）班高考必胜"，看着这几个耀眼的大字，很让人感动。

总之，家校共育就犹如建设一个好的生态系统，学生是种子，家庭是土壤，教师是园丁，社会是环境；种子饱满，土壤肥沃，园丁辛勤，环境适宜，才能为学生的健康成长提供有力的保障。

花开不败　硕果盈枝

——2016年10月11日在惠东县新学年教育教学工作会议上的发言稿

各位领导、各位老师：

　　大家上午好！我是惠东高级中学的王象文老师，非常荣幸能有这次机会与大家分享自己的成长经历，按照邹主任的要求谈谈班主任工作。我在惠东高级中学做了12年班主任，带了完整的四届学生，其中所带学生有三次都夺得惠东县理科总分第一名。我的座右铭是"越努力，越幸运"。在此，我想跟大家分享三个关键词：心态、方法、坚持。

一、积极的心态

　　积极的心态是成功的基石。

　　曾听到一位老师这样形容班主任工作："与天斗，其乐无穷；与地斗，其乐无穷；与学生斗，其乐无穷。"但我从来就是一个不擅长"斗争"的班主任，我更愿意与学生"和平共存，共同成长"。我常常自诩班主任工作就是"牵着蜗牛去散步"。上帝给我一个任务，叫我牵一只蜗牛去散步。我不能走得太快，蜗牛已经尽力爬了，为何每次它总是前进那么一点点？我催它，我吓唬它，我责备它，蜗牛用抱歉的眼光看着我……真奇怪，为什么上帝叫我牵一只蜗牛去散步？……原来是上帝叫一只蜗牛牵我去散步。作为老师，又何尝不是牵着蜗牛散步呢？当我们在抱怨蜗牛的同时，我们忘记了我们教育的初心，我们忽视了教学相长，忘记了用一份积极的心态去面对学生。

　　2004—2007年是我的第一次教学循环，当时我担任美术班的班主任，同时负责一个体育班的教学。一开始我也抱怨过，抱怨学生太差，抱怨学校为什么安排我教两个最差的班，后来我慢慢发现了生活的美好，静下心来，用积极的心态重新审视我的学生。我和学生打成一片，有几次美术班的学生邀

育人：教导有方

请我去当他们的模特，我也毫不犹豫地答应了。就这样，我从他们那里学到了许多与美术和体育相关的知识，现在回想起来，我很幸运能够遇见他们，那是我的第一届学生，他们陪伴着我一起成长。与其说是我在教授他们知识，不如说是他们教会了我如何当老师。

在后来的教学生涯中，我担任了三届理科班的班主任，对于一个英语老师来说，理科生的世界是很奇妙的，我俯下身来与他们交流，与他们一起学习，共同成长。为了做更好的自己，我努力钻研教学，通过学习不断自我提升，因为我深知："打铁还需自身硬。"我们要做一个"既教且学"的老师，更要做一个"又教又学"的教研型班主任。只有我们不断加强自我教育能力，才能管好班级，才能赢得学生和家长的尊重。

二、科学的方法

方法好了事半功倍，那么，如何才能在管理班级上事半功倍呢？我认为最重要的一点就是——科学管理，形成合力。

（一）与学生保持良好的关系

班主任工作最大的难题是如何把握与学生的关系度，疏远不好，过密也不好，我在魏书生老师的身上找到了破解之道——科学民主地管理班级，让学生管理学生，人人参与，精细化管理。二〇一六届（9）班的班级目标是"优、雅、勤"，围绕这三个字制定了班规，先是班干部草拟班规，然后由每个小组的组长来决定最终的班规。班干部和小组长是两套人马，这样做的目的是让人人参与班级管理。随后班级刻了班级班委会公章，建立图书角，组建班级奖励基金，创建班级简报社，各个部门各司其职。小组实行组长负责制，在学习上安排组员内部帮扶，在小组评价上实行捆绑，每个月评一次最佳小组。对于个体的奖励，每月评一次班级之星，评价的标准有问问题最多的学生、进步最大的学生、月考成绩最好的学生等，并为班级之星颁发奖状。对于小组评价和个人评价实行量化，每个月每个小组和个人都有详细的得分，实行精细化管理。我带班的原则是多表扬学生，多发奖状，每学期期末学生凭奖状的多少来兑换奖品。

班级事务琐碎，免不了要批评学生，有批评就有伤害，我的原则是对于学生生活上的问题尽量少批评，对于学习上的问题要多批评，在课堂上只批评现象，不批评个人，即使要批评个人，最好私下批评，尊重学生也能获得学生的尊重。

就这样，在这"科学民主"的指导思想下，优化了师生关系，接下来就是静待花开了。

（二）与家长建立良好的关系

家庭教育是学生教育的重要组成部分，学校教育是离不开家长支持的，所以带每一届学生，我都很重视与家长建立良好的关系。就拿2016届学生来说，高一入学初，学生登记了家长的联系方式，我都会及时地把所有家长的电话号码存在我手机里，当家长第一次怀着忐忑的心情给我打电话的时候，我都能准确无误地报出学生的名字。家长很惊讶，我解释说"我已经存下了你的号码"，家长很开心，因为我很重视他们，已经开始关注他们的孩子。每次家长会我都会安排学生和自己的家长在校园拍张合影，这张合影我会冲洗出来让学生带给家长，以让他们留下美好的记忆。每次学生家长来我办公室交流，我都会事先准备好茶水，表达出我的热情和对他们的尊重。我在微信上组建了家长群，经常把学生学习生活的相片分享给家长；在节假日，我都会送上温馨的祝福。心诚则灵，我的真诚也获得了家长的支持和帮助，高一当我提议班上要组建图书角的时候，一个家长让全班学生列出书单在网上为学生购买100本新书；高二当我提议班上组建班级奖励基金的时候，几个家长主动地帮班级基金筹集了几千元；在高三最后一个月，为了缓和学生紧张的学习氛围，我提议班上搞一个活动，当时一个家长为学生买了两个大蛋糕。正是因为家长的支持，班级的各项活动才能够顺利开展，并取得良好的效果。

三、恒久的毅力

坚持就是胜利，这不是一句空话套话，这是我过去一年最深刻的体会。

二〇一六届是我带班以来最辛苦的一届，全班60个学生，重点指标是40人，在高二这一年的模拟考试中，几次模拟重点上线人数都是在33人左右，离计划指标数相距太大。当时领导找我谈话，科任教师也略显失望。我们年级有3个理科实验班，我分析了我们班的情况，和其他两个班最大的差距是数学科，数学科是存在历史原因的。高一下学期由于数学老师怀孕身体不适，当时有5个数学老师轮流代课，就这样持续了一个学期。虽然高二换了老师，但由于学生的数学科先天不足，每次数学平均分和同类班级相差5～10分。我

育人：教导有方

当时也很痛苦，但失望归失望，工作还是要继续，最重要的还是要付出有效的行动。

现在回想起来，作为班主任，坚持是非常重要的，高三这一年我坚持了三件事。

一是坚持抓时间。年级规定是早上6：40进教室早读，我要求学生每天早上6：15进教室，为了和学生同步，我对学生承诺：我每天早上6：15准时出现在教室门口。事实证明我做到了，学生也做到了。

二是坚持抓重点落实。"一分计划，九分落实。"春节假期，根据学生的情况，我划出了20位重点临界学生，并为这20位重点临界生建立了微信群，要求他们每三天给我发一次作业，我会统计汇总他们的作业，哪怕是过年那几天，我也坚持自己的要求，没有交作业的我会打电话给学生。我记得有一个学生我打了5次电话催作业。就这样一个月的春节假期，这20个学生坚持学习了一个月，接下来考试的结果证明这些学生的成绩进步很大，我们的付出是有回报的。

三是坚持积极的生活态度。我喜欢跑步，在高三这一年中，每天下午5：00放学后我都会在学校操场坚持跑10公里，一双鞋，一条路，一个人，便可以轻装上阵。我喜欢这种简单而健康的生活方式，我以自己的行动给学生以正能量，我也在班上倡导跑步这种简单的生活方式，后来我发现越来越多的学生下午放学后也跟着我一起跑起来。每天晚上6：30当我大汗淋漓地走进教室的时候，原本还有点吵闹的教室立刻会安静下来，我想他们安静下来一方面是因为我来了，另一方面是他们知道我刚刚已经完成了10公里，他们也是很受鼓舞的。就这样坚持了一年。这一年我不仅心情更轻松，而且锻炼了身体，精力也很充沛，同时也用行动激励了学生。最后高考也印证了我经常给同学们说的一句话："越努力，越幸运。"

由于每天不懈地坚持，班级的学习氛围越来越浓，考试成绩逐步提高，特别是数学成绩已与同类班级持平，最终在高考中，全班60人有44人上了重点线，全班总分平均分535分（重点线508分），比同类班级高出10分，其中陈同学考上清华大学，杨同学考上浙江大学，纪同学等考入中山大学等。当然，这些成绩不是我跑步的功劳，但我建议我们老师应多多运动，不仅是为了学生，更是为了自己。我跑过几次线上马拉松，我更期望能参加一次现场马拉松。人生就是一场马拉松，只要我们坚持在跑，我们就都是赢家。

用积极的心态面对学生，用科学的方法管理学生，用恒久的毅力陪伴学生，这三点就是我对自己12年班主任工作总结的三条秘诀，我今天能取得这一点点成绩，都得归功于这三条秘诀。

　　最后，我以一个跑者的身份送大家一句话：跑没跑，只有脚知道。我们有没有坚持，只有我们自己知道。当别人往低处走时，我希望我们要坚持继续向高处前行。

　　以上就是我今天的发言内容，请大家多多批评指正，谢谢大家！

教研：

思而促学

　　独行速，众行远。作为教师，我们一直行走在教研路上，幸运的是我们不是孤军奋战，而是结伴同行。因此，教研就是一个人和一群人的共同成长。

行走在教与学的路上

前段时间，《觉醒年代》这部电视剧非常火，它真实地反映了五四运动时期的中国思想启蒙。我看了一遍觉得还不过瘾，就又看了一遍。我很崇敬里面的蔡元培先生，虽然没看过他所撰写的书籍，对先生的大多数印象是从影视和与相关他的介绍中得到的，但作为一名教师，他的那篇有关《教与学》的文章给我留下了深刻的印象。

关于教与学，就教师层面而言，蔡元培先生指出"三种教师"的存在。第一种是"教而不学"的教师。这些教师保持保守的习气，或缺乏进修的方法，或苦于无研究的机会，对所教学科持有被动的、非自觉的态度，上课缺少准备，照本宣科，敷衍塞责，得过且过。第二种是"学而不教"的教师。这些教师肯研究教学但不善于用教学方法，对于所教学科，他们致力学科的研究，往往忽视教学的方法，虽然他们在课堂教学中，尽可能充实学科的内容，补充较新的材料，但因为不谙教学的方法，不易引起学生学习的兴趣。第三种是"不教不学"的教师。他们对于所教的学科，既没有彻底地了解与持续地研究，也不清楚教学的方法，或者敷衍了事，或者背诵教本，或者摭拾陈言，自误误人，为害不浅。

针对这三种教师，蔡元培先生也提出了三种建议，他希望所有的教师从"教而不学"到"既教且学"；从"学而不教"到"既学且教"；从"不教不学"到"又教又学"。

每次想起蔡元培先生提起的这三种教师，我往往就会反思自己，自己是否就是他提到的其中之一？作为教师，我经常把蔡元培先生的"又教又学"作为自我反思的准则。"又教又学"其实就是教学研究的目标，我们经常谈论教研，就是要把握好"教"和"学"的关系，既要通过研究教材、研究新课标、研究新高考等来提升自身的教学能力，又要研究教学方法，把知识有效地传授给学生。

回顾自己近18年的教师生涯，我在教研方面一直以"又教又学"作为目标，坚持不懈，虽然没办法成为"又教又学"的名师，但从"又教又学"中受益匪浅。作为一名普通教师，何为"教"？我想就是我们的课堂效果，每一节课我们要让学生参与课堂有所收获，要调动学生的兴趣和积极性，培养学生的素养。何为"学"？我想就是教师要加强自身的教研能力。提高课堂效率的前提是教师的教研能力和教学水平，只有教师了解课堂、了解学生、准备充分，才能提高课堂效率；反过来，教师的教研必须以学生为对象，以教材和课堂为基础，加强对学生的研究、对教材的研究、对课堂的研究，这样的研究才有意义。因此，"教"与"学"是相辅相成、相得益彰的。

对于我们一线教师而言，如何把"又教又学"落实到日常工作中，我想可从以下四个方面入手：一是撰写教学论文；二是参与模拟命题；三是开展课题研究；四是坚持团队学习。我常常把以上四项归纳为我教研成长路上的"四驾马车"。写论文可能有些教师会觉得文笔不好，模拟命题可能有些教师会觉得能力不够，课题研究可能有些教师会觉得意义不大，困难之中就有挑战，挑战之中才有机遇，我想，作为教师，如果我们能让自己从"不会写"到"会写"、从"不会命题"到"会命题"、从"课题没有意义"到"课题有意义"，这就是很大的成功，同时也是一种成长。

让写作成为教学生活的一种习惯

在我的身边有一些同事经常这样问："作为一线教师，我每天上好自己的课就可以了，为什么要写作呢？"我想，这是一个不难回答的问题。作为教师，我们是知识的化身，我们的职责是传道授业解惑，试想，如果教师每天不做记录、不做反思、不做总结等，课堂效率从何而来？教师专业成长从何而来？

总结教师为什么要写作的原因大致有以下几点：一是教师的自我提升需要写作，二是评职称需要论文，三是把新思想新理论传播出去需要写作，四是交流思想需要写作，五是写作可以作为教师的一种精神追求，六是每年要完成学校的个人教学计划和总结需要写作等。总之，对于教师而言，动动笔头是家常便饭，我们不需要像作家那样去写作，但我们需要像医生那样去做记录。

每次在给一些新教师做交流时，我经常鼓励他们要勤于写作、善于写作，从自己的经历来看，写作对我帮助很大。比如写论文，近几年我要求自己每年能交一篇论文去参加市县的论文评选。有些时候不是为写论文而写论文，就是感觉做老师要记录点什么，要留下点印痕，所以，平时我有时间的时候就会动动笔，写的可能是生活的感悟，可能是教学的反思，可能是别人的一些好的做法等。不求华丽的辞藻，只求自我满足。特别是近两年，我分担了学校的一些行政事务，各种报告、总结等都落在我头上，我无怨无悔，每次都圆满地完成学校的任务，就当是一次次练笔。在同事眼中，我比较"能写"，说实话，能不能写、会不会写很多时候是心态和态度的问题，文学功底的强弱不是决定性因素。自从小学开始，我一直都不喜欢语文，语文也一直是我的弱势科目，更别说写作了。大学毕业当上教师后，我开始学会记录学生的一些言行，开始记录课堂教学的得失，慢慢地我的生活就与写作有了不解之缘。

谈到撰写教学论文，我跟大多数教师一样，刚开始也觉得是一件很痛苦的事，总觉得自己文笔不好，不知道如何动笔，当想起来写点儿东西的时候，到网上一查，发现自己想写的东西别人早就写了，并且别人还比自己写得好。第一次写教学论文是2007年，当时我刚带完第一届学生，心里有点感悟，想把它写下来。写的过程现在已经想不起来了，只记得那篇论文交上去参加县优秀论文评选，评选的结果是县三等奖，算是一个安慰奖吧。再写论文就是2009年的事情了，当时为了评职称，我写了一篇《多媒体在高中英语听力教学中的运用》发表在2009年《英语教师》杂志第3期。第三篇论文就到2012年了，当时写了《高中英语早读现状调查及应对策略探讨》上交县里参加优秀论文评选，没想到居然获得2012年惠州市优秀论文一等奖、惠东县优秀论文一等奖，这次给了我很大的鼓舞。再后来写的论文基本都能在惠州市获奖，我撰写教学论文的信心也就提上来了，至今一共有7篇论文获得县优秀论文评选一等奖，5篇论文获得市优秀论文评选一等奖。现在回想自己撰写论文的经历，我感觉我们很多教师不是不能写，而是没有在关键时刻逼自己一把。万事开头难，没有开头就已经放弃了，这是很可惜的。有时候逼自己一把，坚持一下，也是可以写出令人满意的论文的。以下我结合自己的经历，就如何撰写一篇优秀教学论文与大家分享四点经验。

一、论文选题要与时俱进

作为一线教师，我们所写论文往往以经验型居多，何为经验型论文？就是根据我们自己在教育教学实践中获得的经验、体会，然后对这些经验和体会进行分析、概括、抽象、提炼的过程，也就是把感性认识上升到理性认识而写出的论文。撰写教学论文的第一步就是要解决好选题的问题。众所周知，选题的方向决定了论文的质量和价值。但是，好的论文选题又是从哪里来的呢？

首先，好的论文选题从别人的论文中来，我觉得可以从当前热门的教学理念中来。如果平时有关注一些教育动态，喜欢看一些有关教学教研的文章的话，这些教研的动态就是你选题的方向。如果平时不怎么关注教育动态，最直接的选题方法就是去看一下去年省级、市级获奖的优秀论文，从这些获奖论文的标题中寻找灵感，结合自己的想法把标题进行适当修改就可以作为今年论文的选题了。

其次，好的论文选题从专家讲座中来。如果近期有参加培训学习，我觉得可以从专家讲座中来思考自己的论文选题。俗话说，听君一席话，胜读十年书。专家讲座中往往会包含一些先进的教育教学理念，如果我们自己没有时间去看这些理论，专家在讲座中涉及的理论可以弥补我们读书的不足。每次听专家讲座，我在做笔记时往往就会受到一些启发，在笔记本上记下自己可能撰写论文的选题，会后，如果对这个选题有兴趣，就可以开始着手筹备自己的论文了。

最后，好的论文选题可以从自己的教学实践中来。作为一线教师，我们有更多的实践经验，这些都是第一手的材料，是我们写作的源泉，教学实践是教学论文诞生的"摇篮"。同时，选题的范围要适中，不宜过大，也不要太小，题目过大了，势必精力分散，道理讲不清说不透。最好是选某个小问题、某个问题的侧面来写，把道理说清楚，使人们看后得到启发，受到教益。

二、论文结构要有理有据

曾看到美术生素描，他们会先画出人物的轮廓，然后再填充，不断完善画作。我想我们在撰写论文时也和画画一样，第一步是论文框架，摆出小论点，也就是人物的骨骼；第二步是填充素材，寻找充足的论据，也就是人物的血和肉；第三步是修改润色，精雕细琢，寻找文章的灵魂。简化一下就是两步：小论点和论据。

如何搭建文章的框架、构建论点呢？我想先针对所选论文的选题，列出论文的章节。一旦确立了章节，就可以填充后续内容。然后在每个章节上，用简单的方式标记自己想要在这个章节写的内容，用句子来表明思想。同时，我们要思考章节的用词和表述、章节的内容有无意义、章节的内在逻辑性等。

比如我在写论文《高考真题对读后续写课堂教学的启示》（2022年）时，先是列出了几个小论点，然后又针对每个小论点列出更小的论点。如：

（1）提高阅读理解能力，把握整篇文章主题。

① 把握记叙文的六要素。

② 把握记叙文的三大线索。

③ 把握记叙文的主题方向。

（2）合理构建故事情节，培养学生逻辑思维。

①依托首句，搭建情节"脚手架"。

②找出伏笔，厘清情节发展逻辑。

（3）加强故事细节描写，提升语言表达能力。

①熟练运用动作描写，增强表达效果。

②及时增加心理描写，增强情感色彩。

③适当使用环境描写，增强主题内涵。

又比如论文《思维导图在高中英语词汇教学中的几点探索》（2018年）：

（1）以主题为依托，培养学生的词汇学习习惯。

（2）以语篇为载体，更新学生的词汇思维模式。

（3）以情景为导向，增强学生的词汇运用能力。

三、论文素材要厚积薄发

英国哲学家培根说："我们不应该像蚂蚁，单只收集；也不应该像蜘蛛，只从自己肚里抽丝；而应像蜜蜂，既采集，又整理，这样才能酿出香甜的蜂蜜来。"我认为一线教师在论文写作时既要像蚂蚁那样收集材料，又要像蜘蛛那样抽丝剥茧，更要像蜜蜂那样酝酿成蜜。在撰写论文时，我们需要大量的素材，这就需要我们在平时的教学中善于收集素材，有意识地积累素材。同时，对于这些素材我们要加以取舍，这就需要我们持有"博观而约取，厚积而薄发"的精神。

我仍然记得当时在写论文《如何利用课前5分钟英语新闻阅读提升学生的英语核心素养》（2021年），我花了整整一个学期的时间准备，为了给学生在课前5分钟分享当天的英语新闻，我每天早上起来的第一件事情就是阅读几条英语新闻，从中选取一条适合高中学生的新闻，上课前分享给学生。如Team China bagged a total of 88 medals at Tokyo Olympics including 38 golds，32 silvers and 18 bronzes，ranking 2nd on the final medal count. The number of gold medals was also the best achieved by Chinese delegation at overseas Olympics，on par with London Games in 2012.这是盘点中国在东京奥运会上荣获奖牌数量的一则新闻。虽然在撰写论文时，我只需选取其中的几条新闻作为例证，但这一学期我开展了各种活动，从这些活动中我所积累的素材永远是一笔宝贵的财富。有些时候，我们为了撰写论文而开展研究，我觉得这是很有意义的，

教研：思而促学

不仅提升了自己，更有助于课堂教学效率的提升，这的确是一件润己泽人的好事。

在积累素材时，我们也可以"借力"，从同事等身边的优秀教师那里获取。我印象中有一位同事，她非常善于写作案例分析的论文，这些案例并不是她自己的上课案例，都是同行的优秀案例。我记得一次县英语优质课比赛，比赛的形式采用的是同课异构，这位同事很认真地记录了每一个上课选手的课堂情况，课后就是评课，她也认真地记录每一个点评。没过几天，她就这次同课异构的活动写成一篇论文，她提炼了自己的观点，从不同的维度对这几节课进行了对比分析。他山之石，可以攻玉，我常想，论文素材就在我们身边，我们缺少的往往是一双善于发现的眼睛和执着的心态。

四、论文修改要高人指点

当写好论文的初稿时，我们需要对文章进一步润色，进行打磨。很多时候，我们自己所写的文章自己很难发现不足之处，因而是需要有高人指点、贵人相助的。可能有些教师碍于情面，不好意思把自己所撰写的文章让别人修改，一方面担心自己文章写得不好，怕被嘲笑，另一方面把文章给别人看怕被别人误会是拿自己的文章显摆。我认为其实大可不必，我们要抱着做学问做研究的态度，其一"做真人、真做人、做人真"，其二"做真学问、真做学问、做学问真"。

我很幸运自己一路走来，关键时刻总能遇到贵人相助。我记得2013年在写论文《如何开展系统性的高中英语写作教学》时，我把初稿拿给我们当时的县英语教研员刘三京老师看，刘老师说选题不错，论文的整体布局也不错，但还需要打磨。她给我提出了一些修改建议，我按照她的建议进行了修改，然后再发给她，她在修改的基础上又提出了几条建议。就这样，这篇论文在刘老师的指导下，我修改了5次，甚至有点语句的语法错误她都帮我指出来了。这篇论文最终荣获2013年惠州市优秀论文评选一等奖，同时也发表在刊物上。后来，每次我写文章，我都拿给刘老师让她帮我修改，她也都耐心地指导，真的很感谢刘老师对我无私的帮助。

现在回想自己撰写论文的经历，正印证了那句"看似寻常最奇崛，成如容易却艰辛"。我想，只要我们坚持去写，用心去做，就一定会有收获。

高考真题对读后续写课堂教学的启示

——以2022年新高考全国Ⅰ卷读后续写为例

新高考背景下的高中英语高考试卷结构自2017年以来新增了"读后续写"这一题型，将原本独立的"阅读理解"与"写作"结合起来，一道题考查了多个方面，难度加大，对于高中英语教师而言，"读后续写"课堂教学是一个很大的挑战。笔者以2022年新高考全国Ⅰ卷的读后续写为例，通过评卷中学生所反馈出来的问题，针对读后续写课堂教学提出以下几点感悟。

一、学生在读后续写中存在的问题

（一）理解不清，主题不明确

读后续写旨在培养学生把握短文关键信息和语言特点的阅读、领悟和概括能力。在读后续写中，续写的前提是要把所给的文章读懂，但部分学生由于阅读理解能力较差，缺乏一定的阅读技巧，导致对所给文章无法读懂，或是一知半解，在续写时出现偏离主题，不知所云等问题。2022年新高考全国Ⅰ卷的读后续写讲述了作为教师的"我"是如何帮助和鼓励一个脑部有疾病的学生David坚持参加比赛的故事，文章主题应该很明确，讲述青少年David如何克服困难、挑战自我的故事，特别凸显了故事主人公David身残志坚的精神。但部分学生在阅读所给文章时，理解得不够深入，把握不住故事的主题，在续写时只是简单述说"我和David之间的故事"，整个续写主题不明，故事平淡，缺少情感和正能量导向。

（二）逻辑不强，情节不合理

读后续写旨在考查学生创新性思维能力以及对上下文逻辑关系的掌握能力，但有些学生在情节构建时偏离文章线索，情节过于离奇、不合常理，缺少严密的逻辑性。如在对所给首句 "We sat down next to each other, but David wouldn't look at me." 和 "I watched as David moved up to the starting line with the other runners." 时，学生所续写内容无法和所给句子合理衔接，明显缺少逻辑性。

（三）语法不熟，语言不精彩

读后续写旨在培养学生准确而丰富地运用语言组织能力，但部分学生由于缺少必要的语法知识，所写的句子错误较多，如 "To my surprised, he took a deep breathe. I give he a encourage kiss, run fast hardly. We don't should give up. He didn't looked at me and running seriously." 等等。同时，也有部分同学语言使用过于简单，缺少必要的语言组织。在续写 "We sat down next to each other, but David wouldn't look at me." 时全段对话，好像剧本一样，无任何具体描述，缺少必要的动作、心理、环境等方面的细节描写，整个续写内容缺少画面感，可读性不强。

二、读后续写课堂教学中的实践探索

（一）提高阅读理解能力，把握整篇文章主题

1.把握记叙文的六要素

记叙文六要素即人物、时间、地点，事件的起因、经过和结果，续写时往往是事件的经过和结果部分，因此在阅读文本时要紧扣已有的要素。如在指导学生进行2022年新高考全国Ⅰ卷的读后续写时，阅读时要求学生把握以下要素：Who? David, and I, the school's coach. When? The day of the big cross-country run. Where?the scene where the big cross-country run would take place. What? The coach was worried about David being laughed at because of his brain disease, and let him choose whether to continue running. David chose to give up, and "I", as the teacher, decided to help and encourage David. Why? "I" hoped that David could overcome the difficulties and become determined.至于 "How" 就是学生的续写部分了。

2.把握记叙文的三大线索

记叙文三大线索即时间线、情节线和情感线。阅读文本时要抓住这三条主线，必要时学生可以列出这些线索，以便更好地理解文章，为续写做好准备。对于2022年新高考全国Ⅰ卷读后续写而言，时间线索可以归纳为：before the big cross-country run，during the run and after the run。情节线可以归纳为：hesitate—give up—encourage—keep on—finish。情感线可以归纳为：worried—confident—happy。如果学生在续写时能紧扣这三条线索，就能较好地掌控故事的发展和文章主题。

3.把握记叙文的主题方向

在读后续写中，学生对于文章主题和故事发展方向的把握至关重要，只有把握了文章的主旨意图，才能更好地完成续写，确保续写的内容和原文主题保持一致。如2022年新高考全国Ⅰ卷读后续写的主题是凸显David挑战自我、身残志坚的精神，在续写结尾时可以描写David感受到挑战自我的成就感或主人公的一些感悟。如Never had I been so proud of little bravest David! 或是"Thank you！"David uttered，"Without you，I would never taste such sense of achievement of challenging myself." 以此来呼应原文主题，达到情感升华。

（二）合理构建故事情节，培养学生逻辑思维

1.依托首句，搭建情节脚手架

从第一段的首句"We sat down next to each other，but David wouldn't look at me." 可以搭建以下信息点："我"想办法引起David的注意—"我"是如何劝说David参加比赛—David的心理活动—David最终决定参加比赛。从第二段首句"I watched as David moved up to the starting line with the other runners." 可以搭建以下信息点：直接写比赛开始或写一写"我"和他的互动，或者是David的心理活动等；David在跑的过程中的一些描写—"我"或其他人在他跑的过程的一些描写—David坚持跑完。

2.找出伏笔，厘清情节发展逻辑

读后续写的情节虽然要求学生要有想象力，但也是有章可循的，可以根据线索开展合理的想象和推理。在续写"We sat down next to each other，but David wouldn't look at me." 这一段时，其实就是要解决David hesitated whether to run or not? 的问题，我们可以在文章中找到4处伏笔，如伏笔1：David couldn't walk or run like a normal child because of his brain disease. 伏笔2：At school his classmates thought of him as a regular kid. 伏笔3：There were participants from other schools .So the coach gave David the choice to run or not. 伏笔4：On the big day David hesitated and told me he had decided not to run . 学生找到了这些伏笔后，就能理解David想放弃比赛的原因，在续写时就能合理

地表达劝说David坚持下去的理由。

（三）加强细节描写，提升语言表达能力

1. 熟练运用动作描写，增强表达效果

动作描写是读后续写描述事件的最重要的描写方式。在运用动作描写时，动作要和神情相结合，围绕续写文章的主题而设计，不要漫无目的地发挥，要侧重描写事件的过程和细节。如在续写"We sat down next to each other, but David wouldn't look at me."时，可以采用动作描写来讲述"我"是如何劝说David和David的反应，对于"我"而言turned to him, patted him, got his attention, said gently, 对于David而言 lowered his head, averted my gaze, stayed at the other runners. 如何组织这些动作，就需要学生熟练地掌握谓语、非谓语、独立主格结构等语法知识。I turned to him, patted him to get his attention and said gently... Sadly, he lowered his head and averted my gaze, staring at the other runners with desire.

2. 及时增加心理描写，增强情感色彩

在读后续写中，恰当的心理描写能够表现文中人物的性格，推动事件的发展。在描写人物心理时要突出文章的中心，与人物的性格相吻合，要符合事件的逻辑。在续写第二段"I watched as David moved up to the starting line with the other runners."时，学生可以对David进行心理描写，此时的David的心情应该是紧张但意志很坚强，所以在心理描写时应描写"David seemed nervous but determined."同时，为了更好地表达心理或情绪，可以适当添加面部表情或身体动作的描写，如在描写David的紧张时可以用"He could feel nothing but his hands clammy and heart thumping."再如描写David完成比赛很激动时，可以用"When David finished the run, a wide excitment took hold of him./ his eyes twinkled with excitment./his heart was thumping with excitment."

3. 适当使用环境描写，增强主题内涵

环境描写是对故事中的人物所处的具体的社会环境和自然环境的描写，包含客观环境描写和主观环境描写。客观环境描写常从环境本身入手，尽量突出"观感体验"。主观环境描写是从观察者角度入手，表达"景物给人带来何种感受"。在David进行比赛时，可以对周围场景进行描写，如"With time passing by hard as David ran, he tried his best to follow other runners. Instead of laughing at him, every kid cheered for David, clapping their hands and yelping their praises. Thunderous applauses rang when he rushed to the finishing line. "

　　读后续写是一种将阅读与写作紧密结合的综合性语言测试形式，主要考查学生把握短文关键信息和语言特点的能力、语言综合运用能力、语篇结构的把控能力和创新性思维能力。高考真题具有权威性和导向性，在写作教学中，教师要善于利用高考真题的读后续写作为课堂教学的案例，引导学生掌握读后续写的写作要领和技巧，如文章主题要明确、语言表达要顺畅、内容设计要合理等，从而切实有效地提高课堂写作教学的效率，帮助学生提高写作能力和写作水平。

如何利用课前5分钟英语新闻阅读
提升学生的英语核心素养

好的开头是成功的一半。在课堂教学中，课前5分钟至关重要，它关系到整堂课的教学效果，笔者非常重视课前5分钟的教学，经常以英语新闻阅读为抓手，着力培养学生的核心素养，如语言能力、思维品质、文化意识和学习能力等。为了提高课前5分钟的教学效率，笔者对英语新闻的选择性有一定的要求，学生阅读的英语新闻必须符合高中生的认知，具有生活性、趣味性和教育性等特点，对于较长的新闻往往截取其中具有概括性的部分，在开展新闻阅读时往往也是形式多样。以下是笔者从四个方面探讨课前5分钟英语新闻阅读的实践。

一、利用英语新闻的真实情境，培养学生的语言能力

语言能力主要是指学生在英语新闻阅读中对语言知识的掌握和运用能力。英语新闻是对时事的真实报道，语言鲜活而丰富，包含大量地道的英语词汇、语法，是学生学习英语的最佳素材，并且这些新闻素材具有时效性、真实性和趣味性，能有效地激发学生学习的兴趣。课前5分钟，笔者经常把英语新闻作为学习素材以不同形式呈现给学生，加强学生的语言积累，培养学生的语言运用能力。

呈现形式1：直接呈现英文新闻，学习新闻中的重点词汇、短语，分析句子结构等。

例如：Archaeologists digging up the remains of Guanzhuang, an ancient city in Central China's Henan province, have discovered what they believe is the oldest-known coin mint, where miniature, shovel-shaped bronze coins were mass produced some 2, 600 years ago. Their research, published in the journal Antiquity, gives weight to the idea that the first coins were minted not in Turkey or Greece, as long thought, but in China.这是今年8月9日考古学家在挖掘中国河南省古城官庄遗址时发现了目前世界已知的最古老的铸币工坊的新闻。在学生阅读完新闻后，笔者会引导学生分析这个长句的句子结构，what they believe是主语从句，where引导定语从句等。

呈现形式2：把英语新闻设计成语法填空，以挖空的形式呈现，每次挖空2～3个，并且对某一类语法点进行考查，如定语从句、非谓语等，分批分类来检测学生对语法知识点的掌握情况。

例如：Team China bagged a total of 88 medals at Tokyo Olympics _____(include) 38 golds, 32 silvers and 18 bronzes, _____(rank) 2nd on the final medal count. The number of gold medals was also the best achieved by Chinese delegation at overseas Olympics, on par with London Games in 2012.（答案：including, ranking）这是盘点中国在东京奥运会上荣获奖牌数量的一则新闻，笔者把including和ranking挖空，考查非谓语这一语法知识点。

呈现形式3：把英语新闻设计成完形填空，以辨析重点词汇的形式呈现，每次感受1～2个重点词汇，让学生深入了解某些重点词汇的用法，强化学生对语言的运用能力。

如：At the Gymnastics Centre，Guan Chen chen _____ her first Olympic medal—a gold—in the women's balance beam final. Guan's teammate Tang Xijing won silver，while star US gymnast Simone Biles took the bronze. 在这则新闻中，笔者特意挖掉了新闻中原有的grabbed这个词，让学生去思考应该用什么词比较合适，因为后文有won和took，大部分同学选择 won，当笔者告诉学生原文用grabbed时，很多学生露出惊讶的表情，从学生的表情中可以看出学生对grab这个词有了更深刻的认识。

二、利用英语新闻的问题反思，引领学生的思维品质

思维品质指学生在英语学习活动中在思维方面呈现的个性特征，即学生在英语新闻阅读中对阅读素材的深层理解。笔者以英语新闻素材为依托，以问题为引领，设置问题，通过对问题的反思培养学生的高阶思维能力。英语新闻中往往蕴含着思想性和教育性很强的内容，学生在阅读完新闻素材后，

笔者经常会结合学生实际，以问题引导学生思考这些新闻背后的内涵，学生用恰当的语言表达自己的想法或观点，教师适时地对学生的观点进行评价，这有利于培养学生的逻辑思维、创新思维和批判性思维。

例如：The debut of the Panda Boys, a new idol group formed by young Chinese boys averagely about 8 years old, has become the target of criticism on Chinese social media, prompting a timely reflection on the young idol culture.

这是近期的一则新闻，标题是"Debut of 8-year-old boy group criticized by Chinese netizens"，当学生读完这则新闻后，笔者马上提出问题：After the debut, the Panda Boys may have money, fame and influence at such a young age. Do you think it is good or bad for the boys?学生在回答问题时必须做出判断：good or bad for the boys，他们大部分认为it is bad for the boys，学生在做出评价时就需要运用批判性思维。当学生给出理由：First, they are too young; Second, the entertainment industry is complicated; Third, childhood is a golden time of playing and studying. 需要学生对现象和观点进行概括，同时透过现象看清事情的本质，这一过程中学生的逻辑思维得到了锻炼。

三、利用英语新闻的名人事件，扩展学生的文化意识

文化意识就是对某种群体的认识，名人对于群体而言具有代表性和典型性，名人的背后往往深藏着历史和文化背景，名人的经历和影响就是文化意识的一种体现。在英语新闻中经常会有一些有关名人的新闻，这些新闻表面是名人的介绍，其背后包含了丰富的文化内涵。笔者经常利用名人的新闻，挖掘名人背后的知识，扩展学生的文化意识。

例如：Today, we mourn the passing of a true food hero, Chinese scientist Yuan Longping, who saved millions of people from hunger by developing the first hybrid rice strains. He passed away today at 91, but his legacy and his mission to end hunger lives on. 2021年5月22日，"杂交水稻之父"袁隆平去世，笔者利用这则新闻让学生了解袁隆平院士为中国乃至世界所做的贡献，同时让学生重读人教版英语教材必修2第二单元Working the land中关于他的介绍。通过新闻阅读，学生可以了解老一辈科学家的奉献精神。

例如：The distinguished Chinese translator Xu Yuanchong, a professor at Peking University known for his countless translation works of Chinese ancient poetry and many other English and French literary works, has died aged 100. 2021年6月17日，翻译界泰斗许渊冲先生去世，笔者介绍了许渊冲先生，并给学生分享了一些他翻译的经典诗句，如"Be man of men while you're alive. And soul of souls if you are dead. Since olden days there's never been a man but dies, I'd leave loyalist's name in history only"等。同时，推荐学生去读许渊冲先生翻译的西方经典名著，了解中西方的文化和历史。

例如："Today is my first day after leaving the post of head coach of China women's volleyball team. I feel fulfilled and happy when I look back on my volleyball career. I am grateful for all the support I have received from people who love volleyball，"Lang wrote on social media. 这是2021年9月1日郎平宣布离任女排主教练的新闻，新闻的标题是"Lang resigns as volleyball head coach"，在阅读这篇新闻时，笔者介绍了郎平的相关事迹，并建议学生观看电影《夺冠》，学生通过这则新闻，可以了解运动员的拼搏精神和爱国热情。

四、利用英语新闻的热点讨论，催化学生的学习能力

合作学习是高中学生应具备的一项重要的学习能力，在课前5分钟，学生以某个话题而展开分组讨论是合作学习的重要形式。英语新闻往往包含很多热点话题，这些话题都是学生身边的事情，并且学生都切身地感受到有关这些热点话题的不同观点。笔者在分享热点新闻时经常就某个热点话题让学生分组展开讨论，分享小组的观点。

例如：A new report released by a major food delivery platform（ele. me）in China，said nighttime orders from camping sites，hotels and gyms jumped 30 percent or higher this summer compared to orders in spring，and more than doubled compared to summer last year. 这是2021年夏天有关夏夜生活报告的一则新闻，笔者让学生分小组讨论：How does the food delivery influence our life? 讨论后，大家一致认为the food delivery正在改变我们的生活方式。

例如：Around 73% of people now believe that Earth's climate is approaching "tipping points" due to human activity，according to a global opinion poll released Tuesday.The survey showed that more than half (58%) of respondents in G20 nations feel very or extremely concerned about the state of the planet.这则新闻的标题是"Global Opinion Poll：Climate tipping points'close"，笔者利用

这则新闻并结合教材中有关Global warming的话题，让学生分组讨论：What's your opinion about global warming? 通过分组讨论，学生的表达能力得到了提高，思维得到了锻炼，同时，学生合作学习的能力得到了提高。

总之，利用课前5分钟开展英语新闻阅读是一种有效的教学尝试，一方面，可以起到较好的导入作用，激发学生学习英语的兴趣；另一方面，对培养学生英语学科的核心素养具有重要意义。

单元大观念下高中英语教材和地方乡土资源有效融合的实践探索

——以高中英语新课标人教版必修三 Unit 3 Diverse Cultures 与惠州乡土资源相融合为例

单元大观念是指在英语教学中围绕每个单元的主题或核心理念展开学习。它有助于学生将所学的知识和技能整合并应用于实际情境中。单元大观念通常涉及文化、社会问题、个人发展和跨文化意识等方面。通过以这些大观念为基础进行学习，学生可以培养语言能力、拓宽知识面，并发展跨文化交流的能力。虽然教材每个单元的单元大观念可能有所不同，但总体目标是通过建立全面的语言能力和意识，帮助学生成功地学习英语。

一、单元大观念下高中英语教材和地方乡土资源有效融合的意义

在英语教学中，教材的单元大观念提供了学习的主题或核心思想，而地方乡土资源的融合则为其提供了具体内容和背景支持。

首先，融合地方乡土资源可以使每个单元大观念的内容更加具体、丰富和具有实践性。通过将当地的文化、历史、社会问题等资源纳入教学，可以更深入地探讨和应用单元大观念，使学习更具价值和意义。

其次，融合地方乡土资源有助于学生更好地理解和体验每个单元的主题。通过将地方乡土资源与单元大观念联系起来，学生可以在实际社会环境中见证和体验所学内容的应用，这有助于学生对所学内容的理解和认同。

最后，融合地方乡土资源使学习更具实用性。学生可以将所学知识与身

边的环境和文化联系起来，实际应用所学的英语知识，这有助于激发学生学习的动机和兴趣。

二、高中英语教材和地方乡土资源有效融合的教学案例展示

以高中英语新课标人教版必修三 Unit 3 Diverse Cultures为例，分析教材内容，并探讨如何将其与惠州乡土资源有效融合。

（一）教材内容的单元分析

本单元的主题语境是人与社会，涉及历史、社会和文化等。紧紧围绕多元文化的What、Why、How而展开，即多元文化的概念及文化融合的现象、多元文化融合下的地区特点、如何传承和发扬民族文化。根据教材的内容设计，大致可分为6个课时。

表1　课时安排

课时	课型	主题	具体内容
第1课时	Listening and Speaking	文化对食物的影响	围绕多元文化对美国饮食的影响展开，引导学生感知文化融合的现象
第2课时	Reading and Thinking	了解一个具有多元文化特点的城市	描述了主人公在San Francisco一天的行程和所见所闻，让学生感受多元文化的表现
第3课时	Discovering Useful Structures	理解英语中省略的用法	关注Reading的语言及语法现象，探究文化多样性产生的过程。引导学生关注省略句，推测省略句背后的交际目的
第4课时	Listening and Talking	谈论中国的少数民族文化	Justin在贵州旅行时和当地朋友Wu Yue的对话，引导学生探究在文化融合过程中如何保持少数民族文化的独特性和包容性
第5课时	Reading for Writing	如何介绍一个具有文化特色的城市	介绍旧金山中国城的典型现象，聚焦中国文化与美国多元文化的关系，体现出中国文化与异国文化的共存
第6课时	Create a travel brochure	如何设计一个旅游指南手册	学生需要设计某一地方的旅游指南手册，旨在引导学生关注中外文化的传播和交流的原则

（二）教材内容与惠州乡土资源的融合

表2　教材内容融合惠州乡土资源的分析列表

阶段	课时内容	主题探究	教学任务	融合点
第一阶段：整体感知	第1课时	What即文化多样性的概念	1.以饮食文化为例，感知文化融合的现象 2.学习饮食介绍的语言表达	1.梳理关于饮食介绍的词块、句式 2.清晰地介绍惠州本土食物、特点和烹饪方式
第二阶段：建构探究	第2~4课时	Why即文化多样性的表现、文化多样性产生的过程、文化多样性的意义	1.梳理并描述"多元文化"背景下的社会文化现象及影响 2.学习景点、城市历史、民族、文化等方面的介绍性语言 3.积极回应同伴的推荐观点，恰当地表达自己的态度和情感	1.梳理关于景点、城市游览、民族、文化介绍的词块、句式 2.以阅读和写作的形式介绍惠州的景点、历史和文化，给予反馈和评价
第三阶段：应用迁移	第5~6课时	How即对文化消失和传承的态度、如何促进中外文化的传播和交流	1.以群文阅读的方式启发思考文化的特质 2.掌握介绍性文本的篇章结构及语言特征，关注写作主题的一致性	1.写一篇有关惠州的文章，含惠州的饮食、景点、城市历史、民族、文化等 2.制作惠州的旅游指南

（三）教材内容与乡土资源融合的教学实施

教学片段1：在第1课时Listening and Speaking部分，教材中有一个任务内容：Imagine you are invited to a potluck dinner at an American friend's house. Work in pairs and discuss what special dish（es） you will take. The following questions may help you.当我看到这个任务时，突然感觉这个任务有点不符合中国人的逻辑，既然是被邀请去美国朋友家吃饭，中国人是没有自己带菜去的习惯的。我就把任务改成：Tomorrow, our foreign teacher will come to your home, what food will you prepare? 这时，学生列举了Stuffed Bean Curd, Pork with Preserved Vegetable, Hengli Powdered Noodles, the Senery Bean Curd, Dongjiang Salted Chicken, Fried Pork Balls等，这些都是惠州特色美食。接着我又问："How is the food cooked and what is it made of？"个别学生分享了

"酿豆腐""窑鸡"等惠州本土美食的制作原料和流程。该部分的目的是让学生通过了解本土美食，从而认识到"文化对食物的影响"，本土美食其实也代表着本土的文化特色。

教学片段2：在第二课时Reading and Thinking的教学中，教材中有一个任务为：Read the travel journal again and complete the timeline of Li Lan's trip.这是一篇游记，作者在记录旅游行程时时间逻辑非常清晰，并且细节描写也很生动。如Before coming to San Francisco→Morning→Afternoon→Evening→Tomorrow。在课堂教学中，我要求学生参考课文，以时间为线索借助思维导图（Mind-map）开展惠州一日游的交流活动，学生把握了时间线索就相对比较容易了。在思维导图的基础上，学生可以进行细节描写，如"In the evening, I went to visit Huizhou West Lake, with many lotus standing straight up in the water and lotus leaves floating quietly on the water."

教学片段3：在第四课时Listening and Talking的教学中，本节课旨在引导学生进一步探究在文化融合过程中，如何保持少数民族文化的独特性和包容性。在教学中，我介绍了惠州独具特色的Jilong Fire Dragon Dance（惠东吉隆的火龙舞）、The Carp Dance in Pinghai（惠东平海的鲤鱼舞）、The Phoenix Dance in Pinghai（惠东平海的凤凰舞）等本土文化，并在课堂上展开讨论：How to protect the local culture? 同时引导学生如何用教材中的语言来进行表达，如Exactly! Great! You are right. /That's interesting. /I know what you mean.

教学片段4：在第五课时Reading for Writing的教学中，教材介绍了有显著文化特征的旧金山中国城，这是一个典型的介绍性文本。学生在阅读完教材的文本Welcome to Chinatown! 之后，本节课的中心任务就是：Use what you have learnt to write an introduction to Huizhou after studying the organization and language features of the text.这其实包含两个任务：一个任务是分析介绍性文本的语言特点，如how to describe the location, the climate, the famous figures and so on.另一个任务是对惠州的介绍，在介绍一个城市时往往会包含两部分：General introduction（整体介绍） and specific introduction（细节介绍）。整体介绍包含地理位置、面积、气候等，如"Located in the southeast of Guangdong Province, covering an area of 11, 347 square kilometers, Huizhou City is one of the major settlements to the Hakka, which is known as Hakka Overseas." 细节介绍包含旅游景点、历史人物、美食等。如在介绍惠州的名人苏东坡时，可以

表述为 "As a historical city，Hui Zhou is also famous for Su Shi，a great Chinese poet in North Song Dynasty，who had stayed in Huizhou for three years.如果我们深挖教材，就会有意想不到的收获，教材在描写Chinatown的名人时是这样写的：It has a long and famous history，with the auther Robert Louis Stevenson having spent much time writing there.我们可以借鉴此句用来描写惠州的名人苏东坡：Huizhou has a long and famous history，with Sushi，a poet in Beisong Dynasty having stayed there for three years."

三、高中英语教材和地方乡土资源融合的教学反思

将高中英语教材与地方乡土资源融合在单元大观念下是一种具有潜力的教学方法，但在实施过程中也面临一些挑战。

首先，资源多样性的需求。在融合地方乡土资源时，需要确保资源的多样性和广泛性，以满足学生的不同需求。地方乡土资源的选择应考虑不同学生的背景和需求，从而确保每个学生都能够从中受益。

其次，教学内容的平衡。融合地方乡土资源需要在全球视野和本地特色之间寻求平衡。教师需要确保融合的地方资源不仅能增加学生的兴趣和参与度，还能提供全球化视野和广泛性的学习内容。这样可以培养学生的跨文化意识，帮助他们更好地适应多元化的社会环境。

最后，教师专业发展的需求。融合地方乡土资源需要教师具备广泛的知识和技能，教师需要不断拓宽自己的视野和增加知识面，包括对当地资源的了解和应用能力。定期的专业发展活动和培训可以帮助教师更好地理解和应用地方乡土资源，提高教学质量。

四、结论

将高中英语教材与地方乡土资源融合在单元大观念下是一种有效的教学方法，可以增强学习的实践性和实用性，培养学生的跨文化意识和英语交际能力，并激发他们的学习兴趣。然而，在实施过程中需要注重资源多样性、教学内容的平衡和教师的专业发展。不断反思和改进可以使融合地方乡土资源的教学更具创造力和有效性。

基于写作策略的"五步写作法"案例探究

新课标明确指出:"加强对学生学习策略的指导,帮助他们形成自主学习能力。"在平常的写作教学中,由于教师忽视了对学生写作策略的指导,导致学生写作能力和水平受到限制,学生不能充分地利用写作策略形成自主写作的能力。

写作策略是学习者在写作过程中从构思、收集素材、撰写草稿、修改、评价作品所采取的有目的思维和行动。高中英语写作教学中的写作策略是指教师在指导学生完成写作任务和帮助学生提高写作水平的过程中,所采取的一系列的教学行动,如准备策略、草稿策略、修改策略、评价策略等。在写作教学中,教师不但要培养学生用英语进行思维和表达的能力,还应该关注学生的学习动机、学习态度和学习兴趣,帮助学生形成良好的写作策略。

本文以写作策略为基础提出了"五步写作法"的写作教学模式,不仅有利于提高学生的写作能力和写作水平,而且能有效地更新教师的写作教学模式。根据写作策略的特点和要求,笔者总结出了"五步写作法"写作教学模式。

"五步写作法"写作教学模式案例如下。

2017年全国高考英语I卷书面表达

第二节　书面表达(满分25分)

假定你是李华,正在教你的英国朋友Leslie学习汉语。请你写封邮件告知下次上课的计划。内容包括:

(1)时间和地点。

(2)内容:学习唐诗。

(3)课前准备:简要了解唐代的历史。

注意：

1. 词数100左右；

2. 可以适当增加细节，以使行文连贯。

第一步：情境导入——准备策略

教师根据写作任务设计相关情境开展活动，如展示话题开展讨论或Brainstorm或看相关视频然后讨论等，为学生创设写作氛围，让学生在真实情境下写作。

The teacher: Recently, my foreign friend, Tom is interested in Tang Poetry, and he turns to me for help, but I'm so busy.I want to recommend one of you as Tom's teacher. Who is willing to share some information about Tang Poetry?

Student A: There are many famous poets in Tang Dynasty，such as Li Bai, Du Fu，Bai Juyi and so on.

Student B: Tang poetry refers to poetry written during China's Tang Dynasty，which is often considered as the Golden Age of Chinese poetry.

Student C: During the Tang Dynasty, poetry became an important part of social life at all levels of society. It is said that there were almost 50, 000 Tang poems written by over 2,200 poets.

The teacher: Wonderful! When are you free?

Student A: On Monday evening.

Student B: At 9:00 am every Saturday ...

第二步：思维导图——草稿策略

1. 确定体裁、人称及时态

本文是属于应用文中通知类信件的写作。文章的时态根据内容对将来事实的描述，可选用将来时，人称以第一人称"我们"为主。书信的写作流程如图1所示。

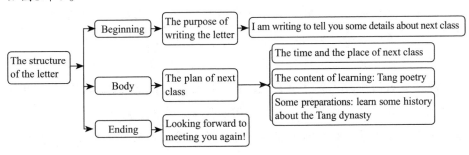

图1　书信的写作流程

2. 认真审题，厘清文章的要点

教师指导学生根据写作内容对习作进行构思并制作思维导图，思维导图要求要点齐全，结构清晰。本文是篇书信，要根据三点要求来完成，分别是：

（1）问候Leslie。

（2）告知下次上课的计划，内容包括：

① 时间和地点。

② 内容：学习唐诗。

③ 课前准备：简要了解唐代的历史。

（3）表达祝愿。

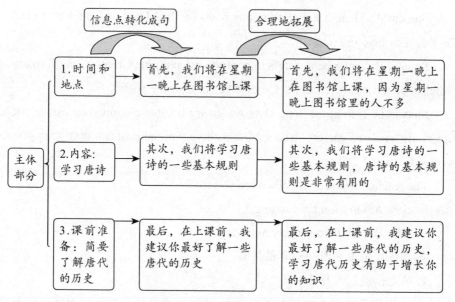

图2　书信书写的思维导图

第三步：主体写作——修改策略

指导学生确定主体部分，主体部分确定后，一方面确定主体部分的完整信息要点，另一方面对所确定的信息要点进行拓展，适当增加细节，以使行文连贯。把内容要点转化成含有基本词汇和句式的语句，教师可以引导学生依照连词成句的原则完成句子表达，在组织句子时，要保证句子的准确性和正确性，提醒学生注意句子和段落之间的衔接。基本原则为：以教师主导，学生独立完成主体部分的写作任务。要求学生独立完成写作内容，学生在写作时根据草稿导图对内容进行增删，尝试不同的表达，句子和段落之间的衔接。在确定基本词汇和句式后，教师可以引导学生依照连词成句，变简单句为复合句或特殊句的原则完成句子表达；在组织句子时，要保证句子的准确性和正确性。对写作内容进行构思并拟提纲，然后进行翻译、词汇选择、词汇拼写、母语回避、边写边改、段落调整等。

例如：First of all，we can have the class on Monday evening in the school library，because there will be fewer people on Monday evening in the school library. What's more, we are going to learn some basic rules about Tang poetry and the basic rules is helpful. Finally, before class, I advise that you should learn some history about the Tang dynasty，and it will improve your knowledge.

第四步：润色提升——评价策略

学生已经完成了主体部分的初级表达，但还需要进一步完善。教师可以通过学生习作展示的形式，也可以采用教师面批面改的方式，还可以让学生彼此互改的形式，及时地反馈学生习作中出现的问题。

教师在指导学生修改习作时，重点是语言方面的润色提升。首先，检查学生习作中是否存在语法错误，如句子中的主谓一致问题、时态问题等。其次，学生在用词方面是否合适、准确，是否有高级词汇出现。再次，学生是否把简单句变为复合句或特殊句来完成，句式是否有多样性，避免频繁使用同一类句型结构。最后，检查学生是否注意各个要点之间衔接是否自然。

例如：To begin with, we can have the class on Monday evening in the school library, when there will be less people.（时间地点）Besides, we are going to learn some basic rules about Tang poetry，which will be not only meaningful but also interesting.（上课内容）（高分句型1）What's more, you'd better learn some history about the Tang dynasty, which can cultivate your interests and broaden your horizons.（课前准备）（高分句型2）

【亮点说明】文章要点齐全，表达思路明确，知识点运用恰当到位，文中使用了非常好的短语和词汇为文章增色不少，比如①唐诗：Tang poetry；②唐代的历史：the history of Tang dynasty等。还运用了一些从句使得文章结构更加严谨合理，如"Besides, we are going to learn some basic rules about Tang poetry，which will be not only meaningful but also interesting."和"you'd better learn some history about the Tang dynasty，which can cultivate your interests and broaden your horizons."

第五步：二次写作——产出策略

在点评完学生的习作后，学生对写作的内容要求、语言要求和情感要求有了更深刻的认识。在接下来的写作中，学生就能把写作策略灵活地运用到写作中，同时也能反思之前写作中出现的问题，写出质量更高的习作。

Dear Leslie,

How time flies! Next week, we are going to enjoy our next Chinese class. Are you ready? Now, I am writing to tell you some relevant details about it. （写信目的明确）

To begin with, we can have the class on Monday evening in the school library, when there will be less people. Besides, we are going to learn some basic rules about Tang poetry, which will be not only meaningful but also interesting. What's more, you'd better learn some history about the Tang dynasty, which can cultivate your interests and broaden your horizons. （主体内容充实）

I have the confidence that we will have a great time. Looking forward to meeting you again! （祝愿）

总之，英语写作是学生构建性的学习过程，写作的内容应该是符合学生的真实情境的，写作前需要学生彼此间的写作交流，习作修改需要教师的指导，在写作教学中，教师应该对学生进行写作策略的指导，激发学生的写作热情，帮助其顺利完成写作任务，提高学生的写作水平。通过"五步写作法"写作教学模式的实施，教师可以帮助学生"能写""会写""乐写""善写"。

思维导图在高中英语词汇教学中的
几点探索

思维导图又叫心智图（Mind-map），它是把各级主题的关系结构通过图表和文字表现出来。它的核心思想是把形象思维和抽象思维进行有效的联系，形成整体思维，从而充分挖掘学生的记忆力、创造力、语言运用能力等各方面的潜能。

如何把思维导图有效地运用到高中词汇教学中呢？本文从三个方面进行了分析：以主题为依托，培养学生的词汇学习习惯；以语篇为载体，更新学生的词汇思维模式；以情景为导向，增强学生的词汇运用能力。

一、以主题为依托，培养学生的词汇学习习惯

以高中英语人教版教材为例，该教材结构编排得非常清晰，每个模块包含5个单元，每个单元以特定的主题为中心，然后围绕主题展开词汇、语法、语用、语篇的教学设计。在平时教学中，教师经常把每个主题划分成词汇教学、阅读教学、语法教学、听力教学和写作教学五种课型，而词汇教学是前提和基础，为其他课型教学提供铺垫。常规词汇教学基本上是以教材附录上的单词表为依托，但单词表是按照词汇出现的先后顺序来编排的，缺少规律性，教师如果只是按照单词表教授新词汇会显得枯燥，学生在面对散乱无序的单词时也会产生畏难情绪，久而久之，学生就会对词汇的学习失去兴趣，从而对词汇学习产生一种莫名的讨厌感。为了提高词汇教学的效率，我们以主题为依托，运用思维导图，把主题的相关词汇汇总在一起并适当地拓展，一方面教师可以让学生觉得词汇学习有规律可循，从而提高记单词的兴趣，另一方面学生可以掌握有效的词汇学习方法，培养学生养成良好的词汇学习习惯。

在人教版英语教材必修一第4单元的词汇教学中，我以主题为依托，运用思维导图开展词汇教学，效果很不错。本单元学习的主题是Earthquake，首先，我引导学生以earthquake这一主题为中心，围绕earthquake的四个方面feelings，events，damage，rescue发散思维，设计思维导图，要求学生从以上四个方面填写单词，学生根据已有的词汇库，可以选用课本单词表的单词，也可以选用课外单词，以小组为单位进行讨论；同时，我又引导学生把earthquake分为三个时间段before earthquake，during earthquake和after earthquake。经过了大家的共同努力，各个小组完成了词汇思维导图，当我给学生展示他们其中的作品时，学生们很惊讶，原来可以写出这么多单词，学生的自信心得到增强。接下来，当我让学生按照这张导图进行词汇学习时，学生的兴致很高。从那以后，学生在以主题为中心的词汇学习中，也都尝试制作自己的词汇思维导图。图1为词汇思维导图示例。

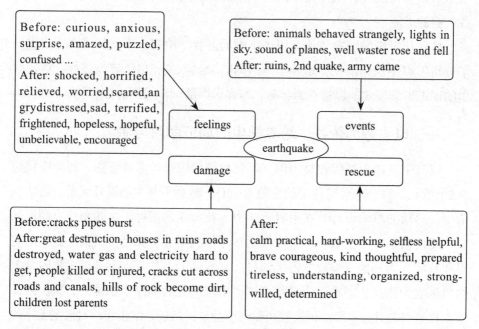

图1　词汇思维导图

二、以语篇为载体，更新学生的词汇思维模式

在平时的教学中，词汇教学和语篇教学是相辅相成的。一方面，通过词汇学习可以更好地完成语篇学习任务，另一方面，通过语篇学习可以更好地

促进词汇学习。很多学生在词汇学习中，只是一味地去背单词表，仅仅注重单词的拼写，错误地认为只要认识这个单词的中文意思就可以看懂语篇了，而忽视了词汇的语用功能，结果是学生虽然花了时间去进行词汇学习，但效果很差。语篇是词汇学习的载体，只有在语篇中进行词汇学习，词汇学习才能更有效。运用思维导图，可以有效地呈现语篇结构，让学生在语篇的导图中进行词汇学习，不仅可以提高词汇学习的有效性，更重要的是可以改变学生词汇学习的思维模式。词汇学习的有效性离不开语篇，而思维导图可以帮助学生把"死记单词"变为"活用单词"，以语篇为载体，运用思维导图是一种有效的词汇学习模式，长此以往，学生的思维模式将得到改善。

在人教版高中英语选修六第3单元A healthy life的词汇学习中，我就以语篇为载体，运用思维导图的教学模式，从而有效引导学生掌握本单元的词汇。课文的阅读素材是"*Advice from granddad*"，爷爷写给孙子的一封信，劝解孙子戒烟。在课堂教学中，我把本单元的阅读素材以思维导图的形式加以呈现，当学生完成这张导图时，文章的框架结构就会非常清晰地呈现出来。当学生运用导图在进行词汇学习时，学生的阅读能力得到提高，阅读技巧得到加强，同时，学生对文章中的词汇的理解将更为深刻。最后，当我要求学生根据导图复述课文时，学生参与度很高，就连平时不是很积极的学生也尝试复述。在复述的过程中，学生不仅可以有效运用词汇，更重要的是，学生可以锻炼自己的思维。

三、以情境为导向，增强学生的词汇运用能力

词汇的学习有两个过程：词汇的输入和词汇的输出。在词汇教学中，教师一方面要强调词汇的积累，另一方面更要重视学生的词汇运用能力。以情境为导向，充分运用思维导图，把词汇教学与情境教学相互结合，从而培养学生的词汇运用能力，这将会使词汇教学更加有效。在设置情境时，我们要以词汇的运用为目的，设置真实、合理的情境，引导学生把英语词汇融入情境中，在情境中学词汇。同时，在情境中运用词汇，从而通过学生的输出来检测学生对词汇的掌握情况，这样一方面可以促进学生的学习兴趣，另一方面也提高了学生的词汇运用能力。

比如在进行人教版高中英语选修八第4单元Pygmalion的词汇教学时，课堂上我们学习了hesitate, uncomfortable, troublesome, wallet, outcome, thief

等词汇。为了检测学生的词汇掌握情况，我设计了一个情境，要求学生就所学的单词编写一个故事：A story on my way to school。学生认真地编写自己的故事，刚开始，我还担心学生不会写。当我看到学生的习作时，我顿时被学生如此强大的想象力所感动，虽然学生的习作中有一些语法错误，但所要求的词汇都已经用到，更难能可贵的是学生在写作中表达了自己真实的想法，从这些习作中，我们可以看出学生不同的思维品质。以下是整理后的三位学生的故事（见图2）。

hesitate   uncomfortable   troublesome   wallet   outcome   thief

第一个学生的故事：
On my way to school this
morning, I saw an old woman sitting on the roadside, looking uncomfortable .I came up to her and asked her what's wrong. Hearing that her wallet was stolen by a troublesome thief on her way to hospital, I handed the money without hesitation, The outcome was that I had no money for breakfast.l felt very happy because I tried my best to help someone in need.

第二个学生的故事：
This morning, I felt uncomfortable when I got up, I hesitated whether to ask for a leave . But my mother insisted that I should go to school, which was trouble some for me. The outcome was that I took my school bag full of books and ho-mework. I did hope that a thief would steal my bag.
Unluckily, when I got to school, I found my wallet in the bag stolen by a thief, only leaving the books and homework What a bad day today!

第三个学生的故事：
There were so many people on the bus that l felt uncomfortable this morning. Suddenly, I saw a troublesome thief stealing a wallet from an old man, which made me angry. I hesitated whether to stop the thief or not. Finding the thief handing a knife, I decided to pretend not to see it because I was afraid he would kill me. The outcome was that I did nothing. When arrived at school, I feel ashamed about it.

图2　三位学生的故事

总之，思维导图是一种有效的学习方法，同时也是一种思维模式，在词汇教学中，教师以主题为依托、以语篇为载体、以情境为导向把思维导图运用起来，这将极大提高词汇教学的有效性。

如何在语法教学中提高学生的写作能力

　　一篇好文章是由一个个好句子连贯而成，而句子则是由一个个词语组合而成。词与词的组合、句与句的连贯就是语言结构。如果我们掌握了语言结构的规律，也就不难写出一篇好文章。英语语法包含词法和句法，语法知识就是对语言结构规律的研究。换句话说，学生写作能力的提高有赖于语法知识的掌握。怎样在语法教学中帮助学生提高写作能力就成了我们亟待解决的难题。笔者借用王国维先生读书的"三层境界"描绘了在语法教学中帮助学生提高写作能力的三个关键点：确定目标、强化训练、自我感悟。

一、确定目标——"昨夜西风凋碧树，独上高楼，望尽天涯路"

　　由于受到语法中心论和语法无用论的影响，语法教学在高中英语教学中处于一种尴尬的境地。语法在英语学习中是否重要这个问题在教师中备受争议，语法知识也往往根据教师个人喜好而加以教学处理，这就导致很多学生对语法学习的目的性更加模糊。学习语法的目的是什么？有些同学是为了学语法而学语法，而有些同学干脆弱化语法，认为不学语法也能学好英语。

　　在语法教学中，单纯地教授知识不是最终目的，不能只是简单地让学生记住一些语法规则，新课标要求要把语法规则在运用中让学生得以内化，从而达到准确运用语言的目的。这就体现出写作在语法教学中的重要性。语法教学是学习过程中知识输入的环节，而写作是学习过程中知识输出的环节，割裂了语法学习和写作的关系，学生的语法知识就不能有效地转化成语法运用能力。

　　对于高中生而言，写作水平的高低很大程度上是由语法知识的运用能力决定的。因此，在语法教学中，教师要让学生明白"Grammar is a tool to write."学生明确了语法学习的目的，也就会确定语法学习的目标。以写作作为语法教学的目标要遵循两个原则：一是因材施教的原则。教师要考虑到每个学生写作水平的差异，不同写作水平的学生对于语法知识的学习目标确立是不一样的。二是循序渐进的原则。语法知识的输入要从易到难，做到科学性和合理性，切记欲速不达。

二、强化训练——"衣带渐宽终不悔，为伊消得人憔悴"

语法训练是帮助学生把语法知识转化成写作能力的必要手段，在写作中学语法，在写作中教语法，这就要求在以写作为目标的语法教学中要强化语法训练。如何在语法教学中通过强化训练帮助学生提高写作能力呢？我们可从化整为零、抓大放小、他山之石和学以致用四个方面着手。

（一）化整为零：以语法点为主，专项训练，各个击破

在语法知识的训练中，教师要先帮助学生确立好语法点，然后根据这些语法点采用相应策略，对学生进行针对性的专项训练，这样就可以把语法知识化整为零，通过这种专项训练使学生写出准确地道的句子，再以此为基础，提高学生的写作能力。对于语法点的确立可分为两种：一种是学生在写作过程中经常遇到的语法运用问题，教师要善于发现学生共性的错误，把错误点作为语法训练的突破点；另一种是根据学生的认知水平，高中阶段的重要语法点有定语从句、名词性从句、非谓语、倒装句、虚拟语气等。教师可以把这些语法点以翻译句子的形式让学生加以突破，在设计练习时遵循趣味性原则和分层教学原则，如在强化非谓语充当状语这个语法点时，我设计了以下两个层次的翻译练习。

第一层次翻译练习：①当听到这个令人激动的消息，我们高兴地跳起来。Hearing the exciting news, we jumped with joy. ②因为生病了，所以昨天他没来学校。Being ill, he didn't come to school yesterday. ③他的爸爸去世了，给他留下了一大笔钱。His father died, leaving him a large amount of money. ④如果你每天听英语的话，你就会慢慢学好它。Listening to English every day, you will learn it well gradually.

第二层次翻译练习：①感我此言良久立。（白居易《琵琶行》）Moved by what I said, she stood there for a moment. ②天生我材必有用。（李白《将进酒》）Given the talent by the heaven, I will employ it! ③千呼万唤始出来，犹抱琵琶半遮面。Having been called for many times, she came out eventually, covering her half face with her pipa. ④儿童相见不相识，笑问客从何处来。The children can't recognize me, asking me where I come from.

通过分层设计，我们可以让不同层次的学生都能对语法点各个击破，学生得以运用各个语法点进行不同程度的写作，从而提高写作能力。

（二）抓大放小：以理解结构为主，善于总结，整体把握

在语法知识的学习中，学生往往更关注的是"小"的知识点。学生喜欢借助于语法书，希望能搞懂每个语法点细节。的确，语法书上的语法知识点都讲得很详细，也正是因为这些书讲得太详细，导致很多学生越看越糊涂，有点"只见树木，不见森林"的感觉。其实，"抓大放小"也未尝不可。"抓大"就是教师要善于总结每个语法点"大"的规律，帮助学生从宏观上掌握每个语法点，使学生减少犯"大错"的机会。"放小"并不是放弃每个语法点的细节，而是强调在语法教学中从宏观到微观，先抓重点再抓次重点。

比如在讲简单句和复合句的时候，我让学生记住"一个句子的核心是动词，两个或两个以上句子的核心是连词"。学生就会从宏观上把握谓语动词和连词的重要性。对于在一个句子中如何用好动词，我们可以在练习中逐渐学习。

再如在学习it的两个重要用法：it充当形式主语和形式宾语。如果从细节讲，里面包含了很多内容，学生容易糊涂；如果我们能加以概括，学生理解起来就容易多了。it充当形式主语的用法我帮助学生总结出"123句型"，即1（it）+is/was+2（名词和形容词）+3（to do.../doing.../从句）；it充当形式宾语的用法我帮助学生总结出"6123句型"，即主语+6（常用的6个动词find/think/feel/consider/believe/make）+1（it）+2（名词和形容词）+3（to do.../doing .../从句）。通过总结，学生很快就掌握了形式主语和形式宾语在写作中的运用。"抓大放小"也体现出在语法教学中教师的主导作用。

（三）他山之石：以欣赏为主，注重仿写，加强积累

在语法教学中，要想让学生运用语法知识写出漂亮的文章，教师就先要让学生知道什么样的文章才是漂亮的。美文的定论有很多，教师可以单纯从语法的角度指导学生欣赏，比如哪些句子用到了什么样的语法知识点、这个句子很好是因为用了定语从句等。意识往往发生在行动之前，只有当学生懂得欣赏好的句子、好的文章，他们才会有意识地去模仿这些语法知识去构建自己的句子和文章。因此，语法训练中我们可以采取先赏析再模仿的策略，

把学生习作中运用得当的语法点抽出来以小组讨论或以全班讨论的形式进行学习，通过讨论让学生明白语法点如何在写作中灵活地运用，从而产生仿写的冲动。

如在一次赏析教学中，我发现学生习作中有这样一个句子：Care is to children what water is to fish. 我特别表扬了这个同学。从句子结构上分析这是一个表语从句，这也是一个很好的比喻句式，同学们很受启发，并总结出结构：A is to B what C is to D. 后来就有学生在写作中模仿这个句式写出了漂亮的句子：Air is to human what the sun is to the flowers. A teacher is to a student what a light is to the child lost in the dark.

赏析学生的习作一方面可以表扬写得好的同学，另一方面可以激励其他同学，起到标杆作用。对于优秀学生习作中常用的句型和语法点，教师可以建议学生建立语法知识点工具箱。他山之石，可以攻玉，坚持积累，从而使写作水平产生质的飞跃。

（四）学以致用：以思维训练为主，情境生活化，以说代写

对于高中生而言，由于受文化意识的影响，在写作中基本上都是把想写的东西先用中文理顺，然后再用英文翻译出来，关键问题是学生是否能善于翻译出符合语法规则的英文来。如果学生能把所学的语法规则运用到生活中，经常把所见所思的东西转化成英文，并口头翻译，写作能力一定会有很大的提高。

学生这种思维训练习惯的养成有赖于教师的"引导"。一方面，教师要鼓励学生随时随地用语法知识去翻译看见的句子，用英语去表达自己的思想。另一方面，在语法教学中教师让学生所做的写作训练应遵循情境化和生活化原则，要利用身边的情境去组织语法教学，学生所翻译的句子和所写的文章应该是学生在日常生活中能够体验到的，把语法知识运用到真实的情境中，从而提高写作能力。

如在学习定语从句时，我让学生想象一个情境：Imagine that today a foreigner comes to our school. You will show him around our school. How do you introduce our school to the foreigner? 开始，学生只是用简单的英语句子进行表述，我引导他们尝试用定语从句：Huidong Senior High School is a school which/that is very beautiful. This is our school which/ that we love very much. This is our dormitory building which/ that is beautiful and clean. This is our library where there are many books. This is our playground where we can run after classes. This is the dining hall whose food is very delicious. 之后，我又鼓励学生用定语从句去描述自己的同桌或室友，记叙一天中所发生的事情等。

通过这种口头翻译训练，学生不仅掌握了语法教学中的语法知识，而且能随时随地地运用语法知识进行交流，既锻炼了思维，又增强了自信，同时写作能力也在潜移默化中得到提高。

三、自我感悟——"众里寻他千百度，蓦然回首，那人却在灯火阑珊处"

"鸡蛋从外面打破就是一个事故，鸡蛋从内部破开就是一个故事。"学生把语法知识转化成写作能力是一个内化的过程。学生在"写中学"，反之，学生"学为写"，两者相得益彰，相互促进。在语法教学中，让学生在体验、实践和参与写作中掌握语法知识，并把语法知识灵活运用到写作中，从而提高学生的写作能力，这一过程凸显出学生"悟"的重要性，这也是新课程所要求的要突出学生的主体作用。

学生的"自我感悟"包含两个方面：一方面是对语法知识点的灵活运用。对于一个中文意思而言，往往有多种翻译方式，也就是句式的多样性，在写作中到底采用哪种句式取决于学生自我的感悟。如：Mary 丢了自行车，这让她很沮丧。Mary was upset because of losing her bike. /Mary lost her bike, which made her upset. /That Mary lost her bike made Mary upset. /Losing her bike made Mary upset. /Losing her bike, Mary was very upset. 翻译这个句子我们可以用定语从句、主语从句、非谓语等。另一方面是对逻辑关系的合理理解。文章是由句子按照一定句法规则组合在一起，同时也是按照逻辑关系进行的组合。再漂亮的句子，如果不能按照逻辑进行连接，那么这些句子就是孤立的，失去了语篇的意义。学生只有在训练中不断地自我感悟，才能写出既符合语法规则又符合逻辑的好文章。

总之，学生写作能力的提高是一个循序渐进的过程，教师要想在语法教学中帮助学生把语法知识转化成写作能力，确定语法教学目标是前提条件，强化语法知识训练是必要手段，自我感悟是必需过程。学生只有经历这三层境界，才能在写作中自由而灵活地运用语法知识，从而提高写作能力。

如何开展系统性的高中英语写作教学

笔者有幸参加了2013年广东省高考英语作文评卷，在评卷过程中明显感觉当前高中生的写作能力十分薄弱。全省基础写作（15分）平均分7.04分，其中0分卷73000多份，读写任务（25分）平均分10.87分，0分卷60000多份，不及格作文占总数的64%。由此，笔者从教师的角度对高中英语写作教学中存在的问题进行了反思。

一、当前英语写作教学中存在的五个"缺乏"

（一）写作训练缺乏计划性

写作训练应该是一个系统性的过程，但大部分教师在平时的写作教学中没有一个整体规划，特别是盲目训练高考写作题型，在内容、方式、目标上都是一个样，忽视了学生的写作兴趣，误解了"写作能力是一个循序渐进的培养过程"这一认识。

（二）写作策略缺乏灵活性

"一个作文题目，一张作文纸，一堂写作课"，三个"一"的写作教学显得枯燥无味。在写作教学中，教师应运用灵活多样的写作教学手段，充分发挥教师的主导作用，激发学生的写作兴趣。

（三）写作内容缺乏针对性

在写作训练时教师往往忽视教材内容，放着教材中比较好的写作素材不用，而是去练习册或测试题中找一些与教材不相关的内容来训练学生的写作能力，造成教材中的学习内容与写作教学内容脱节，导致阅读教学、语法教学中的基础知识不能很好地在写作训练中得到运用。

（四）习作评价缺乏有效性

有些教师在评改学生习作时"秒杀"，也有些教师在学生习作上又圈又点，认真地改正学生的每一处语法错误。到底如何才能对学生产生积极的反馈作用呢？这是值得我们教师思考的问题。

（五）书写规范缺乏指导性

书写规范对于写作很重要，但对于如何指导学生养成良好的书写习惯，部分教师显得不够重视。

二、开展系统性的高中英语写作教学，能够有效地提高学生的写作能力

（一）夯实基础知识，规划教学任务，有计划地开展写作训练

1. 高一阶段要求学生加强积累

"博观而约取，厚积而薄发。"人教版高中英语教材每个单元是按话题设置的，每个单元都含有丰富的词汇，在掌握词汇的同时要求学生牢记写作中常用句型和表达方式，也可以按照高中新课标中所要求的24个话题加强词汇的积累。语法方面可以从最基础的句子、语法结构开始，对写作中重要的语法知识和常用的句型各个击破，如定语从句、非谓语动词、名词性从句、倒装句、There be句型、强调句型、so...that...句型等。

2. 高二阶段要求学生落实写作技巧

通过多种途径有意识的培养学生的写作能力，使学生的写作水平能得到真正提高。如：五大基本句型的练习、一句多译、短语词组造句、词—句—篇的练习、30词Summary练习、主题句—拓展句的练习、话题写作等。

3. 高三阶段要求学生加强实战演练

加强基础写作和任务写作的训练，熟练地运用各种技巧。如基础写作要抓要点，连句成篇，多使用连词、非谓语分词、介词短语和从句等，尤其要注意动词使用的正确性。任务写作应遵循的三原则：语言第一位（语言高级）、内容第二位（要点齐全）、结构第三位（条理清晰）；语言高级技巧：多用高级词汇和语法、词组优先、避免重复、肯定不如双否定、陈述不如倒装、主动不如被动、从句不如分词等。

（二）立足课堂，采用不同策略，训练学生"能写""会写""乐写""善写"

1. 加强知识输入，让学生"能写"

"巧妇难为无米之炊"，学生只有掌握了丰富的词汇、短语、句型，写作

时才能得心应手。教师要充分利用课堂教学，对学生进行必要的知识输入。如在人教版教材必修一Unit4 Natural disasters中，学生通过词汇教学掌握自然灾害的相关词汇：earthquake，disaster，natural phenomenon，ruin，damage，rescue，survive等，通过阅读教学知道：What happen before the earthquake? What should people do during the earthquake? And people should show their love and help to the homeless in the earthquake.学生掌握了有关自然灾害的知识，教师布置相关的写作内容，学生也就"能写"。

2. 加强仿写，让学生"会写"

"天下文章一大抄"，这里的"抄"就是"仿写"的意思，让学生对表达方式、句型等进行模仿训练，特别要加强同种类型文章的模仿写作。基础写作可分为人物介绍类、地点介绍类、调查报告类、新闻报道类等。比如要让学生写调查类的基础写作，在写作前，教师可以先展示一篇调查类的文章让学生学习，对于一些句型做必要的讲解：Our class has made a survey on / about ... Some choose...as... while others prefer.... Those who prefer to...account for... 写作中，教师要采用灵活的策略，笔者就以"谁是你的偶像"（2007年高考题）为例，教师不需要直接把写作内容（包含调查数据）呈现出来，可以先抛出话题"Who is your idol? "让学生讨论，教师要尊重学生的讨论结果，当学生列举出自己的偶像后，教师再在全班通过举手的方式统计数据，然后把统计结果写在黑板上，最后让学生对本次班级调查结果进行5句话的基础写作。通过"仿写"让学生达到"会写"。

3. 激发写作热情，让学生"乐写"

写作是一种创作型的学习过程。首先，写作内容要具有真实性，学生能感受到并能参与到写作中。其次，学生的写作成果能让学生开阔视野，写完后还意犹未尽，让学生享受创作的成就感。这不仅能激发学生对生活的热情，而且能促进学生对写作的热情。笔者在教授人教版高中英语必修一 Unit3 Travelling around 时进行了一堂写作课，由于该学习模块是有关游记，笔者充分利用本单元的知识让学生写一篇介绍地点的基础写作。写作课上，我请同学们为惠东选几张"名片"。学生们很开心，开始积极地讨论着惠东有名的景点，大家交流完后，笔者给学生们看了一些准备好的景点图片，让学生们挑选一个熟悉的景点，为这个景点写5句英文介绍，并告诉学生们要从他们中间挑出5个同学的景点介绍（附有图片）打印出来贴到教室后面作为"惠东名片"的宣传。学生们看到自己的作品被张贴出来，能够体会到成就感。写作成就感成了他们"乐写"的源泉，久而久之学生自然就会"乐写"。

4. 锻炼写作思维，让学生"善写"

"润物细无声"，让学生在听说教学中锻炼写作思维，鼓励学生随时随地把自己的想法用英语表达出来。教师可以经常采用教材中与学生生活相关的话题展开讨论，让学生发表看法，陈述观点。比如人教版必修二Unit3 Computer，该单元可以让学生讨论话题：What are the advantages and disadvantages of the computer? 必修二Unit4 Wildlife protection，可以让学生讨论话题：What should we do to protect the wildlife as a student? 等。还可以让学生以演讲的形式发表自己的看法。在学生陈述观点时，教师可以指导学生采用"标签"的方式：First of all... What's more... Last but not least... 久而久之，学生的思维活跃了，写作思路也拓宽了，他们也变得"善写"了。

（三）注重有效性，开展多元化的评价，使写作训练的评价落到实处

1. 分层次评价

教师要了解本班学生真实的写作水平，在评价学生习作时要因人而异，对不同写作水平的学生有不同的要求。对于尖子学生的习作，教师在语言、内容和结构三方面要有更高的要求，并且要有独特的见解；对于平常学生的习作，教师不必过分强调语言的准确性，侧重要求内容要点齐全和结构条理清晰，并适时给予学生肯定的评价。

2. 分过程评价

写作教学是有规律的学习活动，对于学生的评价也应贯穿在整个写作过程中。写作前，教师应激发学生的写作热情，做好写作"热身"活动，可以通过提问题或展示图片等让学生参与到写作内容中去，并关注学生的参与度；写作中，注重独立写作，教师要控制写作的时间，让学生养成良好的写作习惯，在规定的时间内独立完成写作任务；写作后，教师应关注写作目标的达成情况，如果目标达成情况良好，就可以进入下一个写作任务的训练，对于个别没有完成写作目标的学生要进行单独辅导。

3. 分阶段评价

写作训练是一个系统性的过程，学生在不同的学习阶段，教师在评价时要有不同的要求，为后续的写作训练提供动力。学生在"能写"阶段，教师要以鼓励为主，让学生对写作充满信心，教师可以采用循环写作的方式，

让学生熟练运用写作中的词汇和句型。在"会写"阶段，教师要以规范性为主，可以采用典型点评的方式，选取2—4篇比较典型的学生习作打印出来发给全班学生，集中评价典型习作，让学生养成良好的写作习惯。在"乐写"阶段，教师要以交流为主，可以采用学生互批互改的方式，让学生拓宽视野保持兴趣。在"善写"阶段，教师要以细节为主，可以采用面批面改的方式，让学生向更高的写作水平冲刺。

（四）规范书写，培养学生良好的书写习惯，提高卷面效果

"字是门楼书是屋"，不管写作的内容怎么样，卷面书写给人的感觉更直观。有些学生由于在高中以前没有养成良好的书写习惯，教师对书写也没有足够的重视，导致学生的书写很糟糕。如何在高中阶段练好书写，在高考写作中给改卷老师留下好的印象，这就要求教师加强对学生书写的指导。

笔者对学生练习书写有一个"三年规划"：高一"练规范"。这要求学生在三格线上遵循"四要"原则：斜度要一致，中格要饱满，字母要圆润，间隔要匀称。每天给学生布置10—15分钟的书写任务，书写任务与课堂教学内容相结合，既达到练字又达到落实知识的目的，每两天检查一次书写任务。高二"练耐心"。练字是一件需要耐心的工作，在经过一年的"标准化"练习后，要求学生由三格线的练字本转移到一格线的作业本上练习，在转换期间特别注重个别辅导，鼓励学生坚持练习。高三"练速度"。要求学生在考试答题时能做到和练习时一样漂亮地书写，并且要保证速度。笔者通常会把班上较好的书写打印出来，鼓励学生去模仿，这对书写较好的学生也是一种鼓励。

总之，写作教学是一个循序渐进的系统化的过程，教师要规划好三年的写作教学任务，实施计划性的训练、阶段性的落实、多元化的评价和规范化的指导。只有开展系统性的写作教学，才能有效地提高学生的写作能力。

高中英语早读现状调查及应对策略探讨

　　《普通高中英语课程标准（2017年版2020年修订）》明确指出："发挥教师的指导作用，充分调动学生学习的主动性和积极性。"在当前的高中英语教学中，早读作为一种重要的教学形式普遍存在，然而调查发现，学生早读的主动性不强、积极性不高。如何提高学生早读的主动性和积极性是困扰英语教师的一大难题。笔者作为一名从教多年的英语教师，也一直在反思英语早读问题，本文就笔者在英语早读调查中发现的问题和应对策略与大家交流探讨。

一、问卷调查

　　为了更好地了解学生英语早读的情况，笔者在高一的5个班做了问卷调查，被调查的学生人数306人，共发放调查问卷306份，回收问卷300份。问卷调查内容和统计结果如表1所示。

表1　问卷调查内容统计表结果

调查内容	数据（总人数300人）		
1. 你觉得自己英语早读的效率高吗？	A.高	B.还可以	C.不清楚
	11%	28%	61%
2. 老师有布置早读的任务吗？	A.经常有	B.偶尔有	C.没有
	23%	42%	35%
3. 你觉得英语早读最重要的任务是什么？	A.读书	B.做练习	C.其他
	76%	10%	14%
4. 早读时，如果老师不来教室，你会自觉地读书吗？	A.会	B.不会	C.看情况
	30%	27%	43%
5. 早读时，你读得最多的内容是什么？	A.单词	B.课文	C.其他
	55%	33%	12%

教研：思而促学

调查内容	数据（总人数300人）		
6. 你早读有背诵文章或课文的习惯吗？	A.有	B.没有	C.看情况
	24%	31%	45%
7. 早读时，你认为有必要大声朗读吗？	A.有	B.没有	C.其他
	58%	22%	20%
8. 早读时，你能做到大声朗读吗？	A.能	B.不能	C.有时候可以
	13%	57%	30%
9. 你有站着早读的习惯吗？	A.有	B.没有	C.看情况
	5%	81%	14%
10. 你觉得早读站着读书有必要吗？	A.有必要	B.没必要	C.不清楚
	45%	31%	24%
11. 你认为老师有必要检查早读的内容吗？	A.有必要	B.没必要	C.不清楚
	56%	34%	10%
12. 你的老师会检查你早读的任务吗？	A.经常检查	B.很少检查	C.从来没有
	31%	57%	12%
13. 你比较喜欢哪种检查方式？	A.小组长检查	B.老师抽查	C.其他
	41%	19%	40%

二、存在的问题

从问卷调查反馈的情况来看，教师的主导作用发挥得不够，学生的主体作用被弱化，问题主要表现在以下三个方面。

（一）任务不明确

早读是在一个特殊时间段进行的教学活动，有别于课堂学习和自习课。早读的关键是"读"，读什么、怎样读、怎样让读的效果更好等这些问题都是非常重要的。从调查可以看出，学生对于读的内容和方式还是缺少认识的。其一，过于重视单词的读而忽视了对篇章的读；其二，读的氛围不够浓厚热烈，缺少大声朗读的自信，这也反映出教师缺少对学生早读的指导。

（二）主动性不强

调查结果表明，大部分学生在早读时更多地依赖教师，自己没有明确的目标，教师不来教室就不读，教师不布置早读任务就不知道读什么，缺少对英语早读的自主支配。笔者认为这个问题很大程度上与学生小学与初中的学习习惯有关，很多学生都是由教师"牵着"走过小学和初中的，到了高中，依然对老师有依赖性，缺少自主学习的能力。

（三）检测缺失

从调查可以看出，学生是非常希望早读能得到有效的评价，而教师缺少对早读的检测。检测是对学生早读效果的一种反馈方式，如果只是给学生早读任务而不能让他们得到及时的反馈，教师就不能很好地掌握学生对既定目标的达成情况，学生对自己早读的成果得不到有效的评价，就会失去持续学习的动力和热情。

三、应对策略

针对学生反映出来的问题，笔者对自己所教的两个班学生做了一个实验，从高一入学开始就采取了以下五个方面的措施。经过一年的努力，发现这两个班的学生在英语早读时有较大的进步，比同年级其他班级的早读氛围要好，学生也更积极，口语表达更加自信。

（一）强化读的意识

大力宣扬早读时"读"的重要性，强化学生大声读书的意识。首先，教师要重视早读，以身作则，笔者英语早读基本上都会在教室和学生一起读。其次，在班上"造势"，让学生认识到读的重要性。读是对语言的思考和感悟的前提，是语言运用的积累，是英语写作的基础。对于个别不喜欢读的同学，要单独"洗脑"，并在平时对这些同学多一点关心，切忌以惩罚或逼迫的方式让这些不喜欢读的同学"改邪归正"，读需要口、眼、耳、脑等多种器官相互协作，一定要让他们主动读，"攻心为上"，让全班都能养成主动读的习惯。最后，要强调大声朗读，对一些好的文章要求学生尽可能背诵，并能脱口而出。切忌默读，这样不利于学生语音的训练和语感的形成。

（二）树立读的信心

早读时，我们经常会发现教室里学生出现"灯控现象"，教师来到教室外面学生就开始读两下；教师走到教室里面学生读书的声音就立刻大起来；教师一走出教室学生读书的声音又小下来了；教师不来教室，读书的声音就可想而知了。为什么会出现这种现象？原因固然很多，笔者认为出现这种现象的一个重要原因是学生对自己的读缺少自信心，一方面对某些单词和句子不会读，另一方面不敢在同学面前读，害怕自己读不好被同学笑话。所谓"艺高胆大"，只有让学生读的技艺高起来，胆子大起来，学生早读才能更自信。树立学生早读的自信心是一个循序渐进的过程，笔者认为可以分为三步：第一步，让学生"能读"。在高一开学阶段，笔者花了一个月的时间让学生学习音标，帮助学生解决读音问题。磨刀不误砍柴工，学生通过音标的学习能够自己看音标读单词。第二步，让学生"会读"。准备10篇简单的英语短文，最好配有录音，让学生熟读这些短文，掌握一定的口语基础。不要急着让学生去读课本内容，因为学生刚从初中进入高中需要一个衔接过渡，课本的内容相对较难，一开始就让学生读课文容易使其产生挫败感，会打击学生的自信心。第三步，让学生"敢读"。让学生从"会读"的这10篇短文中选一篇在讲台上脱口而出，这既是对学生读的能力的锻炼，也是对学生自信心的挑战，对一些表现好的学生要给予表扬，对一些读音不佳的学生也要予以表扬，课后再做个别辅导。

（三）关注读的姿势

这两年来笔者所带班级的学生一直坚持站着早读，站着读书相对于坐着读书会更辛苦，但站着读书更容易调动学生的激情。笔者在班上一直鼓励学生站着读书，每逢早读，笔者自己也会站在讲台上读书。刚开始学生感觉不习惯，经过两个多月的坚持，学生也习惯了站着早读，并且感受到了站着早读的好处。笔者认为站着早读的好处至少有三点：第一，早晨站着读书不会打瞌睡，精神状态会更好。第二，站着读书让学生更自信，坚持下去更能锻炼学生的意志力。第三，站着读书有利于血液循环，促使神经系统兴奋，增强记忆力。

（四）明确读的内容

早读切忌毫无目标、泛泛而读，确定早读任务非常重要。有了明确的任务，才有努力的方向，才会产生读书的动力，早读任务相当于一盏明灯，让学生明确学习的方向。早读时，教师应该给学生确定一个目标，告诉学生读什么、背什么、完成多少任务、在多少时间内完成任务，并在方法与策略上给予指导。对于学生来说，要树立不达目的不罢休的决心，如果能够完成既定任务，就会获得成就感和充实感。教师在给学生布置早读任务时要有弹性，有些任务是必须完成的，有些任务并不是每个同学都能完成的，可以选择性完成。比如，教师可以给学生布置多个任务供学生自己选择完成，这样既可以满足不同层次学生的需求，也有利于学生个性的发展。

（五）检查读的效果

早读的检查结果在一定程度上可以说明早读的效果，可以看出早读时学生有没有达到既定目标。首先，对于早读的检查要及时，当天早读的内容，要么早读检查，要么当天上课检查。检查能对学生产生持续的学习动力，并在一定程度上让学生获得成就感。其次，教师的检查手段可以多样，如果形式单一，学生容易疲倦，不定期变换检查方式，让学生感觉到挑战性，从而刺激其早读的热情。笔者在检查早读任务时通常采用的方法：一是让同学在上课时一起背诵早读的任务；二是小组长检查同学的早读情况，并做相应的记录；三是每天上课前5分钟让一个同学上台展示，可以采用演讲的形式，要求学生脱稿；四是有针对性地检查部分学生的早读情况，并以此为契机，该鼓励的要毫不吝啬地鼓励表扬。

总之，通过这些措施可以充分发挥教师的主导作用，教师在早读中的主导性增强了，学生的主体性才能得到更好的体现，进而充分调动学生早读的积极性和主动性，真正提高早读的实效性。

教研：思而促学

写作训练是激发英语学习兴趣的
有效突破口

英语学习是系统性的工程，写作训练是其中的子系统，与听、说、读等教学共同构成英语学习的大系统。写作训练作为英语学习的子体系，它是由英语词汇、语法、主题及其写作手法等互相依赖、互相作用的诸要素组成的有机整体。因此，不论从大系统还是子体系上分析，写作训练都是激发学生学习英语兴趣的有效突破口。

一、写作训练是巩固词汇语法的有效途径

写作训练本身作为英语学习的子体系，与词汇学习、语法学习等密切相关。词汇量的大小和语法知识的掌握情况在不同程度上影响着写作水平的发挥，反之，写作训练也对词汇语法的掌握起到巩固作用。

（一）写作训练树立了记单词的信心

写作中一个很大的难题是学生的词汇量不够，用英语表达一些中文意思时往往因为某些单词不会写而不敢动笔。词汇量的大小对写作的制约性是不言而喻的，几乎所有学生都能明白这个道理，但问题的关键是学生如何增加自己的词汇量。很多同学把单词孤立起来记，虽然花了很多时间去记单词，但记了就忘，感觉不到单词之间的内在联系，久而久之，就觉得记单词很枯燥，对记单词也失去了兴趣和信心。写作训练本身就是串联单词的过程，它能帮助学生把所记的单词灵活地运用起来。比如，对于单个单词学生可以通过造句的形式，对于一组单词学生可以设置一个情境写一小段文章，这样既可以加深对词汇的运用，也能让学生从中得到记单词的成就感，从而获得继续记单词的动力和信心。

（二）写作训练活化了语法知识的运用

语法教学一直是英语教学中非常重要的教学活动，不仅教师重视，学生也很重视。然而我们忽视了语法学习的目的性，为学语法而学语法，导致了学生学语法的盲目性，学生所掌握的语法知识都是零散破碎的。学生运用自己所学的语法知识，如果做选择题可能很有效，一旦写句子写文章就漏洞百出，句法混乱。这种知识和能力脱节的现象就是写作训练缺失的有力证明。写作训练能帮助学生活化语法知识，把自己所学的语法知识运用到写作中，写作训练也是对学生语法知识掌握程度的有效检测。本人比较推崇在写作训练中给学生传授语法知识，在学生完成写作训练后，可以找一篇典型的学生习作让大家来共同学习。在学习的过程中，就可以让学生去发现、体会、学习其中的语法现象，通过写作训练使语法知识得以内化。

（三）写作训练提供了知识积累的方法

在写作训练前，模仿是写作训练的一个重要方法。首先，其实模仿写作就是要举一反三，让学生先记住一些短语、句型和习惯表达，通过把这种记忆运用到自己的写作中，提高写作的效果，这在语言学习中是很有道理的，在模仿中能积累大量的词汇短语。其次，在每次写作训练完成之后，我们会让学生背诵范文。特别是一些经典的范文，这些范文为什么经典，就是因为范文中包含了丰富的词汇和漂亮的句法，能使学生有意识地记住这些好的句型、短语、习惯表达等，大大强化了学生的知识积累，并且背诵是把短期记忆转化为长期记忆最有效的方法。

二、写作训练是提高阅读能力的有力保证

根据语言学家Krashen的理论，英语阅读是一种"知识输入"的过程，而写作训练是一种"知识输出"的过程，阅读的"输入"与写作的"输出"有机结合才能更好地促进英语学习。因此，阅读能力的提高有赖于写作训练。

（一）写作训练可以增强阅读的目的性

在英语学习中普遍存在这种现象，学生做阅读的目的就是为了能做对阅读后所设置的题目。阅读的这种目的性是非常狭隘的。阅读作为一种"知识输入"的过程，决定了阅读是为了有效地输出，而"知识的输出"过程是很广泛的，写作就是其中的一种"输出"方式。如果学生在阅读过程中带有目的性地进行"知识输入"，知道阅读是为了什么，知道在阅读后做什么，他

们对阅读的积极性就会更高，对阅读能力的提高更有帮助。

（二）写作训练可以激发阅读的主动性

学生在写作训练中往往会有种"书到用时方恨少"的感觉，对语言知识的需求感特别强烈。心理学认为：需求是最能激发学生产生学习动力的。当学生明白要满足写作的需求可以通过大量的阅读实现时，他们就会对阅读有更强的主动性。这种对于阅读的主动性来自需求，是发自内心的，比其他任何形式下的阅读效果都要好。

（三）写作训练可以深化阅读的语言形式

当前的阅读教学中，阅读的功能被单一化，教师和学生非常重视阅读的语言意义，而忽视了阅读的语言形式。阅读的语言意义是指对阅读素材的理解，即我们平时所说的阅读理解。教师为了考查学生对阅读素材的理解程度，只关注学生对阅读意思的理解，这往往会让学生误以为做阅读只要明白阅读材料讲的是什么，能够完成教师所设置的选择题就可以了。阅读的语言形式是指阅读素材中用词的技巧、英汉表达的不同方式、词汇和语法现象等语言知识的学习。缺少对阅读素材语言知识的吸收，阅读的学习质量就会得不到保障。而写作训练可以弥补这一缺失，它不仅可以改变学生对于阅读的态度，使他们读文章更认真，也有利于促进学生在阅读中积累语言知识，深化阅读的语言形式。

三、写作训练是培养英语口语的重要条件

英语写作和英语口语同属于"知识输出"的过程，两者在这一过程中是相互作用的，写作训练为培养学生的口语提供了重要条件。

（一）写作训练为培养英语口语积累了语言知识

学生的口语是有赖于学生对词汇语法等基础知识的积累，而写作训练可以为学生的口语提供足够的基础知识。通常情况下，学生在口语表达前会对所要表达的意思有一个中英转换的过程，也就是说口语表达对于学生而言是一个口头上的写作训练，写作训练中学生所积累的基础知识为口语表达提供了基础。

（二）写作训练为培养英语口语提供了真实语境

英语写作是在一定情境下的语言运用，在写作训练中教师可以借用学生身边所熟悉的真实情境，以引起学生的共鸣，调动学生学习的积极性，激发

学生学习的兴趣。这种真实的、有效的情景正好也是口语所需要的情境。在写作训练中，教师可以对写作训练进行引导，让学生在动笔之前对要写的内容展开讨论，这既是写作训练的一个有效过程，也是培养学生口语的行为。学生长期在真实的语境中对某些话题开展书面写作，就会对相应的语境很熟悉很敏感，如果这一情境再用于口语训练，学生就能敢说、会说，从而对口语兴趣会更高。

（三）写作训练为培养英语口语开拓了思维

写作训练的重要性不仅仅在于让学生展现语言的运用能力，更重要的在于表述思想。在写作训练中，学生的思想通过语言形式得以表达出来，这有利于拓宽学生的视野，激发学生的思维，为口语能力的提高提供了重要条件。

总之，英语学习兴趣是一切问题的关键，只有激发学生英语学习的兴趣，才能全面提高学生的英语能力和水平。写作训练在英语学习中具有重要作用，把写作训练作为英语学习的突破口是非常有效的，能够激发学生学习英语的兴趣。

浅谈英语书面表达中用词的几点技巧

2007年英语高考方案一个重要的变化是：书面表达由原来的一篇大作文（25分）变成一篇基础写作（15分）和一篇任务型写作（25分）。由此可见，书面表达做得好与坏对高考英语的成败至关重要。在英语书面表达中，一篇好文章的要求很多，除内容丰富和组织紧密外，词汇的运用和句子的处理也起着决定性作用。由于英语语言具有一词多义性，对于一些句子，只要我们从不同角度加以分析，也能写出漂亮的文章。下面我向大家介绍几点书面表达中用词的技巧。

一、巧用笼统词

词大体可以分为两类：笼统词和具体词。笼统词指那些意思比较抽象的词汇，其特点在于意义广泛、搭配性强，有很强的组词能力。虽然它们单独使用不能很精确地表达一个动作，但在构成词组后可以代替很多具体词。当我们在写一个句子、一种具体意思因为想不起某个具体词而不能完成时，我们不妨用笼统词来转换一下，也能达到异曲同工之妙。

下面我们以笼统词"have"为例：

昨天他收到他朋友的一封信.He received a letter from his friend yesterday.但突然"receive"忘记了怎么写，如何应急？我们不妨试用一下笼统词"have"，把意思斟酌一番我们不难翻译：He had a letter from his friend yesterday.再如：他的妻子正在分娩。His wife is giving birth to a baby.当看到这个句子时，可能最难表达的就是"分娩"这个词，如果你词汇量很大，知道"分娩""give birth to"的用法，这个句子也就不成问题，但绞尽脑汁都想不出来，怎么办？转换一下笼统词，也可以这样表达：His wife is having a baby.这时也能很轻松地解决这个问题。

再看下面的几个例子：

汤姆经历了一个极其艰苦的时代。

Tom experienced a terrible hard time.(Tom had a terrible hard time.)

你结婚了吗？

Are you married?（Do you have a wife/husband？）

我们将接受玛丽作为我们的代言人。

We will accept Mary as our spokesman.（We will have Mary as our spokesman.）

他在上海拥有一套房子。

He possessed a house in Shanghai.（He had a house in Shanghai.）

再如笼统词"take"：

Do you understand my meaning, sir? = Do you take my meaning, sir?

I will preside over the meeting. = I will take the meeting.

I will subscribe to the local newspaper. = I will take the local newspaper.

They occupied the city. = They took the city.

The boy resembles his father. = The boy takes after his father.

从以上的例句不难看出，具体词音节较多，使用频率不高，容易遗忘，而笼统词则不然。因此，在做书面表达时，用笼统词取代具体词，不失为一种应急良策。

二、巧用同义词

英语单词具有一词多义性，也就是一个英语单词有多个意思。反过来，一个意思我们可以有多个表达方式。英语单词的多义性，为我们选词的多样性提供了客观条件。我们经常会遇到一个意思可以用多个词来表达的情况，比如"漂亮"这个词，在英语中有"beautiful""pretty""smart""cute""nice""good-looking""charming"等。因此，当在做书面表达，由于词汇量不足而不能完成句子时，我们可以充分挖掘自己脑海中的词库，灵活地运用同义词，也能写出好句子，达到预期的效果。例如：

澳大利亚由六个洲和两个大区组成。

Modern Australia consist of six states and two territories.

在这里我们要考虑的是"组成"这个词语怎么表达。如果英语功底比较好，可以马上想到"consist of"，那么这个句子也简单，但如果不知道"consist of"怎么办?可以在自己的词库中搜索"组成"的其他表达，多角度、多层次来思考这个句子。例如：

Modern Australia is made up of six states and two territories.

Six states and two territories make up Modern Australia.

Modern Australia has six states and two territories.

Modern Australia contains six states and two territories.

There are six states and two territories in Modern Australia.

充分运用同义词可以帮助我们解决词汇量不足的问题。在运用同义词时，我们的基本原则是：要正确地运用熟练词，避免语法错误及语义不通。何谓熟练词，就是当一个意思可以用多个词汇表达时，一定注意选用自己最有把握、最熟悉的词，比如，我们知道"decide" "decide on" "determine" "make up one's mind"这几个词都可以表达"决定"这个意思。看下面例句：我决定改变我的生活方式。I decided to change my life style. /I decided on changing my life style. /I was determined to change my life style. /I made up my mind to change my life style.在这里有四种表达方式，那我们在做书面表达时一定要运用自己最有把握的一种。

三、巧用连词

在高考书面表达中，明确要求文章要通顺连贯，怎样做到这一点，连词的运用是一个很大的技巧。

先看下面的例句：

I don't want to go, _____ I have something. (besides   what's more)

The fire was out, _____ the smell of smoke was strong.(but   even so)

He slipped and broke his leg. _____ he will be away from school for two weeks. (As a result)

我们都有这种体会，如果一个人说话很有条理，我们就很容易理解，这也能给我们留下深刻的印象。如何使文章条理清楚，连词是关键。如果我们在做书面表达时能掌握其中的技巧，巧用连词，不仅可以给我们的写作带来方便，而且会使文章的结构更清楚、条理更自然。我们可以表示"顺序罗列增加"的连词为例，我们平时说话时，总是不自觉地在自己表达的语句前加上第一点、第二点、第三点等，虽然啰唆，可毕竟还是条理清楚。这其实是中文连词的灵活运用，同样，在做英语书面表达时，我们也可以巧妙地运用这些关键性的"标签"。例如：

However, using chemical fertilizers is a big problem. Firstly, leaving chemicals in the ground for a long time is not good for the soil or the water supply. Secondly, farmers often grow the same crop year after year. As the result, the soil gets exhausted. Thirdly, chemical fertilizers kill both helpful and harmful bacteria and pests.

——人教版必修4 Unit 2

Chaplin sits down at the table with his plate and drinking cup. First he picks out the laces and eats them as if they were spaghetti. Then he cuts off the leather top of the shoe, treating it as if it were the finest meat. Finally he tries cutting and eating the bottom of the shoe.

——人教版必修4 Unit 3

以上两段大家一定会觉得好，好在何处？条理清楚，简单易懂。"顺序罗列增加"连词的运用起了关键作用。在我们做书面表达时，只要灵活地运用"顺序罗列增加"的连词，文章就可以更上一个层次。

怎样运用？方法很简单，只要把下面任何一组的词汇加到你的几个要点前就清楚了。

（1）first, second, third, last（推荐，原因：简单）。

（2）firstly, secondly, thirdly, finally（推荐，原因：简单）。

（3）the first, the second, the third, the last（推荐，原因：简单）。

（4）in the first place, in the second place, in the third place, lastly（推荐，原因：简单）。

（5）to begin with, then, furthermore, finally（强烈推荐）。

（6）to start with, next, in addition, finally（强烈推荐）。

（7）first and foremost, besides, last but not least（强烈推荐）。

（8）most important of all, moreover, finally（强烈推荐）。

（9）on the one hand, on the other hand（适用于只有两点的情况）。

（10）for one thing, for another thing（适用于只有两点的情况）。

四、巧用高级词

我们都知道"语不惊人死不休"这个说法，我们在写文章时有时会为了选好一个词冥思苦想。的确，一个好词能使句子给人耳目一新的感觉。在做英语书面表达时也是如此，适时地运用高级词汇，能让句子更生动、更耐读。不少同学可能很不理解，考试时，写出的书面表达要点齐全，没有语法错误，句子表达也正确、通顺，可就是得不到高分。这可能就是因为语句太平淡，没有可圈可点的地方。在写句子时充分运用高级词更能吸引眼球，体现你句子的含金量，给阅卷人留下深刻的印象，得分也自然会提高。

我们先来看一个巧用高级词的例子：这件事挺难的。一般的同学可能翻译为：This was a difficult job. 这个句子这样翻译绝对是正确的，已经把中心词"难""difficult"表达清楚，但还有没有更好一点的表达呢？我们不妨把"难"这个意思加以扩展，表达为：This was a challenging job.在这里我们用"challenging"来替代"difficult"，那么句子就会增色不少。

再如：

这个蛋糕很可口。The cake is delicious.（The cake is tasty.）

不同的旅程，different trips（various tours）

最后他了解了一切。He learnt about everything at last.（He learnt about everything eventually.）

你可以很容易地找到我的房子。You can find my house easily.（You'll have no trouble/difficulty finding my house.）

他越说越兴奋。When he spoke, he felt more and more excited.（The more he spoke, the more excited he felt.）

我们都觉得他是一个很好的人。We all think he is a great man.（We all think highly of him.）

那里的学生不需要支付书本费。The students there needn't pay for their books.（Books are free for the students there.）

我突然想到一个好主意。Suddenly I thought out a good idea.（A good idea occurred to me. /A good idea suddenly struck me.）

在这里应注意的是，运用高级词的前提是你要有一定的词汇量。因此，要记住一点：如果你想炫耀一下你的词汇量很大，就在句子中灵活运用高级词吧。运用高级词对提高书面表达的分数至关重要。

总之，文章是由句子构成的，而句子又是由不同的词构成的，词是构成文章的基本要素。一篇文章的好坏与组成它的句子密切相关，而写好一个句子，用好词至关重要。在做英语书面表达时，很多同学往往把文章写得不好归于自己的词汇量太少，一定的词汇量固然重要，但是不是词汇量少就写不出好文章，词汇量大文章就一定写得好吗？实际上，我们每个人的脑子里都有一个或大或小的词库，只要我们肯去发掘，往往可以得到更好的表达方式，写出漂亮的句子和文章。当我们在做书面表达时，一方面，会由于词汇量不足，一个好的意思因为一个单词不会写而表达不清楚，一个好的句子因为一个单词不会写而无法完成，那么巧用笼统词和同义词就可以是一个应急措施；另一方面，你的词汇量足可以表达出你想要的意思，但句子过于平淡，不够生动，不能给人留下深刻的印象，文章也自然不能算得上好，这时可以灵活地运用连词和高级词，以给文章增色。

多媒体在高中英语听力教学中的运用

当前高中英语听力教学中存在以下一些问题。

（1）教师受传统教学思想的制约，以"本"为本，存在"教教材"的现象，对一些听力素材不能正确地取舍，导致教学目的错位和教学资源单一。

（2）英语作为一门外语，承载了西方的风土人情、生活习惯以及生活方式等，但我们在听力教学时往往忽视了听力材料的背景知识，在学生没有这方面知识储备的情况下，通过大量的听力材料来提高学生的听力水平，这势必导致学生对听力材料的理解不足。

（3）传统的英语听力教学就是教师的口述加上一台录音机，教师放录音，学生选答案，这种单调的教学形式使一部分学生对听力越来越不感兴趣。在学生的听力训练中，由于要对一些重点的句子或段落反复地听，录音机倒带的准确度很难把握，不停地倒带也浪费了课堂教学时间，导致听力教学效率较低。

把多媒体技术运用到英语听力教学中，可以弥补当前高中听力教学中存在的一些不足，培养学生对英语听力学习的兴趣，从而提高课堂效率。

一、丰富教学资源，重组教材的听力素材

在听力教学中，教师更多的是依据教材中的听力素材对学生进行听力训练，选用每个单元的Listening部分和Workbook中的Listening部分，上专门的听力课来训练学生的听力。运用教材中的听力素材是无可非议的，但要具体分析材料的难度是否适合学生，内容与新课程教学目标描述是否相适应，是否符合学生的认知水平，并据此对某些材料做适当的删减和调整。根据教学实践，我觉得课本中的部分听力材料难度较大，超出了学生现有的认知水平，因此，对于这些材料应当删减。多媒体网络中含有大量的听力素材，我

们可以通过网络中的声音、图片、视频等材料，来补充和重组教材中的听力资源。如在人教版必修三Unit 4的Listening部分，讲的是三位科学巨匠牛顿、爱因斯坦和霍金是如何对地心引力这个概念提出自己的观点的，要求学生通过听力写出每个科学家的理论和发展。这个听力素材涉及万有引力、相对论、黑洞等物理知识，对于高一学生来说难度较大，我们可以用网络上的听力素材来代替。现在很多高中学生都有MP3，他们主要是用来听音乐的，我们可以引导学生把MP3运用到英语学习中，在网络上下载一些听力素材，如VOA慢速英语、走遍美国、新概念英语等，鼓励学生把这些录音材料拷入MP3，课后自主学习，提高学生的听力水平。

二、展示听力材料背景知识，帮助学生理解听力材料

背景知识指听力材料中人物场景、文化背景、风俗习惯、生活方式、价值观念等，其主要作用是为听者提供判断、推理、猜测等认知图式的依据。学生对说话者意图理解的程度，既取决于他们语言水平的高低，更取决于对所涉及的社会文化背景知识的了解。皮亚杰认为认识的起点是图式，人的认识图式是不断变化和发展的。在听力过程中，要激活学生的知识图式，也就是已储存的知识结构，使新信息更容易被理解和吸收，并融合到已有的图式中，产生新图式，丰富已有的图式内容，从而正确理解和记忆所听的内容。可见在听力过程中给学生输入相应听力材料的背景知识至关重要，它能够激活学生学习的积极性，帮助学生对听力理解做出正确的预测和推断。反之，如果学生对听力材料中的文化背景缺乏了解，就会给听力理解造成障碍。如在人教版必修3第1单元 Festivals and Celebrations的Workbook 中有这样一个听力练习，Chen Bin和他的美国朋友Joey的一段对话，对话内容主要谈论的是Easter复活节的由来和人们是如何庆祝Easter复活节。在听力前，如果学生对西方的Easter复活节不了解，老师在听力训练前对背景知识也没有进行介绍的话，学生恐怕对对话内容很难理解，特别是涉及一些关于Easter复活节的风俗习惯的知识，如 hot cross buns, hunting for Easter eggs, the Easter Bunny 等。因此，在听这段对话之前，可以运用多媒体对有关Easter复活节的背景知识进行展示，如 hot cross buns, Easter eggs, the Easter Bunny，展示几幅图片或是一段有关Easter复活节的视频，让学生猜一下这是西方的什么节日。通过多媒体把一些铺垫工作做好后开始听力训练，这样可以调动学生的积极性，也可

教研：思而促学

以帮助学生更好地理解听力内容。

三、听力教学的内容和形式多样化，培养学生听力的兴趣

利用音像和网络资源，把多媒体技术运用到英语听力教学中，可以丰富教学的内容和形式，提高课堂教学效率。传统的听力教学中，教师总是拿着录音机一放到底，以形式单一的测试代替练习。如听下面一段对话，回答下面三个问题，每个问题设置了三个选项，要求学生选出正确的选项，这是一种以应试教育为指导思想的训练模式，对于部分学生来说，这种单一的选择测试是在考查学生的运气，而不是训练他们的听力水平。长此以往，则会压抑甚至扼杀学生的创造性，会使一部分听力水平较差的学生失去兴趣和信心，并且对听力产生心理障碍。因此，在听力教学中要充分运用多媒体技术丰富教学内容和形式，保护学生的听力积极性，激发他们的兴趣。

（1）听英文歌曲提高听力水平。在听英文歌曲的同时我们可以给学生设置一些任务，引导学生认真听，如挖空歌词中的一些单词让学生一边听一边写。在一次听力课中，我用英文歌曲"The day you went away"导入，但我只是节选了歌曲中的一部分，在这一部分中挖空了一些词后展现给学生。同时，让学生听三遍，听第一遍的同时写出所缺单词，听第二遍要求学生注意连读、略读、重读等现象，第三遍我把多媒体声音调小，鼓励学生能把这段歌曲唱出来。

（2）看电影练听力。电影让英语"活"起来，看电影学英语，表面在看，原理在听，这种方法最大的好处就是电影听力不像听磁带那样干巴巴的，可以通过事件发展的过程，推测台词的意思。多看几遍电影，熟知内容后对台词自然就有感觉了。在人教版必修三 Unit 4中有两个听力素材，都是电影"The million pound bank note"中的片段，第一个听力素材讲的是Henry在裁缝店里的一幕，第二个听力素材是Henry和Portia交谈的一幕。在这部分的听力训练中，如果我们运用多媒体技术找到相应电影片段，让学生一边看，一边完成任务，这样就可以打破那种枯燥无味的课堂教学形式。把这种寓教于乐的教学方式运用到听力课堂中，学生对听力学习的兴趣自然也会得到增强。课外，也可以把一些欧美的电影和情景喜剧推荐给学生欣赏，锻炼学生听力的同时又可以丰富学生的欧美文化知识。

（3）坚持每天课前5分钟完成一个听取信息。听力水平的提高不是一两天

所能解决的，要在长期的训练中让学生养成习惯。在平时的教学中，也不可能每节课训练学生听力，但我们可以利用课前5分钟完成一次听力训练，既省时又高效。为了这5分钟的听力，教师要在课前做好充分的准备工作，如果该录音只有磁带，要先把磁带翻录成MP3格式，然后对录音进行处理。在平时教学中，我经常会把听力材料中一些比较好的对话或独白剪辑下来，制成一个听取信息，根据学生的情况，所准备的材料难度要适中，听一遍的时间不要过长，一般在1—2分钟，可以让学生听两遍然后一起读出完整的句子。

（4）化整为零听句子。我们可以用Goldwave软件和Cooledit软件对听力材料进行裁剪，把整篇文章的音频剪辑成段音频，把段音频再剪辑成句音频，然后把这些声音素材进行重组，设计成不同的任务，把一切任务都设置成我们的控制形式。可以让学生听段落填词，也可以让学生听句子写句子，这样把一篇文章化整为零，学生就能更好地理解文章，从而获得完成任务后的成就感，学生的听力兴趣也能够得到增强。

让命题成为教研路上的一盏明灯

　　光会照亮前行的路，教研之路虽远，行则将至。"法乎其上，得乎其中。法乎其中，仅得其下。"对于高中教师而言，高考是指挥棒，研究高考命题的规律和特点，并开展高考模拟命题，这是教研路上必不可少的一步。

　　2012年，我承担了学校英语教研组长的任务，一直到2019年，我做了7年的学校英语教研组长，在此期间，我担任了6年惠州市高考核心备课组成员。市核心组成员的一个重要任务就是参与高考模拟命题，每次高一、高二的市统考英语试题和高三的模考英语试题都由我们核心组完成。当时我们市的英语教研员是陈绍安副院长，他对英语试题的要求很高，每次都要求市核心组在命题时要原创，这给我们核心组成员提出了很大的挑战。全市核心组根据高考试题的题型分成了阅读命题组、阅读七选五命题组、完形填空命题组、语法填空命题组和写作命题组等。开始的几年，我是被安排在完形填空命题组担任副组长，后面被安排在阅读七选五命题组担任副组长。总之，这一路走来，有苦有乐，有付出也有收获，总体来说，这几年参与惠州市的高考模拟命题对我的教研能力和教研水平的提升有很大帮助。由于经常要完成命题任务、参与讨论和交流，我对高考的研究更深入，对高考方面把握得更准确，这些研究对我的课堂教学也有很大的帮助。除了完成规定任务，我也每年参加惠州市举行的高考模拟命题大赛，我的命题作品先后有5次荣获惠州市高考模拟命题大赛一等奖。

　　谈起命题的经历，我印象最深的是2013年的那次命题。当时我们核心组的任务是完成惠州市2013届高三第三次（1月）调研考试英语试题，我负责完形填空的部分。为了命制高质量的高三调研考试题，我认真研究了近5年的高考英语广东卷试题，基本把握了高考的命题特点和命题思路。然后搜索阅读文章，完形填空要原创，最重要的是选文，选取一篇合适的文章非常重要。

选取了文章之后还要对文章进行修改，就像是打造一块好玉，先要找到一块打造好玉的材料，然后再加工、打磨。有时候，为了选取一篇合适的文章，你可能要先读50篇文章，甚至更多。翻阅了很多文章之后，我终于在网上找到文章"Hometown Heroes: Saving a Neighbor's Life by Melody Warnick from Reader's Digest Magazine"（具体内容见后文）。当时读到这篇文章时，觉得主题很好，故事很生动，文章有600多个单词，但完形填空一般有300词左右，这就需要对文章进行改编。改编成300词左右的文章之后，我就对文章进行挖空，并且设置选项，设置选项时要考虑它的合理性和学生的理解是否会出现误差。虽然只是一道题的原创，也的确不容易。后来我命好这篇完型之后，当时陈绍安副院长觉得很好，就直接采用做了惠州市2013届高三第三次（1月）调研考试英语试题（具体内容见后文）。大约半年之后，一次无意中我在网上搜到了2012年普通高等学校招生全国统一考试（四川卷）完形填空（具体内容见后文），我看了后大吃一惊，它这篇完形填空和我命制的惠州市二〇一三届高三第三次（1月）调研考试英语试题的完形填空应该是来自同一篇原文改编的，我的命题是15个空，它的是20个空，选项有很大的不同，试题文章的人物名字不同，但故事的情节几乎完全一致，真是太巧了。这次命题对我影响很大，我从这次命题中找到了自信，原来我们只要努力也可以命制出高质量的试题。从那以后，我参与了惠州市的多次命题，自己也多次单独命题参加惠州市的命题比赛，虽然之后没有像这次这样这么好的命中率了，但参与模拟命题助力了我的成长。

现在回想起来，作为一名高中教师，我觉得参与高考模拟命题是提高教师专业素养的有效途径。一份原创试题或一道原创试题质量的高低，能够直接反映出一个教师的知识储备和专业素养。高考是高中教学的指挥棒，教师加强对高考命题的研究，并在自己的教学实践中尝试模拟命题，是促进教师成长、提高教师教研能力的有效途径。命题的过程其实就是教师进一步分析、研究教材和教辅的过程；是教师加强阅读、拓宽知识面的过程；是教师深入了解课堂和学生，进行有效教学的过程；是教师学习和运用教研方法的过程。

当前，很多教师都是"拿来主义"，从网上随便下载一套试题就印给学生做，不做甄别与精选；还有一些教师信奉"题海战术"，自己很少研究命题，不管试题质量的好坏，只要扔给学生做他们就觉得心安理得，这是一种不负责任的行为，对教师自己而言是自欺欺人，是不利于教师自身专业发展的。

如何提高自身的命题能力？从我个人经历而言，我觉得可以关注以下三个方面。第一，加强阅读，养成阅读的习惯。俗话说："欲求水流远，源泉须博深。"当我们每天都读点什么，每天增加一点新的知识，我们的视野才能开阔，某一天当我们需要命题的素材时我们才能信手拈来。作为英语教师，我们可以要求自己每天看几篇英文文章，遇到好的文章可以做好标识，"凡事预则立，不预则废"，我们要做命题的有心人。第二，研究高考真题，可以先从模仿开始，比如阅读七选五，我们可以把一篇和高考真题相似的文章，加以修改，再设计选项，尽可能达到高仿真。第三，了解学生学习现状，贴近学生、关注现实命题。尽管自主命题是命题者的个体行为，但答题的却是考生。而命题的终极目的是检测学生的水平，促进学生对知识的掌握和运用，学生对试题的掌握情况也反馈出我们命题的质量，我想，越是贴近学生、贴近生活、贴近实际的试题，就越是好的试题。

命制或编制出一些原创性、高质量的试题，的确不是一件很容易的事情，但我们作为教师还是要敢于去尝试，这是教师专业发展的必然要求。

命题作品案例1

完形填空命题作品：惠州市2013届高三第三次（1月）调研考试英语试题完形填空。

It was a terrible night for Lubeck and lightning flashed through the darkness over his bedroom. Before the 80-year-old ___1___ worker could count "one thousand one", he was shaken by a blast of thunder. It was 11 p.m. The storm had moved ___2___ over his two-story wood home. Then he heard the smoke ___3___ ringing. Lubeck rushed ___4___ barefoot to investigate. The flames from a fire, most likely caused by lightning, exploded out. Lubeck fled back upstairs to call 911. But the phone didn't ___5___, and when Lubeck tried to go down outsides, he was stopped by a wall of flames.

Lubeck realized he was ___6___ . His young granddaughters, who lived with him, were ___7___ for the night. His house was three miles off the main road and so well hidden by pines that Lubeck knew calling for help would be ___8___ .

Up a hill about a third of a mile away lived Lubeck's __9__ neighbors, Wentworth and his wife. When it occurred to him that the sound was more like a smoke detector, Wentworth jumped out of bed, grabbed a wireless phone and a flashlight, and __10__ down the hillside toward the noise.

Wentworth called out, "Is anyone there?" as he __11__ the house. Then he heard, "Help me! I'm trapped!" coming from Lubeck's balcony （阳台）. Inside the house, windows broke up all around him. After one more __12__ inside the house, he gave up and there was no __13__ to get to him. Suddenly, he noticed a ladder. He dragged it over to the balcony and pulled Lubeck down just as the second floor of the house collapsed.

Within the year, Lubeck and his family __14__ the house at the site of the fire. Wentworth and Lubeck don't run into each other __15__ , but Lubeck now knows that if he ever needs help, Wentworth will be there.

1. A. excited   B. tired   C. retired   D. relaxed
2. A. directly   B. slightly   C. slowly   D. smoothly
3. A. packet   B. alarm   C. box   D. chimney
4. A. forwards   B. upstairs   C. towards   D. downstairs
5. A. work   B. use   C. call   D. make
6. A. rescued   B. shocked   C. beaten   D. trapped
7. A. present   B. away   C. alive   D. active
8. A. helpful   B. careless   C. fruitless   D. regretful
9. A. farthest   B. closest   C. kindest   D. deepest
10. A. headed   B. handed   C. escaped   D. landed
11. A. got   B. arrived   C. approached   D. walked
12. A. thought   B.experiment   C. chance   D. attempt
13. A. key   B. idea   C. way   D. doubt
14. A. reminded   B. rebuilt   C. repeated   D. recalled
15. A. rarely   B. occasionally   C. commonly   D. regularly

参考答案：1～5 CABDA　　6～10 DBCBA　　11～15 CDCBD

高考真题：2012年普通高等学校招生全国统一考试（四川卷）完形填空。

Lightning flashed through the darkness over Sibson's bedroom skylight （天

窗）.Sibson was shaken by a clap of thunder ___21___ he knew what was happening. The storm had moved directly ___22___ his two-story wooden house. Then he heard the smoke alarm beeping.

Sibson rushed down the stairs barefoot to ___23___ ; he opened the door to the basement（地下室）, and flames ___24___ out. Sibson ran back upstairs to call 911 from his bedroom. "I felt ___25___ because the room had a separate outdoor stairway," he explains.

But the phone didn't work, and when he tried to go down the outdo or stairway, he was ___26___ by a wall of flames. Sibson realized he was trapped（困住）.

Sibson's house was three kilometers ___27___ the main road and was so well hidden by trees that he knew calling for help would be ___28___ .

Up a hill nearby lived Sibson's neighbor, Huggons. He was lying in bed when something like a smoke alarm ___29___ his ears. He jumped out of bed, took his ___30___ and flashlight, a headed down the hillside toward the ___31___ . That was when he saw the rolling heavy smoke.

Huggons dialed 911, and the operator warned him not to ___32___ the house. But Huggons said, "There is no way I am going to listen to Sibson ___33___ and dic in that fire."

"Anyone there?" Huggons called out. Then he heard "Help! I'm trapped!" coming from the second floor balcony（阳台）. He entered the house, but soon had to run back to catch his ___34___ .

After one more ___35___ inside the house, Huggons gave up and ___36___ around back.

The wind parted the smoke just ___37___ for him to catch sight of Sibson. But there was no way to get to him. He ___38___ the flashlight into the woods and noticed a ladder. He took it over to the balcony and ___39___ Sibson down just as the second floor of the house fell off.

Sibson is still ___40___ when he tells the story. "I was alone that night, " he says, "Then I heard the most beautiful sound in my life. It was Huggons."

21. A. before   B. while   C. since   D. until

22. A. on   B. in   C. through   D. over

23. A. hide　　　　　B. wait　　　　　C. check　　　　　D. escape

24. A. moved　　　　B. gave　　　　　C. went　　　　　D. exploded

25. A. safe　　　　　B. worried　　　　C. glad　　　　　D. tired

26. A. burned　　　　B. stopped　　　　C. shocked　　　　D. covered

27. A. beside　　　　B. off　　　　　　C. across　　　　　D. along

28. A. limited　　　　B. false　　　　　C. fruitless　　　　D. regretful

29. A. struck　　　　B. missed　　　　C. touched　　　　D. passed

30. A. coat　　　　　B. key　　　　　　C. basin　　　　　D. phone

31. A. noise　　　　　B. road　　　　　C. smoke　　　　　D. danger

32. A. search　　　　B. enter　　　　　C. leave　　　　　D. damage

33. A. call　　　　　B. roll　　　　　　C. scream　　　　　D. sigh

34. A. breath　　　　B. attention　　　C. ladder　　　　　D. flashlight

35. A. stay　　　　　B. chance　　　　C. thought　　　　D. attempt

36. A. climbed　　　B. circled　　　　C. looked　　　　　D. jumped

37. A. clear　　　　　B. open　　　　　C. enough　　　　D. fit

38. A. led　　　　　B. put　　　　　　C. drove　　　　　D. shone

39. A. persuaded　　B. kicked　　　　C. pulled　　　　　D. forced

40. A. nervous　　　B. surprised　　　C. proud　　　　　D. thankful

参考答案：21～25ADCDA　　26～30 BBCAD　　31～35 ABCAD

36～40 BCDCD

Hometown Heroes: Saving a Neighbor's Life

There was no way he was going to listen to his neighbor scream and die in the burning house, so he told the 911 dispatcher he was going in.

by Melody Warnick from Reader's Digest Magazine | May 2012

Lightning flashed through the darkness over Donald Lubeck's bedroom skylight. Before the 80-year-old retired international aid worker could count "one thousand one," he was shaken by a blast of thunder. It was 11 p.m. The storm had moved directly over his two-story wood home in the rural town of Belchertown, Massachusetts. Then he heard the smoke alarm beeping. Lubeck padded down the stairs barefoot to investigate; he opened the door to the basement, and flames exploded out.

The sudden gust from the doorway instantaneously created an inferno from a smoldering fire, most likely caused by lightning, in the basement fuse box. His face and hair singed, Lubeck fled back upstairs to call 911 from his bedroom. "I felt safe because the room had a separate outdoor stairway, " he explains. "I was counting on that."

But the phone didn't work, and when Lubeck tried to go down the exterior stairway, he was stopped by a wall of flames. "I started panicking, " he says.

Lubeck realized he was trapped. His daughter and young granddaughters, who lived with him, were away for the night. No one will even know I'm home, he thought. His house was three miles off the main road and so well hidden by pines that Lubeck knew calling for help would be fruitless.

"I could hear the fire moving through the house—boom, crash, bang, boom—and you know it's coming for you, " Lubeck says. "The thing that got me was to die alone. Not to say goodbye to someone."

Up a hill about a third of a mile away lived Lubeck's closest neighbors, Jeremie Wentworth and his wife. Wentworth had been lying down listening to crickets chirping when it occurred to him that the sound was more like a smoke detector. He jumped out of bed, grabbed a cordless phone and a flashlight, and headed down the hillside toward the noise. That's when he saw the roiling mountain of black smoke.

He dialed 911, then called out, "Is anyone there?" as he approached the house. Wentworth knew that Lubeck lived in the house, and the two men were friendly.

Then he heard, "Help me! I'm trapped!" coming from the balcony off Lubeck's bedroom. On the phone, the 911 dispatcher warned Wentworth not to enter the house. "But there was no way I was going to listen to Don scream and die in that fire, " he says. "I told the dispatcher, 'I'm sorry, but I'm going in.'"

Inside the house, windows shattered all around him. "I was yelling, 'Don, where are you?' Then I had to run outside to catch my breath."

After one more attempt inside the house, he gave up and circled around back. The wind parted the black smoke just enough for him to glimpse Lubeck on the second-floor balcony. But there was no way to get to him. "I shined the flashlight into the woods next to an old shed and noticed a ladder, " says Wentworth. He dragged it over to the balcony and pulled Lubeck down just as the second floor of the house collapsed.

Within the year, Lubeck and his family built a new two-story wood house at the site of the fire. Wentworth and Lubeck don't run into each other regularly, but Lubeck now knows that if he ever needs help, Wentworth will be there.

Lubeck still chokes up when he tells the story. "I was alone, " he says, "Then I heard the most beautiful sound in my life. It was Jeremie."

命题作品案例 2

完形填空命题比赛参赛作品：2014年惠州市英语高考模拟命题比赛一等奖。

Advertisements do offer information. They tell you about ___1___ and services. However, no one is sure when advertising first started. It is ___2___ that it grew out of the discovery that some people did certain kinds of work better than others did them. That led to the concept of ___3___, which means that people would focus on doing one specific job.

Let's take a man we'll call Mr. F, for example. He did everything connected with ___4___. He planted seeds, harvested and sold his crops. At the same time, he did many other jobs on the farm. However, he didn't make the ___5___ for his house, or make the plows（犁）a farm needs. ___6___, he got them from people who specialized in doing each of those things.

Suppose there was another man called Mr. P. Using what he knew about farming and working with iron, Mr. P ___7___ a plow that made farming ___8___. Mr. P did not like farming himself and wanted to specialize in making ___9___ good plows. Perhaps, he thought, other farmers will ___10___ what they grow for one of my plows.

How did Mr. P let people know what he was doing? He advertised, ___11___. First he opened a shop and then he put up a sign outside the shop to ___12___ customers. That sign may have been a plow carved into a piece of wood. It was also probably all the ___13___ people needed to find Mr. P and his good plows.

Many historians believe that the first outdoor signs were ___14___ about five

教师：思而促学

thousand years ago. Shopkeepers would carve into stone, clay, or wood ___15___ for the products they had for sale. Even before most people could read, they understood such signs.

1. A. shoes   B. goods   C. clothes   D. gloves

2. A. strange   B important   C. certain   D. possible

3. A. observation B. attention   C. specialization D. combination

4. A. farming   B working   C cooking   D. growing

5. A. cakes   B. nets   C. bricks   D. flowers

6. A. Otherwise B. Instead   C. Therefore   D. Often

7. A. noticed   B. discovered   C. invented   D. developed

8. A. worse   B. better   C. richer   D. easier

9. A. really   B. generally   C. commonly   D. sincerely

10. A. buy   B. trade   C. take   D. send

11. A. fi nally   B. naturally   C. exactly   D. surprisingly

12. A. attract   B. excite   C. please   D. amuse

13. A. names   B. plows   C. information   D. roads

14. A. watched   B. touched   C. studied   D. used

15. A. symbols   B. decorations   C. souvenirs   D. gifts

参考答案：1~5 BDCAC 6~10 BCDAB 11~15 BACDA

命题材料原文来自美国书籍 *Advertising in Action* 的第一章节 When did it start? 作者是 C. P. Constantine。

No one knows for sure when advertising first started. It is possible that it grew out of the discovery that some people did certain kinds of work better than others did them. That led to the concept of specialization, which means that people would specialize, or focus on doing one specific job.

Let's take a man we'll call Mr. Fielder, for example. He did everything connected with farming. He planted seeds, tended the fields, and harvested and sold his crops. At the same time, he did many other jobs on the farm. However, he didn't make the bricks for his house, grind the wheat for his flour, or cut his trees into boards. He also did not make the plows（犁）, the work boots or any of other hundreds of things a farm needs. Instead, he got them from people who specialized in doing each of those things.

Suppose there was another man we shall call Mr. Plowright. Using what he knew about farming and working with iron, Mr. Plowright invented a plow that made farming easier. Mr. Plowright did not really like farming himself and wanted to specialize in making really good plows. Perhaps, he thought, other farmers will trade what they grow for one of my plows.

How did Mr. Plowright let people know what he was doing? Why, he advertised, of course. First he opened a shop and then he put up a sign outside the shop to attract customers. That sign may have been no more than a plow carved into a piece of wood and a simple arrow pointing to the shop door. It was probably all the information people needed to find Mr. Plowright and his really good plows.

Many historians believe that the first outdoor signs were used about five thousand years ago. Even before most people could read, they understood such signs. Shopkeepers would carve into stone, clay, or wood symbols for the products they had for sale. People knew that they would not find a plow in a shop with the picture of a boot carved on its sign.

修改后的命题文章：

Advertisements do offer information. They tell you about goods and services. However, no one is sure when advertising first started. It is possible that it grew out of the discovery that some people did certain kinds of work better than others did them. That led to the concept of specialization, which means that people would focus on doing one specific job.

Let's take a man we'll call Mr. F, for example. He did everything connected with farming. He planted seeds, harvested and sold his crops. At the same time, he did many other jobs on the farm. However, he didn't make the bricks for his house, or make the plows（犁）a farm needs. Instead, he got them from people who specialized in doing each of those things.

Suppose there was another man called Mr. P. Using what he knew about farming and working with iron, Mr. P invented a plow that made farming easier. Mr. P did not like farming himself and wanted to specialize in making really good plows. Perhaps, he thought, other farmers will trade what they grow for one of my plows.

How did Mr. P let people know what he was doing? He advertised, naturally. First he opened a shop and then he put up a sign outside the shop to attract customers. That sign may have been a plow carved into a piece of wood. It was also probably all the information people needed to find Mr. P and his good plows.

Many historians believe that the first outdoor signs were used about five thousand years ago. Shopkeepers would carve into stone, clay, or wood symbols for the products they had for sale. Even before most people could read, they understood such signs.

命题作品案例 3

（2015年惠州市英语高考模拟命题比赛一等奖）

命题材料原文：

Carly Zalenski：Helping Kids in Ho Chi Minh City

In two years, 14-year-old Carly had raised $50, 000, a sum that was matched by the Vietnam Children's Fund.

Carly Zalenski's cycs filled with tears as the dusty bus rattled down a dirt road in southern Vietnam. The 14-year-old and her family had traveled by plane from Canton, Ohio, to Ho Chi Minh City and then by bus deep into the Mekong Delta. Now, as they approached the village, hundreds of cheering schoolchildren lined the entrance to the Hoa Lac School, a two-story concrete building that Carly had raised money for.

Carly started helping others when she was eight, handing out Thanksgiving baskets at church to families in need. It was a snowy day, and she saw that one girl was wearing flip-flops and others didn't have warm coats. The next November, she went door-to-door asking for used coats, hats, gloves, and scarves, then handed them out with the baskets.

But Carly wanted to do more—she wanted to "change lives," she says. She remembered that her grandmother's Rotary club had, years earlier, raised money to build a school in Vietnam. That was it, she decided. She'd build a school too.

She put together a PowerPoint presentation on the people and culture of

Vietnam. At 12, barely able to see over the podium, she gave her first fund-raising pitch. Though her new braces made it hard to enunciate, she spoke with enthusiasm.

"The kids in rural Vietnam don't have decent schools, " she told a room of 200 Rotarian. "That's not fair. I want to give them a place to make their lives better."

That summer, Carly set off with her family across Ohio, visiting three or four Rotary clubs a week. "We traveled like crazy people to all these meetings, " recalls her mother, Kris.

The first few sessions yielded no donations. But one night, Carly and her dad, Fred, pulled up to a rundown building in Minerva, Ohio. Carrying a laptop, a projector, and a portable screen, they traipsed through a bar to a darkened back room where 15 Rotarian were sitting around a long table. There was dead silence and blank stares after Carly had finished. Fred thought, This is never going to work. Then someone made a motion: "Let's give this girl a check right now." Minutes later, an elated Carly walked out with her first donation：$500.

Not everyone was wild about the idea of giving back to a Communist country. "Why should we help Vietnam?" asked one veteran. Carly replied simply, "They're kids. And I'm just a kid who wants to help out."

As word spread, individual donors sent checks for as little as $5. A restaurant chain contributed $1, 000. Carly's karate teacher organized a tournament that netted $4, 000. A Bible camp chipped in to help buy 500 backpacks for the children.

In two years, Carly had raised $50, 000, a sum that was matched by the Vietnam Children's Fund. At the dedication ceremony in Hoa Lac, the school principal was impressed with the ninth grader. "How wonderful, " he said through a translator, "that a girl her age wanted to do something for kids so far away."

改编后的文章：

Candy's eyes filled with tears as the bus drove down a dirt road in southern Vietnam. The 14-year-old and her family had traveled by plane from New York, and then by bus deep into the Mekong Delta. Now, as they approached the village, hundreds of cheerful schoolchildren lined the entrance to the Hope School, a two-story building that Candy had raised money for.

Candy started helping others when she was eight. She went door-to-door asking for used coats, hats, and gloves, and then <u>handed</u> them out to families in <u>need</u>.

But Candy wanted to do more. She <u>clearly</u> remembered that her grandmother's club had, years earlier, raised money to build a school in Vietnam. That was it, she decided.

At 12, she began her fund-raising speeches, with a PowerPoint <u>presentation</u>. She told a room of 100 club members that the kids in <u>rural</u> areas of Vietnam didn't have decent schools and that's not fair. When asked why she shall help the poor children, Candy replied <u>simply</u>, "They're kids. And I'm just a kid who wants to help out."

That summer, Candy set off with her family across New York, visiting three or four clubs a week. At first, they <u>received</u> no donations. But one night, Candy and her dad, Fred, carrying a laptop, a projector, and a <u>portable</u> screen, walked into a bar where 20 club members were sitting around a long table. There was dead <u>silence</u> after Candy had finished her presentation. Fred thought, this was never going to work. Then, <u>hopefully</u>, someone made a motion: "Let's give this girl a check right now." Minutes later, Candy walked out with her first donation: $500.

In two years, Candy had <u>collected</u> $50, 000 for the school. At the opening <u>ceremony</u>, the school principal was impressed with the ninth grader.

原创的完形填空：

Candy's eyes filled with tears as the bus drove down a dirt road in southern Vietnam. The 14-year-old and her family had ___1___ by plane from New York, and then by bus ___2___ into the Mekong Delta. Now, as they approached the village, hundreds of ___3___ schoolchildren lined the entrance to the Hope School, a two-story building that Candy had raised money for.

Candy started helping others when she was eight. She went door-to-door asking for used coats, hats, and gloves, and then ___4___ them out to families in ___5___.

But Candy wanted to do more. She ___6___ remembered that her grandmother's club had, years earlier, raised money to build a school in Vietnam. That was it, she decided.

At 12, she began her fund-raising speeches, with a PowerPoint ___7___. She told a room of 100 club members that the kids in ___8___ areas of Vietnam didn't have decent schools and that's not fair. When asked why she shall help the poor children, Candy replied ___9___, "They're kids. And I'm just a kid who wants to help out."

That summer, Candy set off with her family across New York, visiting three or four clubs a week. At first, they ___10___ no donations. But one night, Candy and her dad, Fred, carrying a laptop, a projector, and a ___11___ screen, walked into a bar where 20 club members were sitting around a long table. There was dead ___12___ after Candy had finished her presentation. Fred thought, this was never going to work. Then, ___13___, someone made a motion: "Let's give this girl a check right now." Minutes later, Candy walked out with her first donation：$500.

In two years, Candy had ___14___ $50, 000 for the school. At the opening ___15___, the school principal was impressed with the ninth grader.

1. A. visited   B. traveled   C. experienced   D. arrived
2. A. far   B. close   C. deep   D. long
3. A. cheerful   B. skillful   C. careful   D. beautiful
4. A. carried   B. helped   C. turned   D. handed
5. A. work   B. effect   C. use   D. need
6. A. clearly   B. quickly   C. actively   D. exactly
7. A. introduction   B. presentation   C. instruction   D. decoration
8. A. urban   B. civil   C. rural   D. rich
9. A. simply   B. difficultly   C. easily   D. warmly
10. A. accepted   B. received   C. prepared   D. created
11. A. comfortable   B. portable   C. reasonable   D. favorable
12. A. terror   B. noise   C. darkness   D. silence
13. A. certainly   B. actually   C. hopefully   D. practically
14. A. made   B. gave   C. collected   D. took
15. A. graduation   B. ceremony   C. memory   D. congratulation

参考答案：1～5 BCADD   6～10 ABCAB   11～15 BDCCB

命题作品案例 4

阅读七选五命题作品：惠州市二〇一六届高三第二次调研考试。

As the saying goes, you can not change the environment, but can change their own. __16__ You can not change the past, but can be changed now.

__17__ Winners will put setbacks and difficulties down to the imperfection of personal ability and experience, to emphasize the inherent factors, and they are willing to continuously improve and develop the right direction. However, the losers are always emphasizing external and uncontrollable factors that have created the position of their life. __18__ They always complain, wait and give up!

In many cases, it is a humble person who looks down upon his own. A priori condition, such as one's appearance and family, can't be changed, but at least the inner state and the spirit of the will are entirely under their own control.

__19__ There is nothing absolutely bad, but the mentality of the absolutely poor people. If even the state of mind will not be adjusted, how they deal with things more complicated than the mentality of it!

__20__ Passion put to work and numbness to work are completely different. Failure is seldom because we do not have the strength, but always because we are susceptible to all around us, and get used to going along with the lack of assertive, unstable attitude, and easily frustrated reason. As long as we change our attitude and face a number of disappointments in life bravely, we can feel the power of attitude, which decides the height of the final decision.

A. Only when we are the masters of our own, can we do everything well.

B. They will blame on injustice of the opportunity and the environment.

C. Mentality is the final decision of life high.

D. You can't change the facts, but can change attitudes.

E. As long as we try our best, we can be successful.

F. No matter what the situation, a person's attitude is very important.

G. The difference between successful people and the losers lies in their mind.

让课题成为破解难题的一把利器

　　我可能比较幸运，刚参加工作后不久就开始接触课题研究。我记得最早是在2006年，参与熊纬洲老师主持的课题"高中英语教学评价的研究"，当时觉得课题就是很高大上的东西，因为不是主持人，很多事情也轮不到我做，第一个课题就这样在不知不觉中结题了。2007年，我参与了王拙老师主持的课题"师生互动论在高中英语课堂教学中的应用研究"，当时他是我们的教研组长，可能是看我年轻，他把做课题方案的任务交给了我，只有当事情落到自己头上才知道什么叫痛苦，我只好硬着头皮开始写课题的方案。说实在的，当时我连互动论是什么都不清楚，只好在网上不停地查找各种概念和理论，勉强完成了课题方案，具体写了些什么现在已经完全没有印象了。2008年，我参与了郭冠东主任主持的"高中英语高效课堂同步讲学稿的研究"，从那时起开始对课题研究有了一点了解，也是在郭冠东主任的指导下，我慢慢走上了教研之路。

　　2012年，我开始第一次主持了县立项课题"高中英语写作微技能训练的研究"，并在2014年顺利结题。2013年，我参与李凤兰老师主持的广东省小课题"高中生英语晨读实效性研究"并荣获广东省小课题一等奖。同年，我主持市立项课题"写作策略在高中英语写作教学中的运用"，并在2016年顺利结题。2017—2020年，我参与何飞华老师主持的市立项课题"范文诵读研习策略在高中英语写作教学中的运用"。在课题的研究中，我逐渐意识到课题研究对教师专业成长的重要性。当我们面对教学中的困惑时，我们就可以把困惑作为一个选题，联合几个教师一起来研究这个困惑，寻找解决的办法。

　　2021年，我主持县立项课题"互动视角下高中英语读后续写'五步写作法'"和主持市立项课题"基于学科核心素养的高中英语校本课程开发与实践的研究"，目前，这两个课题已经完成中期检查。2022年，我主持的省级课题"基于惠东乡土资源的高中英语校本课程开发与课堂实施的研究"已成功立项并开题。主持这些课题一方面是想通过课题研究加强自身的教研能力和教研水平，另一方面也是想通过课题研究带领一批年轻教师参与教研，促进他们的成长，正所谓"独行速，众行远"。

一路走来，我的个人成长受益于这些大大小小的课题研究。有时，我也在想，作为高中教师，为什么要开展课题研究呢？我想应该有以下几方面的原因。

一是课题研究可以促进教学质量的提升。通过开展课题研究，教师能够深入学科知识，并研究教学方法和策略，从而提高教学质量。研究结果可以帮助教师更好地理解学生的学习需求，掌握有效的教学策略，提升课堂教学效果。

二是课题研究可以使自己更好地参与到教育教学改革中。课题研究的开展也是推动教育教学改革的重要方式之一。教师通过课题研究可以发现问题、分析问题，并提出相应的解决方案，有助于推动课程改革、教学方法改革和教育政策改革，促进学生全面发展。

三是课题研究可以更好地促进个人的专业发展。通过开展课题研究，教师能够深入研究学科知识和相关领域的理论，提高专业素养，不断探索和学习最新的教育理论和实践，提高自己对学科的理解和把握能力。课题研究不仅要求教师有独立思考和解决问题的能力，也要求教师学习和应用各种教学方法和策略。

四是课题研究有利于教师与科组其他同事的合作交流。同时，教师的课题研究也有助于学科的发展和建设。教师可以通过课题研究的过程与其他教师、专家进行交流与合作，形成学科群体，共同推动学科的进步和发展。

作为一线教师，我们在教学中往往会遇到各种教学问题，如何解决这些问题往往成为制约我们成长的瓶颈，以问题为导向，开展课题研究是破解教学问题的重要手段和方式。对于很多教师而言，开展课题研究具有较大的挑战性，以下是我就如何开展课题研究的几点思考。

第一步：确定课题研究的方向。教师可以根据教学实践中遇到的问题、教育政策的变化或学科发展的需求等来选择研究方向。

第二步：制订课题研究计划。教师根据选题的方向制订一个明确的研究计划，计划包括研究目标、研究内容、研究方法和研究进度等。同时，也要考虑到资源的限制，确保研究计划的可行性。

第三步：课题申请立项，立项通过后要撰写开题报告，邀请专家对课题的可行性进行论证。

第四步：课题的开展。根据研究计划，教师需要收集相关的数据和资料。数据收集可以通过问卷调查、实地观察、深入访谈、文献研究等不同的方法来进行。收集到的数据需要进行系统的整理和分析，以获得有意义的结论。

第五步：课题结题。根据研究过程和结果，教师需要撰写研究报告，清晰地阐述研究的目的、过程和结果。

以"基于惠东乡土资源的高中英语校本课程开发与课堂实施的研究"的开题报告为例。

一、课题题目

本课题题为"基于惠东乡土资源的高中英语校本课程的开发与课堂实施"，该课题包含三个关键词：惠东乡土资源、校本课程开发和课堂实施。

二、研究内容

在我国实施新课改的过程中，将课程分为国家、地方和学校三级课程，其中校本课程是以学校为基础，由学校根据自身实际所确定的课程，是国家课程与地方课程的有效补充与拓展。本课题"基于惠东乡土资源的高中英语校本课程的开发与课堂实施"是以惠东的本土资源为出发点开发一门适合高中生学习的校本课程，作为对国家课程的有效补充。在校本课程的开发与实施过程中，课题组以以下几点为立足点：①核心素养；②学校精神文化；③教师的课程意识、课程能力和个性；④学生的主体性和个性；⑤校本课程开发的资源地方性和特色性等。同时，从这些立足点中也反映出本课题的研究是以人为本、全面发展、个性化发展、特色化内涵化发展等作为教育教学教研思想、理念及特色等。

惠东拥有丰富的乡土文化资源，在自然风光方面有巽寮湾、双月湾、海龟湾等；在人文景观方面有平海古城、皇思扬古村落、范和罗冈围屋等；在文化风情方面有惠东渔歌、象棋文化、鞋文化等；在特色美食方面有梁化梅菜、多祝月饼等；在红色文化方面有高潭中洞革命历史等；在绿色种植方面有惠东岩茶等。在平时的课堂教学中，课题组发现大部分学生对惠东本土文化了解不多，缺少对家乡的探索与热爱。为了更好地帮助学生树立文化自信，弘扬优秀的传统文化，课题组决定开展"基于惠东乡土资源的高中英语校本课程的开发与课堂实施"的研究。

本课题研究的主要内容包含两个方面：一方面是开发一本以惠东乡土资源为基础的校本课程，校本课程的基本框架如下：以Colorful Huidong（五色惠东）为主题的校本课程目标，分别以Red Huidong（红色惠东）、Blue Huidong（蓝色惠东）、Green Huidong（绿色惠东）、Purple Huidong（紫色惠东）、Orange Huidong（橙色惠东）为基本框架。Red Huidong（红色惠东）以惠东的红色革命历史文化为主，培养学生的爱国情怀；Blue Huidong（蓝色惠东）以惠东的海洋资源为主，让学生了解海洋和海洋生物，培养学生热爱海洋和保护海洋环境的意识；Green Huidong（绿色惠东）以惠东的岩茶、马铃薯和梅菜种植为主，让学生了解农作物种植和相关农业知识；Purple Huidong（紫色惠东）以惠东的风力发电和核电站为主，让学生了解相关的科学知识，激发学生热爱科学的热情；Orange Huidong（橙色惠东）以惠东的人文艺术为主，比如惠东的渔歌、惠东的围屋等，让学生了解惠东现存的人文资源，传承惠东的"非遗文化"。

另一方面是本课题开发出的校本课程的实施，课题组计划依托普通高中教科书人教版高中英语新教材，把本校本课程与新教材的相关话题进行有效融合并拓展延伸，从而开展对本校本课程的课堂实施。人教版高中英语新教材中包含很多有关文化、自然风光、美食等话题的主题单元，据统计在人教版高中英语新教材中与计划开发的校本课程相关话题的单元有14个，分别为：必修一Unit2 Traveling around，必修二Unit1 Cultural Heritage，必修二Unit4 History and Traditions，必修二Unit5 Music，必修三Unit1 Festivals and Celebrations，必修三Unit3 Diverse Cultures，选择性必修一Unit1 People of Achievement，选择性必修一Unit3 Fascinating Parks，选择性必修一Unit5 Working the Land，选择性必修二Unit3 Food and Culture，选择性必修二Unit4 Journey Across a Vast Land，选择性必修三Unit1 Art，选择性必修四Unit2 Iconic Attractions，选择性必修四Unit3 Sea Exploration。在课堂教学中，课题组计划把校本课程作为对人教版新教材的有效补充，在课堂教学中加以实施，如人教版高中英语新教材必修一第二单元Traveling around里面包含了很多旅游的知识，从国外的景点到国内的景点，其中有两个课时Writing: A travel plan和Project: Design a travel brochure，此时，可以利用本校本课程让学生写自己假期如何在惠东开展两日游的旅游计划，或是设计一个有关惠东的旅游宣传手册，这就需要学生去发现惠东、了解惠东，从而热爱惠东。如人教版高中英语新教材必修二第一单元Cultural Heritage里讲述了文化遗产和文化遗产的保护问题，目的是引导学生正确地看待历史和文化遗产，课堂教学中可以把课本进行拓展延伸，惠东本土也有很多文化遗产，让学生去了解和保护惠东本土的文化遗产，这是非常有意义的。在人教版高中英语新教材中还有很多类似的、与本校本相关联的话题，必修二第四单元History and Traditions，可以拓展到惠东本土独特的风俗习惯；如必修二第五单元Music中可以补充让学生欣赏惠东的渔歌；选择性必修二第三单元Food and Culture可以让学生了解惠东的本土美食等。

三、研究方法

本课题主要通过让学生以研学的形式或主题调查报告的形式收集惠东乡土资源的资料，经过整理后汇编成校本课程，在实施过程中以人教版新教材为依托，在相应的主题单元以本校本课程为补充，通过课堂教学开展校本课程的实施，从而培养学生的学习能力和文化意识。

（1）调查研究法。通过问卷调查，明白学生在校本课程方面的需求，了解学生的英语学习情况等，同时，通过调查研究，让学生了解惠东的乡土资源。

（2）课例研究法。在汇总乡土资源形成有效的校本课程后，通过课例研究的方法，在课堂中展现校本课程的课例，一方面反馈本课题中所开发的校本课程是否具有实效性，是否能较好地培养学生的英语学科核心素养；另一方面探索校本课程在实施过程中的有效途径。

（3）文献研究法。一是梳理关于校本课程设计思路、教学思路、核心目标、概念界定等相关研究，从而为本课题找到理论支撑；二是研究教学案例，分析校本课程在实施中的具体情况。

四、课题组织

本课题在开展之初成立了课题研究小组，课题研究小组由7位优秀的一线教师组成，强大的师资为课题的开展提供了有力的组织保证。同时，课题组成员来自惠东高级中学、惠东县教师发展中心、惠东县综合实验学校和惠东县荣超中学，为课题的推广提供了有利条件。本课题的申报和开展得到了惠东县教师发展中心何水副主任和惠东高级中学校长王团的大力支持。

本课题"基于惠东乡土资源的高中英语校本课程的开发与课堂实施"的组织流程如下：第一步对惠东本土资源进行分析；第二步确定校本课程开发的目

教研·思而促学

标；第三步设计校本课程结构和框架；第四步制定校本课程开发方案；第五步对课题组成员进行培训，明确每个成员任务，通过"行动实践—反思改进—行动实践"的方式完成校本课程的开发；第六步分析人教版新教材，寻找结合点，在课堂中开展校本教材的实施；第七步在实施中开展对校本课程的评价与反馈。

五、课题分工

表1　课题任务项目

撰写课题的实施方案和总结报告				王象文
课题研究过程中的调研、校本课程开发、校本课程实施、评价及反馈等				课题组
项目	名称		内容	负责人
校本课程的开发	Colorful Huidong 五色惠东		Red Huidong红色惠东	王象文
			Green Huidong绿色惠东	叶老师
			Orange Huidong橙色惠东	张老师
			Blue Huidong蓝色惠东	许老师
			Purple Huidong紫色惠东	邱老师
项目	人教版新教材	话题	案例设计	负责人
校本课程课堂实施	必修一Unit2	Traveling around	Writing：A travel plan	王象文
	必修二Unit1	Cultural Heritage	Writing：A news report about cultural heritage protection	
	必修二Unit4	History and Traditions	Writing：A description of a beautiful place	邱老师
	必修二Unit5	Music	Speaking：Huidong Fishing song	
	必修三Unit1	Festivals and Celebrations	Writing：A narrative essay about a festival or celebration experience	叶老师
	必修三Unit3	Diverse Cultures	Writing：A introduction to our town	
	选择性必修一Unit1	People of Achievement	Writing：A description of someone you admire	许老师
	选择性必修一Unit3	Fascinating Parks	Writing：An introduction to a park	
	选择性必修一Unit5	Working the Land	Speaking：taking about farming	张老师
	选择性必修二Unit3	Food and Culture	Writing：A descriptive essay about one's diet	

项目	人教版新教材	话题	案例设计	负责人
校本课程课堂实施	选择性必修二 Unit4	Journey Across a Vast Land	Writing：An e-mail about a journey	董老师
	选择性必修三 Unit1	Art	Speaking：Talking about the art in Huidong	
	选择性必修四 Unit2	Iconic Attractions	Speaking：Talking about attractions in Huidong	方老师
	选择性必修四 Unit3	Sea Exploration	Speaking：Talking about the sea turtles	

六、课题进度

（一）准备阶段（2022年6—12月）

（1）组建核心成员团队，明确责任。

（2）制定课题研究的相关制度。

（3）定期召开课题组会议，统一思想，明确任务。

（4）制定课题的实施方案，做好课题开题工作。

（二）开发与实施阶段（2023年1—12月）

（1）课题组成员开展校本课程的调研工作，并收集相关材料。

（2）完成校本课程纲要，并制定校本课程开发的流程。

（3）完成校本课程的初稿，在教学实践中边开发边实践。

（4）总结反思，反复修改。

（三）总结阶段（2024年1—6月）

（1）物化成果，出版相应的校本课程。

（2）撰写论文和课题研究总结报告。

（3）推广课题成果。

七、课题经费分配

本课题"基于惠东乡土资源的高中英语校本课程的开发与课堂实施"是广东省普通高中课程改革专项课题，我校在2021年4月成功申报广东省基础教育校（园）本教研基地项目，本课题在研究过程中以省校本教研基地项目为平台，有效地开展各项调研工作。我校省校本教研基地项目将为本课题的开展提供经费保障。本课题的经费主要用于课题调研、校本课程的设计和印制等。

八、课题预期成果

（1）开发校本课程Colorful Huidong（五色惠东），完成设计和印制。

（2）依托人教版高中英语新教材，利用校本课程Colorful Huidong（五色惠东）对人教版新教材相关主题进行有效补充，并形成课堂教学案例集。

（3）更新教师的教学观念。根据学校和县区的具体实际，满足地方、学校对学生发展的具体要求而开发的校本课程，它与国家课程有机地结合在一起，起到较好的补充作用，对实现课程模式的多样化和课程结构的优化起着重要的作用，必然会打破教师唯教材论的观念，让教师更好地理解课程改革的精神，从而更新教学观念，提高专业水平和能力。

（4）为学生提供更多的选择，帮助学生实现有个性的发展。提倡把校本课程资源作为综合性学习的载体，在促进学生获得基本的技能以及学习能力的同时，满足学生的差异性特点和多元化需求，为学生提供更多的课程选择，有助于学生的个性得到更充分和更主动的发展。

（5）加强学校的校本课程建设，有效促进学校的特色发展和内涵发展。加强校本课程与地方社会发展、学生社会生活的联系，优化基础教育的课程结构，增强学校和学生的适应性，使校本课程的设置与县区的发展相适应，形成我县基础教育课程的地方特色，促进学生的发展，提升教师的专业化发展水平，从而促进学校的特色化发展，有利于学校高质量发展和内涵发展。

让学习成为自我成长的一条捷径

我常常打趣说，教研之路就是一个人和一群人的共同成长之路。我们作为教师，抱团而行是快速成长的一条有效途径。需要"抱团而行"的方面有很多，包括组建学习团队并形成学习共同体。因而，"抱团学习"是非常有意义的一件事。

教师往往是知识的象征，一个不学习的教师怎么会教好一个爱学习的学生？的确，教师不管在哪个层面，都应该是热爱学习的象征。但很多时候，热爱学习往往只是针对学生的要求，很少成为教师的追求。说实在话，在我们的身边，如果有几个热爱学习的同行，那他们一定是优秀的教师。教师的各类培训现在越来越多，很难把教师的"学习"和"热爱"相关联，更多的是"被学习"，进而"被成长"。我想，既然做不到"热爱学习"，那么"被学习"也不失为一件好事。

对于我而言，我意识到作为教师要坚持读书的重要性，读书应该是教师成长道路中非常重要的一部分。由于每天比较忙，似乎没有时间去读书，这好像是一个借口。说真的，我看的书不是很多，但我喜欢听书，我最喜欢的App应该是"得到"了，每天下午无论散步还是跑步，我总会打开"得到"，哪怕是要付费，我也毫不犹豫。在我的意识中，我认为知识比金钱重要，特别是对于教师而言。所以，每年我都花2000元左右在"得到"上，一边跑步，一边听课，从历史、哲学、社会到管理等。这几年坚持下来，我觉得自己还是受益匪浅的。

的确，一个人学习是一件很辛苦、很考验耐力和意志力的事情，但作为一个团队，大家一起学习，学习则变成了相对轻松的一件事。所以，作为教师，我的建议是不管"主动学习"还是"被动学习"，抱团儿学习是一种非常可行的学习方式。回想起来，我的成长过程离不开团队的帮助，常规的学

教研：思而促学

习团队当然就是我们的英语备课组和英语科组，这是最基本的教研共同体。同时，2015年在惠东县教育局和惠东县商务局的支持下，我们成立了惠东县英语翻译工作者协会，我有幸担任会长，结成了英语爱好者的学习共同体。2018—2021年，我参与惠东县首届名师工作室，并成为高中英语名师工作室主持人，因而聚集了惠东县一批优秀的教师，共同学习、共同探讨、共同成长。2021年我参与了惠州市"1+N"头阵计划和广东省邓少美名教师工作室，每一次学习、每一次交流，都是思想的碰撞，激励着我不断地成长。

作为惠东县高中英语名师工作室的主持人，我承担着县里的教研任务，包括县高中英语优质课的评委、县优秀论文评选的评委等，每一次活动，都是一次成长。记得有一次参与县优秀论文评选活动，由于时间紧，第二天要交任务，我当天晚上一直工作到深夜两点，每一篇论文都要写点评，要对上交论文的教师负责。我害怕有所疏漏，有些论文要看几遍，虽然辛苦，但也收获满满。经过三年的团队学习，工作室成员成长很快，都成了惠东县的骨干教师。

2021年当我参加惠州市"1+N"头阵计划和广东省邓少美名教师工作室时，有的同事不解地问我："你都做了一轮工作室主持人了，还参加这些团队干什么？"我只好笑笑说："大家一起学习比较开心哦。"的确，作为教师，我们一直在学习的路上，生命不息，学习不止。这个时代变化太快，我们所需要学习的东西太多了，如果不学习，就会自我封闭，封闭的结果就是盲目自大。我不想让自己停滞不前，所以我选择了团队，有了团队，就能够和志同道合之人一起行走在风景线上。我还记得在参加广东省邓少美名教师工作室时，邓少美老师要求我们每次学习完都要做一个美篇，我以前也没做过美篇，只好从头开始。当发现美篇需要购买超级会员才能做出更好的效果时，我毫不犹豫地成为美篇的超级会员，我认为没有比学习和掌握新知识更有意义的事情了。2022年有一次在线学习和一个会议发生冲突，没有办法，我只好找同事帮我录屏线上会议内容，然后晚上再回看录屏，一边学习一边做记录，然后写心得，做美篇。一段时间以后，当我再次打开美篇时，一种成就感油然而生。

总之，学习是一种态度，也是一种生活方式。作为教师，我喜欢这种简单而充实的生活。

管理：
有条不紊

管理也是一种教育，年级管理就是规范学生的行为、激励学生的心灵、实现学生的教育和成长。

如何在学习上突破自我

——二〇一九届高一上学期第二次阶段考试表彰大会发言稿

亲爱的同学们：

回想九月，青春的你们，带着青春的梦想，迈进惠东高级中学这所神圣的求学殿堂。时间已经过去两个多月了，我们也经历了两次阶段考试，在这两个多月的时间里，我们感受到了高级中学的学习氛围和高中学习生活的新特点。今天下午我们在这里召开高一年级大会，为的是表彰优秀、分享经验、反思自己，从而帮助同学们有新突破。

第一项：对在第二阶段考试中表现优异的同学进行表彰

成绩突出的同学和成绩有明显进步的同学，你们用自己的实际行动向父母证实了你们的努力，向老师证实了你们的实力，向同学们证实了你们的付出。你们是我们在座所有同学学习的榜样。我代表全体老师向你们表示诚挚的祝贺。

第二项：学生代表发言

（12）班陈同学，在本次考试中获得总分864分年级第一名的优异成绩。（13）班黄同学入校的排名为六百二十三名，在本次考试中年级排名三十二名，英语单科136分，年级第一名。下面让我们来听听这两位同学是如何在学习上突破自我的。

第三项：讲话主题——如何在学习上突破自我

冠军毕竟只有一个，对于大多数同学来说，我们在向成绩突出的同学表示祝贺的同时，更多的是要从他们的成功中对照和反思自己的差距，看一看我们的学习态度是否端正、学习目标是否明确、学习方法是否得当、学习的效率是否高效、学习的时间是否充足。第二次阶段考试已尘埃落定，一切似乎又归于平淡，但你是否静下心来，仔细想过，目前，自己的优势是什么，劣势又是什么？你是否已找准了自己的位置，离你想达到的目标还有多远？我认为考试最大的目的并不是最后的分数，而在于发现自己的不足，不断地完善自我。

学习，是一种持续努力和不断挑战自己的过程。每个人都经历着各种各样的学习经历，而如何更好地突破自我，达到自己的学习目标，则是我们共同面临的问题。下面，我将和大家分享一些关于如何在学习上突破自我的思考和方法。

第一点，勇于走出舒适区。我们常常在生活和学习中遇到一个问题，那就是我们往往选择留在舒适区，而不愿意去尝试新的知识和挑战。学习从来不是一件舒服的事情，它需要我们勇于面对陌生和困难，去走出舒适区。就拿学英语来说，很多同学想在考试中拿高分，但又不愿意花时间去记单词，花精力去背诵英语文章，总是以记忆力不好为托词。究其原因，英语学不好是因为这部分同学不愿意走出舒适区，不愿意去挑战自己。

第二点，有针对性地训练。勤奋练习是成为学霸的必要条件，但仅仅勤奋是不够的，我们还需要掌握一定的学习方法。对于高中学生而言，有针对性地训练就是比较好的比较实用的学习方法。我们做任何事情都是有规律、有方法、有套路的，只有我们掌握了这些方法并加以运用，才能达到出较好的效果。建议大家可以观察一下身边的学霸，找出他们的学习套路，并有针对性地进行练习。这样，我们才能更加高效和有效地提升自己的学习能力。

第三点，及时地调整自我。在学习的过程中，每个人都可能会出现偏离正确方向的情况。因此，及时获得反馈是非常重要的。我们需要与老师进行交流和沟通，让他们帮助我们发现问题并提供指导。比如，在英语写作时，我们可以将自己的文章给老师面批面改，老师的反馈可以让我们及时了解自己文章的优缺点，从而及时调整和改进。只有不断地调整自我，我们才能更好地成长和进步。

亲爱的同学们，学习是一条永无止境的路，活到老学到老。我们每个人都希望能够突破自我，不断提升自己的能力和水平。但是，要想在学习上突破自我，勇于走出舒适区、有针对性地训练和及时地调整自我是非常关键的。有一些同学，你们的成绩暂时不理想，但你们绝不要气馁，你们要及时调整心态，发奋努力，一样会有好的收获。实践证明：一时的落后不代表永

管理：有条不紊

远落后，但落后了不及时追赶将会永远落后。所以老师真诚地期待成绩暂时不理想的同学要努力拼搏，因为拼搏的人生才有进步、才有意义、才更加多姿多彩。

学习不能只是为了取得好成绩或者应对考试，学习是一种生活态度和追求，是一份对人生的投资。我们应该将学习视为一种享受和探索，去探寻未知世界和事物，在这个过程中不断提升自己的综合素质和能力。学习不仅是为自己的未来做准备，更是为了成为更好的自己而努力。

狠抓临界生　精准施策

——二〇一九届高二下学期本科临界生动员大会发言稿

二〇一八届的高三学生离高考还有不到90天，上周他们在操场举行了百日誓师大会。也就是说再过90天，我们就是二〇一九届的高三学生，我们还有90天加365天的时间。你是否闻到了高考的硝烟？我用"还有"，而不是"仅有"，是因为我觉得，455天的时间是很长的，还有很多的机会摆在我们面前，我们是幸运的。今天，我们在这里召开高二年级本科临界生动员大会，就是为了给大家鼓劲，给大家加油，希望我们从现在起紧张起来，全身心地投入高考备考中。同时，希望从这一刻开始，你们将得到老师们更多的关心、更加贴心的守护，轻装上阵，直至高考的胜利！

借此机会，我给大家提四点建议。

一、端正态度

"态度决定一切。"作为一名学生，要端正学习态度。我知道在座的部分同学，之所以成绩一直不见起色，关键问题出在学习态度上。比如：早上贪睡不愿起床，迟到；午饭、晚饭后不愿意进教室，进了寝室不愿意出来，即使进教室后也闲聊吵闹，东张西望，进入状态慢，无事可干；晚自习的效率不高，甚至抄袭作业；还有部分同学玩手机成瘾，总是想方设法、偷偷摸摸地在教室、在寝室玩手机。

但现实情况是，现在的你，正站在人生的第一个十字路口，我们应该权衡一下吃两年的苦与吃一辈子的苦孰轻孰重？现在的努力也许可以换来一个更辉煌的前程，一个更理想的未来，一个幸福的人生。这真的是一个利润丰厚的投资啊。不要让手机偷走了你的梦想，不要让懒惰挥霍了你的青春。在今天，对在座的各位同学来说，这句话仍然是至理名言。有的同学可能不以为然，认识不到这句话的含义。但是，十年之后或二十年之后，当你回过头来再想一想这句话时，你一定会认同这个观点。

现在，我们已经到了为自己考上理想大学而拼搏的关键时候了，我们应该拿出百倍的努力为自己打拼。要知道任何事情在这个时候都远远不如复习备考重要。所以，我们应该心无杂念，埋头苦学。

二、保持自信

相信自己，努力一定会成功。是的，有自信，就能强大。可能越接近高考，心理压力越大，越觉得困难重重。当你感到困难的时候，其实就离成功不远了。

在上次期末考试中，按照惠州市三调的画线比例，我们理科有1021人，文科有469人上了本科线，这还不包括音体美的学生。今天我们在座的是理科950名和文科400名之后的，其实在座的各位有很多都已经进入了本科线，但我们把大家都归为本科临界生，是希望大家得到更多的关注，成绩能有更大的进步。此外，我们都是高级中学的正取生，在初中你们是佼佼者，只是到了高中因为这个原因或那个原因你们退步了，但老师们相信你们是可以东山再起的。所以我希望大家对自己要充满信心。在学习中保持平常心，不要羡慕你的同桌，也不要去内疚自己对时光的虚度，希望大家按照自己的节奏安排学习，不因时间紧而手忙脚乱。要守得住寂寞，做好自己，少受外界干扰，不要在意别人的脸色。同时，注意自我调节，紧张而不慌张。

三、坚持不懈

要持之以恒，要刻苦、刻苦、再刻苦。每天按照老师的要求去做，按照自己的计划去做，要始终严格要求自己，当天的任务当天完成，不能完成时，不吃饭少睡觉也要完成，不能给自己找借口。另外，还要重视细节，多动脑、多动手、多刷题。最忌眼高手低，不然，一听就懂，一看就会，一做就错。

我们都知道一句话："人生不能输在起跑线上。"我原来就觉得这句话很有道理，后来我慢慢地明白，这句话欺骗了我十几年。大家想想，我们每个人的起跑线是不相同的，比如说我的同桌在农村上的小学，我在县城上的小学，他比我晚一年读书，我从小参加了钢琴、书法等兴趣班，等等，我们的起跑线能相同吗？现在，你和你的同桌在一个教室，在同一个跑道上，你确定你是赢家吗？我觉得不能说起跑早的就会赢，起跑晚的就会输。假如我们把高考作为终点，我们12年寒窗苦读就像一场长跑，我们都还在路上，最终结果都不得而知，关键是看谁能坚持下去。如果从每个人的一生来说，更像是一场马拉松了，在人生的跑道上，只要你坚持跑到终点，每个人都是赢家。如果说人生不能输在起跑线上，我觉得人生更不能输在途中。

"全国高考考生一样累。"几乎所有高考成功者，对高中的感受都是刻骨铭心的。这三年很苦、很累、很疲惫，我们已经走过一半了。要想金榜题名，就必须顽强拼搏、奋斗不止，就离不开很苦、很累、很疲惫这种感受。我国著名作家柳青曾说过："人生的道路虽然漫长，但紧要处常常只有几步特别是当下年轻的时候。"高二就是人生的紧要处，因为它关系到我们每一位同学未来的前途。我们要尽自己最大的努力，发挥出我们最大的潜力，爆发出我们最大的能量。希望在前，路在脚下。

四、掌握方法

"磨刀不误砍柴工"，好的方法，可以起到事半功倍的效果。在学习上也是一样，要科学地学习，要掌握科学的学习方法。有些同学经常抱怨自己成绩不好是方法不对，能够认识到方法不对你已经成功了一半，但找到适合自己的有效方法是成功的另一半。方法因人而异，但我要说的是：对于大多数同学而言，最常规的方法也是最好的方法。下面给大家推荐三点最好的方法：①勤于用错题本。每堂课都聚精会神地听讲，做笔记，把每堂课的重点、难点和疑点快速记下来，把自己平时练习中的错题记录下来，慢慢消化。②养成课前预习和课后复习的习惯。复习回顾，一定会让你受益匪浅。有人说，回顾一百次也不为多，而只能使你记忆得更牢固；因为很多问题在初学时没有深入思考，而在回顾的时候，由于时间比较充裕，所以能够将问题向各个方面拓展，起到举一反三、触类旁通的效果。③重视考试练习。我

管理：有条不紊

们每学期考试比较多，有晨练、周测、月考。我希望同学们要重视每一次考试，不管大考小考，考前都要认真准备，考后认真总结。

总之，我想告诉同学们，其实相比高考试题，最难的考卷是整个高中本身，整个高中三年的生活就是一份考卷，每天你都在完成自己的那份考卷，而你所坚持的一切其实就是最好的答卷。

青春是用来奋斗的

——二○一九届高二下学期学生大会发言稿

今天是2018年5月28日，天气凉爽，月考刚刚结束，成绩分析也已经出来了。离高考还有9天时间。我们年级本学期一直没有召开年级学生大会，就是在等待一个机会。今天就是一个好机会，今天是我们高二年级5月月考表彰暨进入高三的动员大会。

首先，我们对本次5月月考表现优异的同学进行表彰，理科前30名、文科前10名，当然这些只是你们当中的代表，还有一大批在本次月考中进步较大的同学，由于时间有限，在这次就不现场颁奖。希望在座的同学以这些同学为榜样，一定要坚信：天道酬勤，越努力，越幸运。

接下来我想与大家分享几个关键词：反思、信心、目标。

一、反思

我们经常说方向比努力更重要，的确如此，方向正确了，努力才更有效。而如何把握方向，我认为最有效的措施就是多一些反思，反思让我们更加明确自己的方向。作为老师，我会经常反思我的教学，反思每一节课的得失，反思每一阶段的得失，反思让我进步。《论语》原文是这样说的："曾子曰：'吾日三省吾身：为人谋而不忠乎？与朋友交而不信乎？传不习乎？'"作为高中生，更要懂得反思。每天晚上回到寝室可以自我总结一下，每个星期回顾一下自己的所得，特别是每次考完试总结一下得失，这是很重要的。就拿这次月考来说，以往语文科考试，阅读量7000多字，而这次阅读量增加到9000字，有些同学就做不完了；这次数学考试考的是省一模的试题，内容比较综合，有些同学就不适应了；而对于综合科，有些同学因为时间的分配不够科学而得分不高，这些都是需要我们去改变的方向。到了高三，考试更加频繁，而怎样才能让每一次考试对自己有所提升，我的建议是多一点反思，明确自己的方向。

二、信心

我想问大家一个问题：如果让你在操场跑3000米，你觉得跑到第几圈的时候是最累的？我想3000米也就是7圈半，应该是4～5圈的时候最辛苦，中间状态是最辛苦的时候。我们高二阶段就处于这种中间跑阶段，最苦的时候我们都坚持过来了，我们马上面临高三的冲刺了，大家准备好了吗？现在我们的面前有挑战，但更多的是机遇，我们马上就要全面进入第一轮复习，这是一个转折点，也是一次机会。我认为高中阶段对每个同学而言都有两次逆袭的机会，一次是高一刚入高中时，另一次就是高三一轮复习时。所以我希望在座的每个同学都要对自己有信心，已经取得进步的同学要更加努力，还在迷茫的同学要立刻清醒过来，抓住一轮复习的大好机会，打个翻身仗，成功地逆袭。

三、目标

有目标才有动力，有目标才有希望。我们希望把年级每一个同学都送到本科大学，这是我们年级的目标；我们希望能帮助班上每一个同学考上理想大学，这是我们的班级目标；那我们每个个体的目标是什么？当然因人而异。对于我们高中生而言，高中阶段，目标只有一个，努力学习，在高考中取得好成绩，分数越高越好，分数越高，选择的机会就越多。而每一个大目标都必须拆分成许多小目标，抓住机会，实现每一个小目标，就最终能实现大目标。大家知道，我们最近一个月的目标是什么吗？6月9日学业水平考试和7月5—6日二〇一九届惠州市第一次调研考试，学业水平考试大家要重视，"6+3+1"模式，利用课余时间突击。一调做点套题，全面复习综合性的知识，把知识点上升成能力，利用思维导图建立知识体系。

最后，在青春的路上，希望大家不要做"佛系"少年，摆出一副与世无争、什么都无所谓的姿态。希望大家都做狼性少年，坚信青春是用来奋斗的，趁着年轻，对自己狠一点。

成绩是奋斗出来的

——二〇一九届高考备考工作总结

2019年10月10日，也就是昨天晚上，学校在学术报告厅举行了二〇一九届高考论坛，熊主任代表年级管委会对二〇一九届的管理工作做了总结和反思，还有班主任代表和备课组长代表也做了总结发言。听着他们的发言，往事历历在目，让人感觉很亲切。

在学校领导的信任下，2016年，我担任高一年级长，开始了年级管理工作。也就是刚刚毕业的二〇一九届学生，高一高二两年我和年级管理团队一起并肩作战，虽然2019年我被派去惠东燕岭学校支教，但我一如既往地支持、关心和参与着年级的管理工作。在2019年高考中，我校教学工作充分体现了低进高出、高进优出的特点。600分以上12人，优投人数366人，本科人数1403人，本科率达88.5%。二〇一九届当年中考录取分数线为530.7分，与惠州市第一梯队8所中学相比，我校入口的生源相对较差。在优秀生源方面，我校的弱势较为明显，其中全市中考成绩前500名我校仅有2人，全市中考前1000名有16人，全市中考前3000名有110人，全市中考前4300名有176人。在上级领导的关怀下，在学校领导的带领下，在全年级师生的拼搏下，经过三年的努力，我校2019年高考成绩又有新的突破，夺得了县所有单科的第一名，优投线和本科线加工能力、综合考核成绩均列全市第一名，并荣获惠州市2018—2019学年高中教学质量一等奖！

我深深感受到这个成绩的来之不易，昨晚这些代表的发言虽然只有短短的几分钟，但我想这些是他们一年、两年甚至三年的辛勤付出的高度概括。习近平总书记说："幸福是奋斗出来的。"的确，幸福从来就不是随随便便可以得到的事情，总是和奋斗相伴。而对于高中教师而言，教学质量是生命线，优秀的高考成绩也不是随随便便就能获得的，成绩总是奋斗而来的。成功从来没有坦途，成绩都来之不易！成绩的取得凝聚了学校领导与教师团队的智慧与汗水，成绩的取得是大家齐心协力、精准分析、智慧决策、高效执行、奋勇拼搏的结果。开始年级管理工作以来，我深知管理工作的艰辛，唯有奋斗才能做出成绩，特别是这一届学生的经历让我深深感受到"成绩是奋斗出来的"这个道理。

现在回想起来，在这一届的年级管理中还是有一些做法和措施是可圈可点、值得借鉴的。下面我以2016级的年级管理为例做一个分享。

一、在年级管理工作中，目标要明确

（一）管理团队要达成一致的年级管理理念

如2016级年级管理的基本理念如下。

宗旨：面向全体，发展个性。

目标：培养三好学生（好习惯、好思维、好品质）。

级训：心止于善，行止于美。

理想：学生追求卓越，教师追求专业。

诺言：与学生一起成长。

年级管理基本思路：一个中心，三个基本点。以课堂教学质量为中心，以激发学生的潜能为出发点，以形成教师的向心力为着力点，以调动家长的积极性为增长点。

（二）年级具体目标要细化，既要有高效性，也要有可操作性

（1）高一分班时实行分层教学，分出"名校班""实验班"和"普通班"三种班型。三种班型的目标各有区别，"名校班"的目标是双一流、985、211高校，"实验班"的目标是高考优投线，"普通班"的目标是本科。

（2）在"抓两头、促中间"策略的引导下，年级组织了本科临界生辅导团队、尖子生培养团队，对本科临界生、尖子生进行了有针对性的辅导。

（3）加强目标责任管理。根据学校实际情况，高三开学初年级就把高考指标分解到各班，各班把本班指标分解到各科任教师，做到人人参与、人人管理、人人有责。

二、在年级管理工作中，具体措施要落实到位

（一）以课堂教学质量为中心

（1）集体研讨是保证课堂教学质量的前提。每周一备课组长会议，周二至周五各个备课组集体备课会议，集体研讨年级的教学工作，解决了一周中教学的重点和难点，同时制订计划，明确任务。

（2）课堂效率是保证课堂教学质量的根本。根据学生的情况，我们年级课堂教学坚持"大容量、高密度、快节奏"的原则，保证了课堂教学的高效，同时每天安排一定量的自习课，给学生足够自主学习的时间，从而使学习内容得到巩固，学习效率得到提高。

（3）强化训练是保证课堂质量的保障。每天早上25分钟的晨练，每周六两个科目的周测，每个月一次大型的月考，既是课堂教学的延伸，也是对课堂教学的反馈。特别是每次月考完后年级坚持要求教师完成两个分析：备课组考试分析和班级考试分析，总结得失，及时反馈课堂教学质量的效果，为下一步的教学指明方向。

（二）以激发学生的潜能为出发点

（1）坚持上好每周一下午的主题班会课，加强学生的励志教育、爱国教育、感恩教育等，教育学生既要成才，更要成人。

（2）每周日晚学生返校后，年级统一保管手机，每周年级保管的手机大约在700部，帮助学生抵制手机的诱惑，排除干扰。

（3）每天晚上6：50—7：10，学生有20分钟的时间观看《杂志天下》，开阔学生的视野，让学生了解国内外大事。

（4）每次月考后，年级会给各班统一准备好奖状，各班会利用班会课时间举行月考表彰大会。

（5）重视宣传工作。每次月考完，年级会及时地更新宣传栏，对理科前400名、文科前100名和进步较大的前150名学生进行张榜宣传，树立榜样，激励学生拼搏。

（6）重视假期学习任务的落实。每次放长假前，年级都会规划好假期学习任务，学生返校后及时进行检查，年级统一做好作业检查登记表，班主任把作业检查的情况反馈给家长。

（7）成立由各班班长、学习委员、体育委员组成的年级学生自律委员

会，学生自律委员会参与到年级的管理中，年级定期召开年级班干部会议，培养了一支优秀的班干部队伍。

（8）加强对本科临界生的关注。在高二期间，年级制定了本科临界生的辅导方案，安排了晚自习时间对本科临界生进行辅导，召开了两次本科临界生会议，也召开了一次本科临界生家长会议，帮助临界生树立自信，同时也为他们提供学法指导，各班也根据年级的要求加强了对本班本科临界生的关注。高三学年，年级准备为每个本科临界生建立档案。

表1 本科临界生档案

学生姓名：			班级：			指导教师：		
本学期的学习计划：								
考试成绩记录								
考试类型	语文	数学	英语	物理	化学	生物	总分	年级排名
高三上惠州市期末统考								
高三下开学考试								
第一次月考反思								
5月30—31日月考								
第二次月考反思								
与老师交流记录								
时间	形式（问问题、谈心、检查作业、批改试卷等）							教师签名

（三）以形成教师的向心力为着力点

（1）根据学校的要求，每2—3周召开一次年级教师大会，年级制定了明确的目标，规划了整体思路，让教师对年级的目标和思路有认同感。

（2）每周星期天晚上为班主任例会时间，每周一下午第三节为备课组长例会时间，大家共同探讨，群策群力，形成民主的氛围。

（3）对不同班型实行分层评价，普通班的目标是加强本科临界生的培养，重点班的目标是高分优录生的培养，名校班的目标是双一流学生的培养，分层评价得到了教师的认可，调动了教师的积极性。

（四）以调动家长的积极性为增长点

（1）每学期召开一次家长会，让家长及时了解年级的工作和学生在校的学习生活情况。

（2）2017年6月18日成立了年级家长委员会，在家委会的组织下，高二年级于2018年8月组织学生4周的留校自习，每周留校学生1000人左右，暑假的陪修家长达到380人次。高二上学期和下学期家委会组织了周末家长来校陪修，每学期有近500人次家长参与，家长参与陪修的积极性很高，较好地做到了家校联系，这为年级的管理带来了极大的帮助。同时，家长的积极参与也给学生带来了积极的影响。

（3）年级利用微信建立了家长委员会群，各班也建立了各班家长群，年级和班主任及时地利用微信群汇报和反馈年级和班级的情况，让家长了解年级和班级情况，加强了家校联系。

（4）在家委会的支持下，很多班级的家长参与到各班的活动中，比如在班级表彰大会上给学生提供奖品并颁奖等。

三、在年级管理工作中，要坚持守正创新

（一）实行年级统一管理手机的新模式

从高一开始，年级加强了对手机的统一管理，每周周日晚上学生返校后，各班班长登记学生上交手机的数量并交给年级，年级统一保管学生手机，周五或周六学生放假后年级统一把手机发放给学生。学生上交手机后，各班班主任负责把上交学生手机的情况以微信的形式告知家长。据统计，全年级每周上交手机的数量大概在700部。

（二）探索家校沟通的新途径

建立年级家长委员会。我们在2017年6月组建了二〇一九届年级家委会，家委会成员由各班推荐两位家长组长，并选出家委会主任和副主任。二〇一九届家委为年级做出了巨大贡献，具体有如下四点：组织了寒暑假学生留校自习活动；负责安排每周周测家长陪修，参加陪修家长达380人次；建立了班级奖励基金，每次月考完利用班级奖励基金对进步学生进行奖励；自筹安装高三年级教学楼的空调等。

（三）创建学生自主管理新方法

高一寒暑假，自愿留校自习的学生达1000人。由于寒暑假老师不能上

课，年级要求每个班选出几名成绩好的优秀学生，年级对他们进行培训，让学生做"小老师"教本班同学。这些小老师认真负责，既帮助同学们解难释疑，使枯燥的自习增添了活力，又维持了年级自习的纪律。进入高三后，自习课增多，尤其是每天中午2：00—2：40的自习，同学们经过了高一、高二的磨炼，也适应了无教师管理下的自主学习，自习纪律一样井然有序，这样大大提高了他们的学习效率。

（四）培养学生大声朗读、不断阅读的好习惯

每天的早读、晚读要求学生站立大声诵读30分钟左右，年级管委会监督管理，把各班读书情况反馈到教师群，及时表扬先进，指出不足。另外，年级还统一要求，每周六晚上6：30—7：10学生观看《新闻周刊》《杂志天下》，开阔学生的视野，了解最新的国内外大事。年级积极配合语文、英语科组活动，多管齐下，同学们背诵、阅读积极性逐日提高。一分耕耘，一分收获。在2019年高考中高三语文全年级平均分108.7分，英语全年级平均分101.6分，再创我校新高。

（五）尝试临界生辅导的新方法

各班、各科都齐心协力制定了相应的措施，对临界生进行跟踪辅导。除此之外，年级管委会还从年级层面进行推动，多次召开临界生学生会议、临界生家长会，不断鼓励，不断督促。特别是2月初，年级专门成立了两个临界生"攻坚班"，组织安排13位优秀的老师对186个临界生，分两个阶段进行针对性上课辅导，两个班的班主任分别是刘老师、练老师。由于辅导教师的精心辅导，这些临界生学习态度发生了变化，学习积极性、自觉性明显增强，高考成绩也十分优异。

（六）探索教师走出去、请进来学习的新路子

2018年10月组织了一批老师去广州学习，学习了新高考改革与2019年高考的变化与要求。不仅如此，年级还请广州名师工作室的教师来学校指导高考备考工作。这些交流学习，对我们高考的备考工作也大有裨益。

家校共育　合力共赢

——二〇一九届家校共育工作总结

　　苏联教育家苏霍姆林斯基曾说："没有家庭教育的学校教育和没有学校教育的家庭教育，都不能完成培养人这样一个极其细微的任务。"由此可见，家校共育对于高中生的成长至关重要，下面就我校二〇一九届家长委员会建设情况进行工作总结。

一、以解决问题为出发点，打开家校共育新思路

　　二〇一九届家委会成立于2017年6月18日，成立的初衷是为了解决家校当时面临的学生暑假自愿留校自习问题。暑假临近，学生面临两个月的假期，是否能利用好这个假期对于高一学生来说非常重要。很多家长向学校和年级提出建议，希望学校能组织学生留校学习。但按照规定，学校在暑假期间是不能组织学生上课的。为了解决家长提出的学生留校学习问题，年级决定成立二〇一九届家委会，共同商议可行方案。每班由班主任推荐两名家长作为家委会成员，就这样，二〇一九届家长委员会成立了，共有成员54位，设立家委会主任1名，副主任7名。第一次家委会会议共有50位家委参加，在这次会议中，学校给各位家委会委员颁发聘书，大家一起讨论并落实暑假学生自愿留校自习方案，决定由学校提供学生的自习场地，家委负责倡议、动员、组织和管理。这次暑假学生留校自习的活动非常成功，学生共留校自习4周，据统计，每周留校学生人数达1000人，参与陪修的家长达到380人次。这次活动为我校家校共育提供了新思路。从此以后，我校坚持以问题为导向，以解决问题为家校共育的出发点。

二、以周末陪修为立足点，探索家校共育新举措

家长是学校管理的重要资源，家长参与学校管理是我校家校共育的一大举措。2017年9月9日召开第二次家委会会议，这次家委会会议总结了刚刚结束的暑假学生自愿留校学习活动，对在本次活动中表现优秀的家委进行颁奖表彰，并重点讨论周末家长陪修问题。年级事先制定了家长周末陪修方案，这个方案得到了与会家委的一致赞成。周末安排学生留校测试，每周由各班家委安排两名家长参与陪修，原则上上下午各一位家长，各班家委在班级群发动家长报名参与陪修，陪修家长负责各自班级情况。为了方便家长陪修，各班教室的最后面安排一张空桌子并准备些书籍以供家长使用。在家委的倡议下，家长们参与陪修的热情很高，但由于各班情况不一样，经过几周之后，有些班级家长的陪修热情明显减退。家委们通过微信群彼此交流经验，并与班主任配合，有针对性地邀请考试成绩退步较大的学生家长参与陪修，这部分家长通过陪修重新了解自己的小孩在校学习情况。2017—2018学年，在家委会的组织下，年级利用周末共进行了22次周测，每次周测来校陪修的家长大约有42人次，整个学年共计950人次参与周末陪修。家长周末陪修活动为我校2019届教学质量的提升打下了坚实的基础。

三、以提升家长为切入点，提高家校共育新高度

提升家长的素质对于家庭教育至关重要，在家委会的配合下，我校定期举办家长培训会，使家长树立正确的家教理念，掌握一些家教知识，学习一些家教方法。如每学期的家长会之前，年级会召开家委会会议，向家委传达年级近期的管理思路和措施、家庭教育的理念、家校配合的建议等。在家长会上，各班的家委作为代表发言，给参会家长做一个小型的关于家庭教育的讲座，从而使家长在教育水平上能有所提升。同时，学校也会邀请专家给家长培训，定期举办家长培训班，如2018年4月21日星期六召开了二〇一九届高二年级本科临界生家长会，大会特别邀请了惠东县德育办公室邹若萍主任做题为"激发潜能，助力高考"的专题讲座，有195位家长参会。这次家长培训会目标明确，针对性强，讲座精彩，交流热烈，效果明显，得到了家长的一致认可。通过这种提升家长家庭教育水平的活动，使我校家校共育提高到了一个新的高度。

四、以规范制度为落脚点，确保家校共育持久力

成立家长委员会，是建立现代学校制度的要求。家委会建立了微信群方便日常交流，并定期集中开会，共同商讨家校亟待解决的问题，秉持公平公正原则，对一些重大问题实行投票表决。如手机管理问题，家委会通过商讨决定采用统一管理的措施，周日晚上学生把手机交给各班班长，班长做好登记后将手机交给年级统一保管，每周学生上交统一保管手机700多部；周六班长将各班手机分发给学生，各班由家委购置两部老人机供学生使用，使用的要求做了统一的规定。当有家委成员提出对班级进步学生实行奖励时，年级立即召开家委会会议，讨论并制定各班班级成绩进步奖励办法，奖励办法规定各班家委以自愿为原则，对班级优秀学生或成绩进步突出学生实行物质奖励，各班家委自行购买奖品并负责给学生颁奖；班主任配合但不参与奖品费用问题，奖品的费用由各班家委自愿筹集，并在班级家长群公开账目，做到规范透明。在家委的努力下，我校在手机管理和班级奖励方面取得了显著成果，校园里没有学生违规使用手机了，学生的学习动力越来越强，家长对学校的认可度越来越高。

五、以整合资源为发展点，增加家校共育新机会

陶行知先生曾说："生活即教育，社会即学校。"家长是非常宝贵的教育资源，虽然在二〇一九届家委会建设中，学校也曾邀请过有专长的家委或家长来校给学生上班会课，但不管从数量还是质量上都是远远不够的。随着高考改革和生涯规划教育在高中阶段的推进，在学校开设家长课堂，让各行各业有专长的家委或家长来校开设讲座为家校合作创造了新的机会。在高中生涯规划教育中，教师和家长都扮演着引路人的角色，即通过提供信息、给予建议等方式对学生生涯认知、生涯准备及生涯熟练等方面进行有目的、有计划、有目标指向的连续不断的教育，而家长来自社会的不同行业，可以为学生的生涯认知提供最直接的素材。所以，以整合资源为发展点，开设家长课堂将为我校的家校共育增加新机会。

总之，构建良好的家校共育机制为我校的教学质量提高发挥了重要作用。在2019年高考中，我校教学工作充分体现了低进高出、高进优出的特点，600分以上12人，优投人数366人，本科人数1403人，本科率达88.5%，

优投线和本科线加工能力、综合考核成绩均列全市第一名，并荣获惠州市2018—2019学年高中教学质量一等奖！

附：

二〇一九届家委会委员推荐表

姓名		性别		年龄		联系电话	
工作单位			家庭住址				
家校联系情况：							
学生姓名			性别			班级	
兴趣爱好							
在校表现情况：							

考试类型	语文	数学	英语	理（文）科综合	总分	班级排名	年级排名
3月月考							
4月月考							
6月月考							
期末市统考							
班主任推荐理由：							

调整心态　迎接挑战

——二〇二二届高一上学期第一次月考总结大会发言稿

亲爱的各位同学，下午好！在此我向获奖的同学表示祝贺，希望同学们向他们看齐，你追我赶，争当优秀！

我想先与大家分享两组这次考试的数据。

第一组数据：中考前100名的同学，在这次考试前一百名的有67位；中考前五百名的同学，在这次考试前一百名的有360位；中考前八百名的同学，在这次考试前八百名的有627位。

第二组数据：与中考成绩相比，在这次考试中进步七百名以上的有27位同学，进步五百名以上的有95位同学，进步三百名以上的有235位同学，进步二百名以上的有353位同学，进步一百五十名以上的有420位同学。其中特别值得表扬的有：（5）班的刁同学入校时一千一百四十名，这次考试全年级一百零八名；（3）班的古同学入校时一千四百二十一名，这次考试四百九十五名；（21）班的叶同学入校一千零二十八名，这次考试一百二十一名。这让我想起二〇一六届我们班上的杨同学，当年他在惠东乡镇中学考入我校，入校的名次为七百九十一名，2016年高考最后以全县理科总分第一名的成绩被浙江大学录取。

从这些变化之中，我想告诉同学们一个道理：Everything is possible.

高级中学是培养人才的地方，高级中学是实现梦想的地方，高级中学是创造奇迹的地方。

当然，在我们一个年级的范围内，有进步的同学就会有退步的同学。这次考试只是一个开始，在高中阶段的众多考试中，这次考试是微不足道的，但这次考试是我们成长的一部分，我们要去反思，要去总结，要在反思与总

管理：有条不紊

结中获得动力，在反思与总结中获得更好的成长。尽管我们高一开学已经一个多月，但对大多数同学而言，高中的学习仍处在艰难的适应、调整期。如何进行课前预习？课堂上如何协调听讲和记笔记的关系？课后如何快速进行整理反思？如何高效完成作业？如何整理错题？如何及时复习？如何制订学习计划？如何规划学习和生活？……很多学习上的问题摆在我们面前，需要我们尽快解决。

我想，经过这次月考，在座的每一位同学都应该能真切地感受到，高中的学习是一项系统的工程，在众多科目、大量知识与练习、高标准高要求面前，需要从全局着眼、科学规划、整体安排，需要抛开杂念、凝心聚力、全力以赴，需要多和老师交流、多向优秀借鉴、充分利用点滴时间，需要勤于总结、经常反思、及时调整。总之，一句话，你要想做到优秀，必须做学习上的用心人。

同学们，高中阶段，你们将面对数以百计的考试。考试的目的是什么？是充分暴露你学习中的问题。在任何阶段，你在学习上都或多或少存在问题。以解决自己的问题为目标，这是一个实实在在的道理，正视自己的问题，设法解决它，这是成功的捷径。谁能静下心来把目光凝聚在一个个小漏洞、小障碍上，谁就先迈出了一大步。我想告诉这次考试成绩不理想的同学，你应该感谢这次考试，并感到庆幸，那么多问题的暴露，一个个都是你进步的台阶呀，认真分析、努力克服、用心解决，向完美迈进！但可怕的是，如果你选择对考试中暴露的问题不闻不问、不理不睬，那么问题就会一点点、一天天地累积，必将会把你拖进万丈深渊！

同学们，你们都非常看重考试的分数，这是对的，因为学生时代，分数维系着你个人的尊严！我们尊重那些勇于面对学习中的困难、用努力和拼搏赢得优秀成绩的英雄们，我们崇尚在学习上有大志向、大志气、敢于向巅峰挑战、愈挫愈勇、愈战愈奋、百折不挠的勇士们，我们也鄙视在困难面前退缩不前、不刻苦、不专心、不用心的同学。成绩面前人人平等，在学习上"一分付出，一分收获"，优秀成绩的背后永远是艰辛的汗水，是耐得住寂寞、抵得住诱惑、守得住宁静的自信与拼搏！成绩维系着我们的个人尊严，学生时代，处处充满了竞争与挑战，用什么来说明你的优秀？拿什么来证明你是强者？用什么来让父母欣慰开心？用成绩说话，拿成绩说事，成绩就是话语权，我们就是要塑造一种风气——你追我赶、追求卓越、见红旗就扛、见第一就争，让普通的学生变得优秀，让优秀的学生更优秀！

同学们，理想与现实之间其实只有一步之遥。成功的彼岸，可望也可即，但它只属于勇敢的拼搏者。请记住：青春是用来奋斗的，历史是用来创造的！梦想是用来实现的！热血是用来沸腾的！人生是用来拼搏的！我们的第二次月考安排在11月底，期待第二次月考表彰会与你相约！

谢谢！

攻坚克难　迎难而上

——二○二二届高一下学期学生大会发言稿

一、5月月考基本情况

语文年级平均分86.0分，90分以上596人，最高分114分。

数学年级平均分50.5分，90分以上56人，最高分130分。

英语年级平均分75.7分，90分以上421人，最高分136分。

物理年级平均分43.2分，60分以上258人，最高分96分。

历史年级平均分64.8分，60分以上191人，最高分86分。

化学年级平均分58分，60分以上378人，最高分98分。

生物年级平均分60.2分，60分以上537人，最高分98分。

政治年级平均分44.3分，60分以上32人，最高分70分。

地理年级平均分52.4分，60分以上127人，最高分78分。

二、这次月考反映出的问题

我们这次月考不是为了给学生制造紧张的气氛，更不是为了增加学生的学习压力，而是为了摸清学生线上学习的掌握情况，将疫情之后的成绩和上学期期末的成绩作一个对比，以此找出学生存在的一些问题，并制订接下来的教学计划。

这次疫情让我们明白了很多道理：

（1）敬畏自然。

（2）敬畏知识、科研专家。

（3）责任与担当。

（4）实干、实事求是。

（5）疫情让命运共同体更有共情感。

（6）疫情让世界见证中国力量。

同时，这次疫情也让我们失去了很多东西。我想通过这次月考，很多同学都有一个共同的感受，没有付出就没有收获。这次月考，的确暴露了大家居家学习的许多问题，这两天我与班上的十几个同学进行了谈话，他们的共同反应就是疫情防控期间浪费了大量的学习时间，没有认真学习，在家学习效率非常低；课堂上我也发现很多同学的书本全部是空白，没有任何笔记。我想，一方面，学生在家进行的线上学习缺乏有效的监督，使学生在"听课效率"和"作业质量"上大打折扣；另一方面，学生在家缺乏系统的习题训练，使很多学生忘记了已经学过的答题技巧和方法规律。就拿我教的英语科来说，语法填空年级平均分5分，词形变换平均分6分，完成句子平均分7分，句型转换平均分2分。这次月考把我们很多同学居家学习的问题暴露得很彻底，把居家学习的情况展现得淋漓尽致。

三、学习建议

（一）面对现实，接受真实的自我

我统计了一下，年级英语50分以下的有210人，数学30分以下的有210人，很多同学分数特别低。这些同学心情肯定很不好，但我想告诉你们的是，即使这样，我们也要坚持学下去，我们要面对现实，假期落下的知识就是落下了，不懂的知识点就是不懂。我们首先要有这样敢于面对现实的勇气，带着这份勇气，我们接下来就要想改变的方法，穷则思变，变则通，通则久。

（二）调整心态，保持积极的状态

要想提高学习成绩，首先要进入学习状态，而要进入学习状态，学生又得先调整好自己的心态。这些心态包括：①高中生必须以学习为主；②既来之，则学之；③认真完成作业；④虚心接受老师的建议或批评；⑤对自己充满自信，绝不放弃前途；等等。

（三）寻找方法，争取超越自我

（1）整理各科笔记，复习经典例题。对于笔记上的重要知识点重新进行勾画或圈点；建议学生在记笔记的时候不仅仅要记重要知识点，更要记经典例题，对于这些经典例题，学生一定要花时间去认真复习，它是学生链接

"思维"和"知识点"的重要纽带。

（2）随处学习。善用零碎时间，每天在晨跑、吃饭、课间、课前、休息前等零碎时间里记忆词语、背诵公式、破解疑难、调整情绪。保证学习时间，学会见缝插针利用好空余时间，经过日积月累，就能够获得良好效果。

（3）讲究条理。将重要的学习用品和资料用书立或纸箱装好，分类存放，避免用时东翻西找。每天有日计划，每周有周计划，按计划有条不紊地做事，不一曝十寒。

（4）合理安排。该做什么时就做什么，在合理的时候做合理的事情，不背道而驰。比如抓课堂效率，当堂听，当堂记，当堂理解，有不理解的课下或者当天找时间主动向教师请教，做到堂堂清。又如利用好时间，勉励自己完成当天的学习任务，做到日日清。再如能够劳逸结合，张弛有度，动静相宜。比如坚持紧跟老师步伐复习，不误入歧途。坚持勤睁眼常开口，对课本上的东西多看，对未懂的内容多问。

（5）作业规范。认真审题，冷静答题，把每次作业当作高考，作业工整，步骤齐全，术语规范，表述严谨。规范不仅能形成认真的品质，更能养成细心用心的习惯，从而激发学习潜能。

（6）勤于思考，善于思考。这一条是重中之重，应贯穿听课、做作业、复习等各个阶段。比如，做完一道题后，要对答案，这里应有一个反思的过程，要弄清这道题考的是什么，用了哪些方法，为什么用这样的方法，怎样才能达到举一反三、触类旁通的效果。

（7）学习互助。与同学开心地相处，遇事不斤斤计较，宽容豁达；珍视同学间的友谊，在学习中互相支持和帮助，经常一起讨论学习中的问题，使用不同的解题方法并相互交流心得。有了这种和谐的同学关系，才能全身心地投入学习中，从而保持较高的学习效率。

四、年级的工作安排

（1）周末周测的时间安排。

周五晚上6：40—7：10英语晚读。

周五晚上7：20—9：50语文测试，9：50—10：00科代表负责核对答案、学生自评分、登记分数，科代表收集答题卡，教师负责批改作文。

周六早上6：30—6：40英语早读，6：40—7：10晨练，7：10—7：30英

语早读。

7：40—9：40数学测试，9：40—9：50核对答案。

10：00—11：20物理、历史科测试，11：20—11：30核对答案。

下午2：10—4：00英语测试，4：00—4：10核对答案。

下午4：10后各班统一领取手机。

（2）考试纪律要求：体现自己真实水平，不要弄虚作假；考试期间不允许在教室或教室外走动；核对答案时用红笔自我批改，准确核算分数并登记。

（3）周日晚自习安排：第一节不变，班主任所教科目，第二节自习为选科2，第三节晚自习选科3，如物化生组合，第二节为化学自习，第三节为生物自习。

（4）各班科代表要提前准备好周测试题，各科试题都放在1楼的党员活动室，科代表负责好各科的登分，并把答题卡收集后交给自己的老师。各科测试时，请相应科代表坐在讲台上负责监督。

奋战高三，圆梦六月

——二〇二二届高三学生动员大会发言稿

大家下午好！

七月流火天转凉，鸿雁南飞稻花香。我们还没有来得及为流光易逝而感慨，就已经匆匆步入高三。今天，能够有机会和你们一起并肩走向青春的赛场，我倍感荣幸也深感肩上的责任之重。让我们一起吹响拼搏的号角，奋战高三，圆梦六月。

就在前不久的东京奥运会上，我国运动员取得了辉煌的成绩。据统计，此次东京奥运会我国代表团中有58名"00后"选手，奥运赛场上这些"00后"的选手自信的气质、淡定的表现，让世界看到了中国年轻人最好的样子，少年强则国强。

赛场上专业强大，赛场下活泼自信。抛开奥运冠军的光环，他们是一群像同学们一样也爱玩游戏，也喜欢可爱饰品，赢了会开怀大笑，输了会难过流泪的孩子。在奥运的赛场上，他们用自己的拼搏和努力诠释着梦想与突破的可贵，赢得了世界的掌声与赞誉。高三的我们也即将整装待发，奔赴属于我们的青春赛场，赢得属于我们自己的荣光与喝彩。

放眼当下，我们应清醒地认识到，必须珍惜接下来的每一天，明天才不会留下遗憾。时代在变，人也在变，但我想大家对于未来的美好期待及奋斗过程中的精神动力是不曾改变的。今天，我站在这里，想以一位曾经也经历过高考、考研的大哥哥的身份与大家分享我的一些感想。

一、请享受奋斗，视拼搏为快乐

要正视高三，切不可将其妖魔化。人们常说，天下高三同一色，不苦不累，高三无味；不拼不搏，高三白活；很累，应该的，这就是高三；想偷懒，没机会，这就是高三。迷茫的时候静下心来想想，你这是在为你的人生奋斗，在为你的未来绘制蓝图，你有什么理由不快乐呢？视拼搏为快乐，我们的高三就少了一分沉重，多了一分豁达。所以端正自己的态度，不畏流言蜚语，"高三党"从来都不是一群别人眼中被同情的苦哈哈，而是一群为了梦想全力以赴的奋斗者。再者，你们可知道高三是我们各学科综合知识的巅峰时刻啊，这时的你上知天文运行原理，下知有机无机反应，前有椭圆双曲线，后有杂交生物圈，说得了马哲，懂得了地理，内可修古文，外可说英语。高三以后，你可能就开始真正意义上的"偏科"了，所以好好享受你人生的全能高光时刻吧！

二、请别害怕，你不是孤军奋战

高三，你不是一个人在奋斗，有疼爱你的家人和关心你的老师，还有与你朝夕相处的同学。那高三的学生应该是什么姿态呢？有人说是争分夺秒伏案攻读，有人说是间不容发做题备考，有人说是夜以继日汲取知识……但是，我更愿意说，高三是一群正值青春最好年纪的人昂首阔步、激情澎湃地追逐梦想，奔向心中的星辰大海。开心时共享喜悦赞美，失落时彼此安慰鼓劲。如此一来，高三不仅让我们收获了知识，更让我们收获了可爱的朋友。

三、请积极乐观，心态平和

苏轼说："古之立大事者，不惟有超世之才，亦必有坚忍不拔之志。"两军相逢勇者胜，要成为有勇气的强者，就必须始终保持"爱拼才会赢"的乐观状态，就要有坚韧不拔的毅力。高三这一年中三天一小考、一周一大考再正常不过了。在这无数次的考试中，可能偶尔也考砸一两次，谁都很难保证自己在每次考试时都能发挥出最佳的状态。即使是学习再好的同学，成绩也会有波动。而每次的波动，或多或少都会影响同学们的情绪。分数不稳定一般是由试卷的难易程度和复习效果决定的，排名不稳定一般是由全体同学成绩水平控制的，从客观程度上来说，个人比较难把控，所以会出现恐慌心理。成绩有波动是正常、普遍现象。同学们应该相信自己的实力，因为高考题型是有限的，知识点也是有限的，而同学们的爆发力是无限的，以无限应对有限，我们不怕。平时考试中出现的失误以及暴露出来的问题，只要我们

管理：有条不紊

及时去查漏补缺，就能在高考的战场上更好地规避这些问题。

　　总之，高考是知识、能力、速度、心理的竞争，是对实力、智力、毅力的检验。面对高考，我们在思想上要重视，要有紧迫感和竞争意识，但是在心理上更要沉着冷静。

　　王安石说："尽吾志也而不能至者，可以无悔矣，其孰能讥之乎？"我们在全力以赴的同时，要经常激励自己，只要我努力了、拼搏了，不管结果如何，我都无愧于心。就像奥运赛场上跑出9秒83纪录的亚洲飞人苏炳添那样，当被人质疑他已经到了顶峰，再也跑不快了的时候，他始终相信自己还能跑得更快，正如他所说："我们不是28岁就跑不动了，关键在于你想不想。"就像女子铅球投出20米58摘得金牌的巩立姣那样，四战奥运终圆梦，正如她所说："这一刻我等了21年！人一定要有梦想，万一哪天实现了呢？我实现了。"有梦想谁都了不起，请相信自己，全力以赴，不给自己设限，你也能创造出属于自己的赛场纪录。

　　最后，祝愿同学们眼里有光，脚下有路，榜上有名！

奇迹源自坚定的信心

——二〇二二届高三省一模总结暨表彰大会发言稿

表1　省一模、惠三调、惠二调三次考试上线情况统计表

考试类型	物理选科				历史选科				合计			
	市前三百五十名	特控	本科	人数	市前一百五十名	特控	本科	人数	前五百名	特控	本科	人数
省一模	4	291	1035	1259	1	20	170	221	5	311	1205	1480
惠三调	10	289	1065	1256	1	18	166	220	11	307	1231	1476
惠二调	12	298	1045	1267	1	15	172	227	13	313	1217	1494

表2　省一模、惠三调、惠二调三次考试各科平均分在惠州市的排名表

	考试类型	语文	数学	外语	物理	化学	生物	政治	地理	人数
物理类	省一模	四	七	七	七	十二	九	七	九	1259
	惠三调	六	六	八	四	九	八	十	十一	1256
	惠二调	五	六	七	五	十二	四	九	十三	1267
	考试类型	语文	数学	外语	历史	化学	生物	政治	地理	人数
历史类	省一模	五	七	五	七	十八	五	四	八	221
	惠三调	七	八	七	七	二十	六	九	十	220
	惠二调	三	八	六	六	十三	三	六	十	227

表3　省一模临界生数据分析表

项目	物理类			历史类			合计		
	物理类线下5分	物理类线下10分	物理类线下20分	历史类线下5分	历史类线下10分	历史类线下20分	线下5分	线下10分	线下20分
特控临界生	30人	60人	128人	4人	11人	22人	34人	71人	150人
本科临界生	33人	66人	101人	8人	13人	23人	41人	79人	124人

各位同学，大家下午好！今天离2022年高考还有56天，高考的号角已经吹响，高三的战士们，你们现在的心情怎么样？有人说，天下高三一般黑，每天累得迷迷糊糊，每天忙得疲惫不堪，每天感到天昏地暗。即使如此，你们不能就这样得过且过，56天是二轮复习的阶段，也是最后冲刺的最关键的时间。56天，你们应该怎么做呢？

首先，天道酬勤，前途是自己创造出来的！你们只有努力，努力改变未来人生，而高考就是当下最好的途径。

星光不问赶路人，时光不负有心人。高三的学生经常这样讲：要成功、先发疯！不苦不累，高二无味；不拼不搏，高三白活。学得慢，无所谓，只要你不丧失目标，也比漫无目的的人走得快。"古之成大事者，不惟有超世之才，亦必有坚韧不拔之志。"

其次，珍惜每一天，每一天平凡的努力，都是创造未来奇迹的根基！同学们，剩下的56天里，你们应该制订详细的复习计划。二轮复习和一轮复习最大的不同点是，一轮重点在于每一个知识点的掌握，二轮则是把这些知识点串联起来，把零碎的知识串成体系。如果二轮复习做稳做细，你的成绩还有很大的进步空间。有些同学说，剩下这点时间还能改变什么吗？每天多一分努力，每天就多一分收获；每天多一点珍惜，每天就多一点超越。这次省一模的成绩，（28）班有两位同学进入年级前10名。这两位同学通过不懈地努力，站在了今天的颁奖台上。同学们，好好珍惜在高中学习的每一天吧，好好珍惜比你父母陪伴你的时间还要长的班主任吧，好好珍惜我们这些用心良苦的年级领导和老师吧，且行且珍惜。

最后，心有所期，全力以赴，定会有惊天大逆转！中国女足在本次亚洲杯中，多次分数落后，但永不服输，全力以赴，实现大逆转，夺得冠军，她们用成功告诉国人，有一种精神叫永不言弃的"铿锵玫瑰"。同学们，现在站在什么地方不重要，重要的是你往什么方向移动。不为模糊不清的未来担忧，只为清清楚楚的现在努力。你要相信，最好的成绩是高考成绩，正如"踢得最好的球是下一个"。任何时候，你都不能放弃，尤其是你拼命学习，但成绩毫无波澜的时候。最困难之时，就是离成功不远之日。当你感到最厌烦、最不想干的时候，也就离成功不远了，再坚持一下你就成功了。今天很残酷，明天更残酷，后天很美好，大部分的人，都是在离成功一步之遥的地方放弃的。

同学们，今年是我们母校建校30周年，我们母校在过去的岁月长河里创造了无数的辉煌，我们今天在校的全体师生有责任为母校续写辉煌！同学们，高考给你压力，你就还它奇迹，奇迹源自坚定的信心，信心来自实力，实力来自勤奋。让我们共同努力，为母校30年校庆献上最丰厚的礼物。让我们一起举起拳头，大声喊：高考！我能行、我必行、我一定赢！

谢谢大家，我的讲话完毕。

坚守、拼搏、奋战

——二〇二二届高三惠一模总结暨高考30天倒计时
动员大会发言稿

亲爱的同学们：

今天是五四青年节，在这样一个特殊的日子里我们召开2022届高三惠一模总结暨高考30天倒计时动员大会，是非常有意义的。让我们先来看两组数据。

第一组数据：

省一模我们上本科线1205人，这次惠一模上本科线1237人，多出32人上本科线，其中有101位同学省一模没有上本科线，这次惠一模已上本科线。

省一模我们特控上线311人，这次惠一模特控上线305人，其中有71位同学省一模没有上特控线，这次惠一模已经上特控线。

省一模考试在3月29日—4月1日，惠一模考试在4月21—23日，中间相隔两周，但变化很大。从知识层面，没到高考，一切都还是未知数，一切皆有可能。从心理层面，我们已经达到特控线和本科线的要求，但我们要有良好的心理素质，在最后的冲刺阶段要保持良好的心态。

第二组数据：

惠一模物理类：特控线508分，线下5分的有29人，线下10分的有66人。

本科线411分，线下5分的有16人，线下10分的有36人，线下20分的有81人。

惠一模历史类：特控线525分，线下5分的有12人，线下10分的有16人。

本科线428分，线下5分的有2人，线下10分的有11人，线下20分的有21人。

这说明我们是有实力、有潜能的，但我们还需继续努力，找到自己的增分点，在最后的30天，提质增效，向最后的30天要10分、20分，甚至50分。

接下来，我想谈谈下阶段我们的工作安排。

5月16日（周一）开始：学生6：30到教室，早读时间为6：30—7：00，按新课表上课，上午第1、2节9：20前学生自习，上午安排语文、物理、历史、化学和地理科，下午安排数学、英语、政治、生物科，与高考考试的科目时间同步。6月1日开始，学生7：00到教室，早读时间为7：00—7：30，其他时间按新课表进行。

5月仿真模拟考试安排：5月13—14日和5月20—21日安排两次高考仿真模拟考试，用七天网络平台阅卷；15日、22日两个周日上午上课，主要是试卷讲评。

5月9日（周一）下午第三节召开主题班会"感恩老师，同舟共济冲刺高考"，科任教师全部参加。5月20日（周五）16：10—17：30，组织大课间学生户外拓展活动，劳逸结合。

最后，我想告诉大家的是任何事情越是最困难的时候，就是越接近成功的时候！让我们一起坚守、拼搏、奋战2022年高考最后的30天。

2022年5月4日

附：二〇二二届高考倒计时30天备考工作方案

1.加强常规管理

（1）落实责任。任务明确，责任到人，管委会、班主任、备课组长和教师各个层面都有明确的要求，如管委会分配到相应班级，班主任负责本班高考预估人数达标、备课组要求在全市排进前6名，教师要求贡献率和精准率。

（2）全员参与。管委会成员做好每天早、中、晚值班工作，班主任早、晚要求到班，19：40—21：20高三全体教师到岗参与学生辅导。

（3）人文关怀。对教师进行人文关怀，考虑到"五一"高三教师忙于上课没时间陪家人，给年级每位教师送一个小蛋糕和一杯水果茶；考虑到班主任到班负责学生自习纪律，班主任实行弹性坐班；为了营造高考氛围，给年级每位教师订制了两件送考衣服。

2.加强励志教育

（1）坚持每天下午跑操，磨炼学生意志。

（2）坚持每天早、晚喊班级口号。

管理：有条不紊

（3）主题班会教育。5月9日（周一）下午第三节召开主题班会"感恩老师，同舟共济冲刺高考"，科任教师全部参加。6月4日下午第2节，王校长进行考前讲话；6月4日下午第3节召开主题班会"满怀信心迎高考——我们准备好了"。

3.加强教学研究

（1）加强集体备课。集体备课由原来的一周一次改为一周两次，鼓励教师多做题，精选试题，精讲精练。

（2）5月16日开始三轮复习，各备课组做好每天的每节课的规划；为了高效备考，改用新课表，每天每科一节课，给学生更多的自主学习时间。如学生6：30到教室，早读时间为6：30—7：00，按新课表上课，上午第1、2节9：20前学生自习，班主任到班管理，第3节～第8节每学科一节，尽量按高考时间安排，数学、英语课、生物安排在下午。

（3）加强学生的训练，5月13—14日和5月20—21日安排两次高考仿真模拟测试，实行网上阅卷；5月30日—6月1日考前模拟热身考试，体现主干知识，适当降低难度，让学生树立信心。

（4）尖子生实行"一生一案"，加强对尖子生的培养。

4.加强临界生管理

（1）5月8日（周日）21：10召开本科临界生（惠州二调、惠州三调、省一模曾经上本科线，惠州一模本科线上5分线下20分学生）会议，利用大数据，分析本科临界生的增分点，明确本科临界生的备考方向，同时，减少非智力因素失分。

（2）组织两次针对临界生的集中辅导，5月16、17日晚和5月23、24日（周一、二）晚对临界生5月的仿真考试的答题卡进行面批面改。

（3）成立本科临界生特训班。

5.加强学生的心理疏导

（1）5月20日16：10—17：30，组织高三年级学生户外趣味体育拓展活动，帮助学生适当舒缓学习压力。

（2）动员班主任和科任教师加强对学生的陪伴，与学生多交流，对学生多鼓励。

（3）关注心理素质较弱、考试焦虑、情绪波动较大的学生，年级和班级建立学生心理健康跟踪档案。

轻舞飞扬秀文化，活力四射展风采

活动一：二〇二二届高三班级文化评比活动

为进一步加强年级管理，增强班级凝聚力，建设班级文化，营造积极的备考氛围，在王团校长的指导下，高三年级管委会同学校政教处举行奋战高三班级文化建设评比活动。

本次活动由年级管委会精心筹划，制定了详细的评分细则。8月开学，利用班主任例会布置班级文化建设工作，高三29个班级积极响应，认真落实，成果显著。9月6日下午，高三年级管委会和班主任组成的评委团，逐个班级打分评比。共有9个班级荣获一等奖，15个班级荣获二等奖。

表1　惠东高级中学二〇二二届高三班级文化建设评分表

指标		评分细则	得分	备注
班级环境文化布置	座位排列	排列整齐、合理（10分）		
	物品摆放	1.讲台和学生抽屉内外桌面物品整齐（4分）		
		2.书籍、雨伞摆放整齐（5分）		
	仪容仪表	学生仪容整洁大方（10分）（学生穿戴朴素大方，不留长指甲、不染指甲、不烫发、不染发、不化妆，不戴首饰，男生不留长发，女生不穿高跟鞋。一项扣1分，扣完为止）		
	卫生保洁	1.卫生工具合理摆放、垃圾桶干净、垃圾不满溢（5分）		
		2.教室门窗洁净、走廊卫生整洁、张贴物无破损脱落现象（5分）		
	班级文化	1.高考倒计时牌（5分）		
		2.高三横幅标语（10分）		
		3.后黑板设计（10分）		

润物无声——一线教师百年的成长经历和育人实践

指标		评分细则	得分	备注
班级环境文化布置	班级文化	4.班级特色展示：名称、班主任寄语、班级口号、班训、班级合影等（10分）		
		5.班级设有荣誉专栏、目标墙、图书角、班级学习成果展（10分）		
班级管理	班务张贴栏	1.作息时间表（2分）		
		2.班级课程表（2分）		
		3.值日轮流表（2分）		
整体效果		教室内外布置具有艺术化、德育化，体现学生良好的精神面貌及参与意识（10分）		
总分（满分100分）				

活动二：二〇二二届高三师生永记生态园徒步活动

一、活动内容及意义

距离2022年高考近180天之际，我校高三级组织全体师生开展户外徒步活动。徒步活动能放松学生心情，减缓学生备考压力，增强学生的意志力；同时可以锻炼身体，增强体质，促进同学之间的交流与合作，增进师生情感，提升集体的凝聚力；还可以亲近自然，增长见识，丰富同学们的课余生活。

二、参加人员

高三年级全体学生、班主任、科任老师及后勤保障人员共计1600人。（各班个别学生不能参与活动者在班主任处另行登记）

三、活动时间

2021年12月11日（周六）7：30—17：00（如遇天气原因，另择期进行）。

四、活动路线

高级中学操场—环城北路—平梁路口—X208—永记生态园（开展班级活动、午餐）—X208—平梁路口—环城北路—高级中学操场。

五、成立高三徒步活动领导小组

组长：××。

副组长：××。

成员：在级领导、高三管委会成员、班主任、体育老师、科任老师。

职责：校长、副校长、年级主任带队参加，负责队伍的总体事项；班主任、体育老师、科任老师负责每个班活动队伍的秩序、安全,组织好相应的活动。

六、注意事项

(1)事先把活动安排以《致家长一封信》的形式告知家长,家长签名同意后,学生方可参加活动。

(2)学校给参加活动的师生一次性购买安全意外险。

(3)活动前筛查学生身体健康情况,身体不适合徒步活动的学生不能参加这次活动。

(4)活动前做好同学们的思想动员和安全教育工作,要求全体学生服从年级安排,听从指挥,注意交通安全及活动安全,徒步过程中严禁追逐打闹,严禁边走边玩手机,以免发生意外。学生穿校服及运动鞋,学生每班呈两列纵队排队去、排队回。出发前、回校前、返校后,班主任一定要清点人数,绝不让一个学生离队,以免发生意外。

(5)安全保障。

医疗保障:学校校医随行,备好常用急救药品,安排两辆应急车辆随行。

交通保障:请求大岭交警中队协助指挥交通,确保路上的交通安全。

学生以班为单位排成两路纵队行进,前后呼应,每班有班主任和至少一位科任老师维持秩序,备好扬声器,走在队伍外侧,协调指挥交通,管好徒步纪律,时常提醒,确保队伍安全有序,严肃行进纪律。

安全保卫:年级管委会成员、班主任、科任教师。

七、活动费用

生态园门票(××元/人)、保险费(××元/人)由学校统一购买,预算费用××元,午餐费(××元/人)。

八、活动应急预案

为了强化本次活动的安全管理,确保师生的人身安全和活动的顺利进行,及时应对活动中的突发事件,特制定以下应急预案。

(1)出发前、返回前、返回后,班主任一定要清点人数,并提醒老师和学生严格遵守国家法律法规,时刻注意交通安全、活动安全及自己人身和财产安全,认真做好突发事件的安全预防。

(2)参加人员在活动中突发疾病或出现意外伤害的,视轻重送往就近医院,有严重受伤的应立即拨打110、120,并立即组织抢救。

(3)参加活动人员保持联系方式顺畅,定时清点人数,如发现有人员走失,应立即用手机联系，如因信号或其他原因无法找到，立即组织人员就地寻找。

年级联系人：××。

活动三：二〇二二届高考百日冲刺誓师大会活动

一、时间

2022年2月25日周五15：30—17：00。

二、地点

学校足球场。

三、参会人员

学校领导、高三全体师生、高三年级部分家长、高一年级和高二年级学生。

四、准备工作

（1）会场LED：惠东高级中学2022届高考百日冲刺誓师大会。

（2）成功门。

（3）高一高二举牌：高三加油！高级加油！高考必胜！

（4）高三各班横幅（见表2）。

五、主持人

××副校长。

六、大会流程

（1）升国旗奏国歌，主持人介绍到场的领导、嘉宾。

（2）××副校长代表高三年级讲话。

（3）学生代表讲话：高三年级学生代表××、高一年级学生代表、高二年级学生代表依次发言。

（4）教师代表讲话：××老师。

（5）家长代表讲话：高三××班××家长。

（6）××校长讲话。

（7）高三全体学生宣誓，领誓人××同学。

（8）高三全体教师宣誓，领誓人××年级主任。

（9）高一高二年级学生为高三年级学生加油。

（10）走成功门：顺序为旗手方阵、横幅方阵、教师方阵、学生方阵［从高三（1）班开始到（30）班］。

（11）签名、拍照留念。

七、工作筹备

（1）成功门、标语及主席台布置：年级管委会。

（2）会场指挥：体育老师。

（3）班级誓词和横幅：各班班主任。

（4）教师誓词：年级管委会。

（5）发言稿审阅：年级管委会。

（6）入场音乐、背景音乐准备："年级管委会+音乐教师"。

八、工作要求

（1）25日15：20，全校学生迅速到足球场集合，不用带凳子，听从体育老师统一安排，15：30大会准时开始。

（2）会议期间师生精神饱满，遵守会场纪律，在会议前各班要熟悉誓词，学生宣誓时声音整齐洪亮，有气势。

2022届高考百日誓师大会学生誓词

领誓人：（全体起立，右手握拳）百日竞渡，我们一直乘风破浪，十年磨剑，我们在此崭露锋芒！亲爱的同学们，在距离2022年高考一百天的日子里，我们以青春的名义宣誓——

全体学生：

挑战人生是我们坚定的信念。

决胜高考是我们不懈的追求。

100天，我们秣马厉兵；

100天，我们卧薪尝胆；

100天，我们破釜沉舟。

奋战百日，迎接金色挑战；

永不放弃，誓要金榜题名；

全力以赴，必创高级辉煌！

2022，高考必胜；

2022，高考必胜；

2022，高考必胜；必胜！

宣誓人：

2022年2月25日

表2 二〇二二届高三高考倒计时百日誓师大会班级横幅

班级	横幅
高三（1）班	决云开天奋战百日剑指天下，沧浪出水决战六月遏舟中流
高三（2）班	不放弃，静一份心，谱高级华章；不怕苦，拼一百天，创二班辉煌
高三（3）班	奋百日，争朝暮；待六月，榜上录！争分秒，聚精神，要么出局，要么赢
高三（4）班	珍惜一百天，让梦想在六月兑现。奋斗一百天，让智慧在六月灿烂
高三（5）班	十年铸剑，只为炉火纯青；一朝出鞘，定当倚天长鸣
高三（6）班	不驰于空想，不骛于虚声！艰难方显勇毅，磨砺始得玉成
高三（7）班	上战马，定四方；攻百日，铸辉煌。日拱一卒无有尽，功不唐捐终入海
高三（8）班	今朝苦奋斗，明日步青云。卧薪尝胆酬壮志，百天刻苦闯雄关
高三（9）班	十年寒窗，盼前程似锦；百日苦战，誓金榜题名
高三（10）班	十载寒窗，宝剑今朝试锋芒；百日苦练，我辈健步登金榜
高三（11）班	砥砺前行心自许，提笔冲锋破迷局。人生能有几回搏，今日不搏何时搏
高三（12）班	今朝灯火阑珊处，何忧无友；他年折桂古蟾宫，必定有君
高三（13）班	十年卧薪尝胆欲酬壮志，百日刻苦攻读誓闯雄关
高三（14）班	宁吃百日苦，不留终生憾，非英杰不图？吾既谋之且射毕
高三（15）班	遨游书海甘寂寞，驰骋碧霄展宏图。争分秒，创奇迹，战百日，迎未来
高三（16）班	脚踏实地，燃血百日，大放光芒，撸袖子，朝前看，放手十
高三（17）班	全力以赴，鏖战百日。百日冲刺，圆梦高考
高三（18）班	脚踏实地山让路，持之以恒海可移；师生协力铸伟绩，奋力拼搏创辉煌
高三（19）班	奋战激情六月，拼个成王败寇。在奋战中厚积，在高考中喷发。
高三（20）班	有心人，卧薪尝胆，三月冲刺吾辈行。艺术人，励精图治，六月战场显锋芒
高三（21）班	卧薪尝胆，三年寒窗磨一剑，百日冲刺，只待他朝问鼎时
高三（22）班	三载卧薪尝胆酬壮志，百日破釜沉舟闯雄关
高三（23）班	十年一搏六月梦，赢得寒窗锦绣程。大鹏一日同风起，扶摇直上九万里
高三（24）班	坚持不懈努力拼搏必有回报，百日冲刺看我二四再创辉煌
高三（25）班	易题不丢失半分，难题不放弃努力。青春似火，超越自我
高三（26）班	十一载卧薪尝胆必酬壮志；一百天刻苦攻读誓闯雄关
高三（27）班	昨日披星戴月决心百炼成钢，今朝奋战百日誓必金榜题名
高三（28）班	不负青春，迎战高考！高效学习，顶峰相见
高三（29）班	今日寒窗苦读必定有我，明朝独占鳌头舍我其谁
高三（30）班	为青春无怨无悔，战高考无坚不摧。沉舟破斧拿下985，气吞云霄冲进211

活动四：二〇二二届高三户外拓展活动

一、活动目的

加强和创新我校心理健康教育工作，构建我校学生心理危机预防与干预长效机制，促进心理健康教育与思想教育的有机结合。

二、活动目标

学生通过参加一系列的户外拓展活动，加强同学之间的交流与沟通，增进学生的班级责任感，增强团队的合作意识，让学生学会交流沟通，改善人际关系，让他们具有克服困难的毅力和积极乐观的人生态度。

三、活动主题

健身健心　你我同行。

四、活动时间

2022年3月12日。

高三（1）—（5）班10：30—12：00。

高三（16）—（30）班15：30—17：00。

五、活动地点

惠东高级中学足球场。

六、参加人员

2022届全体学生及班主任老师。

七、活动内容

（一）毛毛虫快跑

游戏规则：每个班级需派出29名同学和1名班主任参加比赛。比赛前把30名队员分成五个小组，并分别站在比赛场地设定的A、B点等候比赛开始。每班班主任加入第一组"毛毛虫"的队伍一起参加比赛。开始后，"毛毛虫"由A点前进至B点，并在B点处换下一组"毛毛虫"返回A点，率先完成五组"毛毛虫"快跑的班级获胜。

（二）金箍棒迎面接力

游戏规则：每个班级需派出9名同学和1名教师参加比赛。每名同学必须先双手举起金箍棒于头顶位置，跑向指定标志点位置后，绕过标志点返回起点处，完成金箍棒交接。率先完成所有接力的班级获胜。

（三）云梯大作战

游戏规则：每个班级需派出29名同学和1名教师参加比赛。赛前把参加活动的同学分成四组，并分别站在比赛场地设定的A、B点等候比赛开始。开始后，云梯由A点前进至B点，并在B点处换出下一组云梯返回A点，率先完成四组云梯的班级获胜。

（四）多人多足

视现场活动进度临场安排组织。

八、比赛安排

（1）参加比赛的班级，可以自由搭配男女生阵容，前提是尽量让班级所有同学都能参与进来，人数不够的班级人员可以得复。

（2）每项比赛内容第一组先开始。分组如下。

第一组：1　2　3　4　5（16　17　18　19　20）

第二组：6　7　8　9　10（21　22　23　24　25）

第三组：11　12　13　14　15（26　27　28　29　30）

（3）班级集合位置：所有班级集合位置在比赛场地两旁，届时会在比赛场地两旁标出班级集合位置，每个班级派一名体育委员提前去踩点。

九、得分方式

（1）每个活动决出名次，按照1到4名分别得分为：4、3、2、1。所有内容结束后，班级根据每个活动所得分数的总和进行排名。

（2）排名第1、第2的班级获得一等奖；排名第3、第4、第5、第6的班级获得二等奖；其余为三等奖。

注意：如果出现同分情况，则获得同样名次。第三组最后一名也得1分。

备注：本次活动旨在加强同学之间的交流与沟通，增强学生的集体荣誉感和团队的合作意识，学会交流沟通，改善人际关系，让他们具有克服困难的毅力和积极乐观的人生态度。秉持友谊第一、比赛第二原则，赛出水平，赛出精神。（由于此次活动工作人员较少，需要各班级全力配合，听从体育老师及工作人员的安排，保证比赛顺利进行。同时注意安全。）

课堂内外有"度"，备考路上显"情"

——二〇二二届高考备考工作总结

　　岁月流淌中的每个晨昏，记载着一群人的付出和辛劳，见证着一群人的积淀和成长，秉承一颗初心，助力一个梦想，这就是惠东高级中学2022届高三教师的真实写照，这也是一支特别能吃苦、特别能战斗的优秀队伍。2022届的高考已经落下帷幕，我校高考成绩继续稳步向前，总分600分以上的有18人，特控上线280人，本科上线1270人，何同学物理类总分627分，邓同学历史类总分597分，专项计划上线234人，最终高校专项录取9人，赖同学被上海交大录取，李同学被南京大学录取，最终被重点大学录取的有379人。根据数据统计，各科平均分在惠州市的排位情况如下：语文排名第七，数学第五，英语第六，物理第六，化学第七，生物第八，政治第五，历史第六，地理第六。我校优异成绩的取得，离不开上级领导的关怀，离不开学校领导的正确领导，更离不开二〇二二届高三全体教师的辛勤付出。在此，我代表二〇二二届高三年级管委会对所有关心和支持二〇二二届高三备考工作的领导、教师表示衷心的感谢！下面我就本届高考的备考工作做一个简要的总结，关键词是："度""情""思"。

一、科学备考，把握好"度"

（一）团结协作，思想认知有"高度"

　　（1）高三教师这一年兢兢业业、任劳任怨，充分发挥了特别能吃苦、特别能战斗的精神。2022届这届生源是比较弱的，从数据显示应该是近几年的低谷，但高三教师不忘初心，勇于担当，踔厉奋发。

　　二〇二二届高三共有学生1566人，其中物理类1281人，历史类230人，音

管理：有条不紊

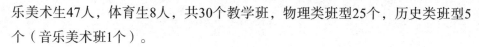

乐美术生47人，体育生8人，共30个教学班，物理类班型25个，历史类班型5个（音乐美术班1个）。

生源情况（入学情况）：受招生政策及全市高中学校布局的影响，惠州高中格局正在发生变化，三年前惠州中学等一批高中的新建及招生政策的支持，致使我县优质生源流失得越来越多，仅就我校来看，近几年生源质量在逐步下滑。表1是我校2016—2019级（二〇一九—二〇二二届）中考生源在全市分段统计，本届对应的是2019级，从表中应可明显看出我校优质生源在逐年减少。

表1　2016—2019级（二〇一九—二〇二二届）中考生源在全市分段统计

学年	全市前三千五百名	全市前四千名	全市前一万五千名
2016级	237	291	1537
2017级	204	251	1401
2018级	190	237	1354
2019级	144	182	1392

（2）年级重视协同备考，发挥团队力量，每周定期召开年级管委会会议、班主任会议和备课组长会议，每月召开年级教师会议，统一思想，明确任务，铸强团队合力，提高备考效率。特别是高三有党员42人，年级建立了党员示范岗，党员教师发挥了示范引领作用。党员教师在6：40—7：15和11：50—12：20这两个时间段开展巡查，同时，承担了临界生周末周测的监考工作。

（3）年级重视目标管理，高三年级管委会在分析了生源情况后，在8月就制定了二〇二二届高考目标，并将目标分解到各个班级、各备课组，做到年级有目标、班级有目标、备课组有目标。同时，以每次月考、大型考试的完成指标情况来反馈各班、各备课组的教育教学效果。（参见本书157页表1）

（二）落实常规，年级管理有"力度"

坚持"科学备考、精准备考、精细备考"的基本原则，以"抓时间、聚焦点、提效率、培素养"为指导思想，全体师生落实"三抓"（抓时间、抓士气、抓重点）、"四练"（晨练、午练、晚练、周末练）、"五到位"（管理到位、提升到位、分析到位、讲评到位、反馈到位）的具体要求。

1. "三抓"（抓时间、抓士气、抓重点）

（1）抓时间：坚持抓早、晚时间，充分利用周末和假期时间。

（2）抓士气：通过班级主题班会、部分学生大会、年级大会等多层面、多渠道、多种方式激励师生，增强师生的意志。

（3）抓重点：在"抓两头、促中间"策略的引导下，年级将集全校最强师资继续加强对尖子生（卓越班）和特训班（优投临界生和本科临界生辅导团队）的辅导，尽量把工作做细做实，提高辅导的针对性和实效性。

2. "四练"（晨练、午练、晚练、周末练）

加强集体备课，落实"四练"的质量和实效。坚持每天早上30分钟的晨练，每天中午30分钟的午练，晚上30分钟的晚练和周末的周测，以练促学。同时，加强高考英语听说训练，特别是加强在机房训练的次数。

3. "五到位"（管理到位、提升到位、分析到位、讲评到位、反馈到位）

（1）管理到位：充分利用好三个团队（年级管委会团队、班主任团队和备课组长团队），坚持每周团队例会制度，统一思想，从严从细落实各项任务。

（2）提升到位：遵循"高大快"（高密度、大容量、快节奏）的原则，提高复习课的课堂效率，回归课本，夯实基础知识，着力提升学生的学科核心素养。

（3）分析到位：保证练习的质量，特别是每周的集中测试要做好分析，既要分析试题的知识点覆盖面和难度，又要分析学生的得失，每一次测试对特训班的每一个学生都要做精细的诊断和分析。

（4）讲评到位：试卷讲评前做好充分准备，掌握足够的数据后进行有针对性的讲评。教师在讲评试卷前，各备课组先对试卷进行研讨、圈定重难点、制作课件等，尽可能提高试卷讲评的实效性。

（5）反馈到位：每次考试后做好数据分析，同时，以班级为单位，班主任每两周组织一次本班教师座谈会，及时发现问题、反馈问题，共同探讨对策，人人参与，群策群力。

（三）加强研究，课堂教学有"深度"

1. 立足课堂提效率

各学科备课组长每周组织一次集体备课，进行教师示范课、听课、评课和集体研讨等活动，老师们通过交流和分享经验，不断加强高考研究，精心制订教学计划，注重备课内容的完整性，针对性组编练习。惠二调后，年级于11月1日开展了各科惠二调试卷讲评示范课；各科坚持每周集体备课，在集体备课中每周安排一位教师开展一轮复习示范课，每周都安排一位教师作为主备人。高三备课管理团队坚持听课、评课，参与备课组集体研讨。4月1—2日各科开展了省一模试卷讲评示范课。

2. 重视德育助成长

高三班主任抓好班级管理工作，建立良好的班风、学风；指导学生学会学习，挖掘学生内在潜力；建设班级文化，打造高考备考文化，营造良好的备考氛围；注重心理健康教育，提升学生心理素质；加强与学生家长的沟通和联系；精心准备，上好主题班会。举办2022年高考倒计时200天主题班会、倒计时100天主题班会、倒计时30天主题班会、18岁成人礼仪式活动、高三年级师生户外徒步活动等，通过这些活动，增强学生的意志力，提升集体的凝聚力。

（四）因材施教，课后辅导有"广度"

高三级组多次召开特控临界生座谈会、本科临界生座谈会、尖子生座谈会、班干部培训会、科代表培训会等，及时了解和解决学生在学习和生活中遇到的问题。高三教师秉持"帮助每一位学生，不放弃任何学生"的信念，针对不同的学生群体制定不同的学习方法指导和心理疏导策略。

1. 多举措辅导临界生

临界生辅导是高三备考的重点工作之一。为此，王团校长、熊鹰副校长与临界生亲切座谈，引导他们在人生道路关键节点树立信心，奋力拼搏。各班科任老师有针对性地盯紧临界生的薄弱学科，并通过联合集中诊断辅导的方式，帮助临界生补足短板、增强优势。开设临界生辅导班，由专人跟班管理，并邀请几位经验丰富的党员教师给学生做学法指导。举行临界生专题讲座。11月10—17日，备课组长郑老师、邹老师、张老师、高老师等利用晚自习为临界生开展学科专题辅导讲座，受到学生的一致好评。实行"双导师"制度。班主任与科任教师沟通后给出本班临界生名单，每位科任教师负责本班临界生的学习辅导，同时，其还担任本班1~2位临界生的人生导师。4月6日晚，从年级层面集中省一模语文作文和英语作文得分较低的临界生开展语文作文和英语作文的辅导并重写。4月6—8日各位教师利用晚修时间对本班尖子生、特控临界生、本科临界生的省一模答题卷面批面改。根据省一模、惠三调、惠二调三次大考的成绩划出特控和本科临界生名单，4月11日周一晚

21: 10分召开省一模特控、本科临界生会议，并把临界生分配给相应教师，加强对临界生的管理和辅导。每周分别安排一次针对临界生的语文作文和英语作文的提分辅导。

2. 家访居家备考学生

全年级有30多个同学因身体或心理等原因选择居家备考。年级管委会组织班主任和部分科任老师到居家备考的学生家中家访，了解学生学习生活近况，并就居家学习应注意事项及居家学习方式方法进行了深入指导。

3. 帮助考试情绪波动学生

班主任关注情绪低落、成绩大幅下降的学生，科任老师关注所授学科成绩退步较大的学生。他们利用课余时间找学生谈心和分析试卷，找寻退步原因，进行学法指导和心理疏导，有针对性地制定改进举措。

4. 关注心理健康预警学生

班主任及时跟进在心理健康情况测试中心理健康预警学生，通过自主观察和向同学了解等渠道，排查班上有心理危机的学生，并将填写好的《心理危机学生排查登记表》《学生心理状态班主任跟踪表》上交年级管委会存档，向心理危机学生家长寄发《学生心理危机情况告知书》。同时，通过家访、电访和与学生谈心谈话等方式，及时了解学生状况，发挥家校合力，对学生进行有效的心理干预。

二、暖心备考，彰显好"情"

高三年级所有教师从学习、思想、生活上关爱每一位学生，做到用心呵护，用爱浇灌，用情陪伴，为高考保驾护航。

（一）线上耐心指导

高三上学期和高三下学期两次开学学生都不能按时返校，特别是春节后的线上教学。高三年级管委会未雨绸缪，组织老师给学生邮寄学案、试卷等学习资料，解决学生电子设备低效化学习的问题。班主任通过召开线上家长会、线上班会，引导家长以正确的方式方法督促孩子学习，指导学生居家有计划地高效学习和合理安排时间。高三教师采用线上授课的方式让学生在家停课不停学。

（二）校园爱心陪伴

学校所在区域受疫情影响，根据上级部门疫情管控的要求，高三学生6

周末曾离校。3月2日学校采取闭环管理，不少住校外的老师明知校门只进不出的情况下毅然入校上课和陪伴学生。为了避免学生因长时间封校，心理和情绪有比较大的波动，年级在周末适当减少学习量，班主任全程陪伴，并通过购置零食开茶话会、播放电影、组织班级趣味活动等缓解学生的情绪，并将相关影像分享到家长群以减轻家长的担忧。我们还组织了户外趣味拓展活动，通过"毛毛虫快跑""金箍棒迎面接力""云梯大决战"等赛事比拼，放松学生的身心。

（三）早晚用心坚守

在英语高考听说考试前夕，为了帮助学生提升听说成绩，英语老师每天6：00就到听说教室。很多班主任除值班外自愿6：20前到班，督促学生高声读书，确保早读效果；16：30前到班，巡视学生晚练时的状态，确保晚练效果。省一模考试后，全体高三教师每天19：40—21：10到班为学生答疑解惑，有些老师甚至要工作到22：30。22：40宿舍熄灯后，年级管委会和班主任时常到学生宿舍巡查，保障学生的睡眠时间，提升学生的睡眠质量。

（四）高考暖心服务

冬至日，高三学生在校学习，为了增加节日气氛，高三几乎所有的班主任当晚都准备了汤圆，天很冷，但情很暖。高考期间，王团校长不定期到食堂检查，保障学生食品卫生安全，并督促食堂管理人员选用优质食材和提升饭菜口味。在高考的最后一天，生物科因为下午很晚才开考，学校担心学生饿着肚子考最后一科，在考前一个半小时的时候，为每一位考生提供了热腾腾的点心。每科开考前，科任老师暖心送考，及时答疑和缓解学生的紧张情绪；王团校长带领教师们夹道为奔赴考场的学子加油鼓劲；考试期间，管委会组织班主任们全程陪护，做好后勤保障，应对学生丢失身份证或准考证等突发事件。

三、精细备考，重视好"思"

（一）选科指导不够科学

在指导学生选择物理和历史时缺少科学指导和个性化指导。在今年高考中，物理类本科率达80%，而历史类本科率达到90%，但选择历史的只有240多人，物理类有1300人。

表2　惠东高级中学二〇二二届高考数据统计表

历史类							物理类						
科目	特控线	人数	本科线	人数	上线率	参考人数	科目	特控线	人数	本科线	人数	上线率	参考人数
文总	532	25	437	198	88.79%	223	理总	538	251	445	1012	79.94%	1266
语文	120	32	104	191	85.65%	223	语文	115	308	103	925	73.06%	1266
文数	64	26	40	163	73.09%	223	理数	73	245	51	907	71.64%	1266
外语	128	29	90	196	87.89%	223	外语	122	283	92	1017	80.33%	1266
历史	71	32	57	176	78.92%	223	物理	78	306	53	1002	79.15%	1266
化学	79	0	63	3	75.00%	4	化学	80	183	68	630	76.18%	827
生物	81	23	68	158	83.16%	190	生物	83	202	71	670	79.29%	845
政治	86	38	74	163	82.74%	197	政治	85	72	73	276	73.80%	374
地理	85	6	71	41	74.55%	55	地理	85	94	74	346	71.19%	486

（二）激励措施不够有力

高三会议较多，任务较重，但年级在管理方面缺少相应的激励措施，导致少数教师缺乏积极性和主动性。

（三）新高考研究不够深入

因为这届高考处于旧教材新高考的转型交替时期，部分教师对新高考研究不足，对新课标研读不够，盲目做题，效果不佳。在对新教材和旧教材的取舍时缺少合理性，在一轮复习时显得很仓促，导致学生基础不扎实，综合能力得不到提升。

（四）学生心理疏导不够得法

高三学习压力较大，部分学生心理素质较弱，且部分学生心理没有得到专业疏导。据统计，有80多个同学因为心理问题而选择居家备考，在班主任的劝说下，高考前夕还有20多个学生居家备考，严重影响了考试成绩。

2022年高考已经落下帷幕，有收获也有遗憾，有快乐也有悲伤，我们将继续努力，不忘初心，牢记使命，踔厉奋发，笃行不怠。在此衷心祝愿惠东高级中学越来越好，祝愿二〇二三届学子再创辉煌。

附：二〇二二届高三上、下学期行事历

二〇二二届高三上学期行事历

月份	时间	事项
7月	7月31日上午9：00	多媒体1教室召开二〇二二届高三第一次教师大会
	7月31日上午10：30	多媒体1教室召开备课组长和卓越班教师会议
	7月31日下午3：00	行政会议室召开二〇二二届高三第一次班主任会议
8月	8月6日前	准备2021年高考全国Ⅰ、Ⅱ、Ⅲ卷，分发给高三教师学习
	返学前一天	备课组长组织各备课组开展第一次集体备课活动
	学生返校	学生返校工作方案
	8月9日	二〇二二届高三第一次学生大会（高考300天动员大会）
	8月10日前	临界生管理方案
	8月10日晚	临界生动员大会（优投临界和本科临界）
	8月10日前	班主任值班细化方案
		学生仪容仪表检查、8月份校园卫生
		主题班会：开学第一课：梦想、目标与行动
	8月27—28日	惠东县高三年级学生统考
		8月份教室布置、学生寝室布置
9月	9月1—17日	一轮复习示范课
		主题班会：感恩
	9月27—28日	9月月考
10月	10月初	主题班会：爱国
	10月11—22日	一轮复习示范课
	10月中旬	高考随迁子女审核
	10月27—28日	惠二调
11月	11月初	主题班会：运动
	11月4日	临界生大会
	11月5日	年级召开惠二调分析会
	11月13日	家长会和学生大会（高考200天动员大会）
	11月1—15日	高考报名
	11月下旬	学校运动会
	11月底	永记生态园徒步

月份	时间	事项
12月份	12月7—8日	主题班会：励志
		12月月考
1月份	1月13—14日	惠三调
	1月17—18日	体检
	1月23日	寒假

二〇二二届高三下学期年级行事历

周次	日期	事项安排	
		时间	内容
第一周	2月13—19日	2月13日	学生返校、班主任例会
		2月14日	备课组长会议、主题班会"收心归位蓄力前行——假如我的上半场是0∶2"
		2月15日	临界生小组长会议
		2月16日	尖子生座谈会
第二周	2月20—26日	2月25日	2022届高三百日誓师大会
第三周	2月27—3月5日	3月5日	广东省高考英语听说考试
第四周	3月6—12日	3月6日	月假
		3月初	各科开展二轮复习、开展二轮示范课、主题班会
		3月11—12日	3月月考
第五周	3月13—19日	3月中旬	准备高校专项、地方专项的资料
第六周	3月20—26日	3月21日	主题班会"潜心备考　志在必赢　冲刺省一模"
第七周	3月27—4月2日	3月29—31日	广东省一模考试
第八周	4月2—9日	4月5日	4月5日清明节，4月4—5日月假
		4月6日	高考倒计时60天、省一模总结暨表彰大会
第九周	4月10—16日	4月11—15日	市教科院进行高三复习备考调研
第十周	4月17—23日	4月21—23日	2022届高三惠州市第一次模拟考试

管理┆有条不紊

179

周次	日期	事项安排	
		时间	内容
第十一周	4月24—30日	4月25日	主题班会"反思得失　奋力前行"
		4月30日	初定高三毕业照
第十二周	5月1—7日	5月1—2日	5月1日劳动节，5月1—2日月假
		5月6日	高考倒计时30天
第十三周	5月8—14日	5月10—13日	各备课组开展高考热点专题研讨
第十四周	5月15—21日	5月16日	各科开展三轮复习
第十五周	5月22—28日	5月下旬	整理学生档案
第十六周	5月29日—6月4日	5月底	5月27—28日考前热身训练、6月1日高考动员"亮剑出鞘　谁与争锋"
第十七周	6月5—11日	6月7—9日	高考

润物无声——一线教师五年的成长经历和育人实践

心得：
学思并进

　　教育的目的不仅仅是传授知识，更重要的是思想的唤醒。作为教师，我们要唤醒学生，首先要唤醒自己，这种唤醒是自发而成的，对生活的思考和感悟是最好的方式。

我和我的小蜗牛

最近读了一篇文章《牵着蜗牛去散步》，让我感触很深，因为我也是那个每天牵着蜗牛去散步的人。即使蜗牛再慢，她也是我的蜗牛。作为父母，我们是多么希望她拥有一双会飞的翅膀，但她长不出翅膀。我只想对我的蜗牛说："我们一起去散步吧，孩子。"

一、因为爱爸爸啊

女儿是2011年1月出生的，我原以为这么小的孩子不懂什么是爱，但2014年9月女儿的一个拥抱改变了我的看法。那天晚上，我无意中看到一张公益活动的邀请函，顺手拿起来看了看，原来是"重阳献孝心，我给父母洗次脚"活动的宣传单，看到第一段文字写得不错，我就情不自禁地读了起来："不知不觉，我们慢慢长大了，而我们的父母一天天地变老了，皱纹一天一天爬上了爸爸妈妈的脸庞。"当我读完这句话的时候，在一旁玩积木的女儿突然抬起头来很专注地看着我，我也注意到了女儿这个动作，更加深情地继续读着下面的文字："从我们出生到走人生的第一步路，从幼稚到成熟，从工作到成家，时时刻刻都牵动着父母亲的心。"没想到女儿这时向我走过来，直接扑到我的怀里，抱着我，我突然意识到女儿为什么会有这个行为，肯定是我刚才读的文字触动了她。她只是一个3岁半的小孩，虽然她可能不能完全明白我刚才读的话是什么意思，但她的行为告诉我她听懂了我刚才读的内容。后来我故意试探女儿，问她刚才为什么会突然抱了一下我，女儿的回答干脆利落："因为爱爸爸啊。"短短的几个字，让我感受到亲情的意义。后来，每次外出或是下班回来，我总是提醒自己，可以抱抱孩子或亲吻一下孩子，这就是爱，无须多言。"老吾老以及人之老，幼吾幼以及人之幼。"我还教育女儿要像爱自己的爸爸妈妈一样爱自己的老师，自己的同学和朋友。一次吃饭的时候，女儿告诉我："我很爱我的老师的，我叫她们刘妈妈、周妈妈和黄妈妈啊。爸爸妈妈也是老师，我也爱爸爸妈妈！"

在我们的世界里，幼小的蜗牛或许经常显得笨拙而迟缓，但恰是这样的他们才拥有一颗最为原始而纯粹的心。这颗心很强大，强大到在某种时刻甚至可以给予大人们治愈的力量；而这颗心也很弱小，弱小到需要我们时刻精心呵护与关爱。让他们以爱为底色，浸浴在爱与被爱的色调中。

二、我们爬到山顶了

星期天，我和女儿一起去飞鹅岭爬山。在飞鹅岭公园，我们拾级而上，女儿一边踏着阶梯一边很乖巧地数着，这是我给女儿布置的数阶梯的任务，我心里也暗暗地数着，最后女儿告诉我有41级（我数的是45级）阶梯。我想，多少阶梯已经不那么重要了，我表扬了她，她高兴得像只活蹦乱跳的小野兽。

来到登山入口，我并没有对女儿特意强调"爬山"，我把今天的爬山当作一次游戏——寻宝活动，我希望女儿在游戏活动中完成今天的旅程。女儿很喜欢看《爱探险的朵拉》，她很开心今天自己能充当朵拉的角色。我们的寻宝之旅开始了，一路上我们发现了石头做的大书和小书、一口警示钟、罗盘（女儿说"怎么这么大的勺子啊"）、石扇子、石镜子等，每到一处我们就能找到一个宝贝。女儿兴奋极了，每发现一个宝贝后，我们就向下一个出发。我把水当作奖品，可能是她的确口渴了，她非常卖力地用那略显笨拙的步伐一步一步努力奔向亭子，这样她就可以痛痛快快地享用自己的"奖品"了，她很乐意领奖。在中途的时候，我们玩龟兔赛跑的游戏。其中有两个比女儿大的小朋友走在前面，我就问她能不能超过前面的两个小朋友。女儿刚开始没有信心，我马上又补充说："等会儿这两个小朋友一定会睡觉休息的，就像龟兔赛跑的兔子一样，等他们休息的时候我们就超过他们了哦。"女儿一听马上来精神了，可能是因为平时我们爬楼梯的时候经常玩龟兔赛跑游戏的缘故吧。果不其然，那两个小朋友坐在前面休息，我就鼓励女儿："你看，兔子在睡觉了，我们超过他们好吗？"女儿和我坚持没有休息，途经那两个小朋友的时候，女儿还悄悄地观察他们的表情，似乎在小心翼翼地确定：我们的确超过他们了。虽然，后来那两个小朋友在我们休息的时候超到了我们前面，但在女儿的心中，我们依然是胜利者。就这样我们一路说

心得·学思并进

着、找着、爬着、笑着。女儿看到山顶那个最大的亭子时，很开心地说："爸爸，我们爬到山顶了。"

我喜欢和女儿一起去散步。因为散步，我们可以揭开被琐碎生活掩藏的真相——我爱女儿，女儿也爱我，我们彼此爱着对方，彼此用爱陪伴，一同成长。

因为散步，我可以牵着女儿的手，女儿也可以牵着我的手，我希望这一牵就不要放手。尽管这听起来有点幼稚，但至少她能知道，只要我牵着她，她就可以勇敢地往前走，即使闭着眼睛走，也不会惧怕迷路。

女儿软软的小手贴着我的手心时，我第一次害怕有一天我会老去，害怕我的手会不再灵巧，不能陪她参与各种游戏活动。我想：我的手还要再灵巧一些，这样我就可以亲手为她绘制更多的风景，陪伴她走过生命中一路的万水千山！

（本文写于2014年10月，入选广东省教育研究院定于2014年秋季开展"科学育儿"家庭教育优秀案例评选活动的优秀案例）

平常人，平常心，平常事

因为星期四去珠海参加班主任的德育学习，这三天都不在学校。今天（2014年11月30日，星期天）晚上，我早早地来到办公室，想跟班长交流一下这几天班级的情况。班长说一切都很好，但我不在的这几天同学们在学习上显得有点烦躁，比如星期六那天让科任老师讲老师的学习生活，学生们表现得很浮躁，静不下心来。听了班长的汇报，我马上意识到是时候教育教育学生了，我就借我这几天学习的经历，给学生分享一个我自己的感悟吧。星期天第一节是我的英语晚自习，我准备花20分钟的时间跟学生分享一个话题：平常人，平常心，平常事。

一进教室，我就跟学生寒暄了一下，问他们这几天我不在学校，大家学习情况怎么样。接着我就抛出这个话题，我告诉学生这几天我学习最大的感悟就是：平常人，平常心，平常事。我把这几个字大大地写在了黑板上。

平常人

我们每一个人都是平常人，即使是伟大的人物，也是一个平常人。作为学生，我们要友善地对待身边的同学和老师，我们不应有任何优越感，因为我们都是平常人。就算有一天你功成名就，也要永远地正确地认识自己。为什么很多人高高在上、不可一世？那是因为他们忘记了自己就只是一个平常人，正是因为他们不能正确地认识自己，在生活中，他们就会迷失方向，有些人把追求权力和金钱作为人生的最高目标，最终会沦为金钱和权力的奴隶。因为在他们的世界中，他们把自己看作超人，看作神，神只是一个传说，所以这些迷失自我的人也最终会成为传说。

平常心

心态是一切幸福的来源，我们要保持一个好的心态。作为学生，我们不要有太多的抱怨，不要做那些我们说了不算的事。天要下雨的时候，无论我们再怎么抱怨，也终止不了下雨。有些事情总是缠绕着我们，影响着我们的心情，我们无法去改变，也没有必要去改变。我们没办法改变这些，只能改变我们的心情和看待事物的态度。其实，在生活中，只要我们懂得去欣赏真善美，我们身边就永远不缺少真善美。只要我们保持一颗平常心，我们就能发现真善美。

平常事

天下难事必作于易，天下大事必作于细。我们每天所做的事情都是真实而烦琐的。每天我们都会面临一个又一个的困难，正如钱锺书所说："生活就是困难重叠困难。"我们不要去追求惊天动地，而应把自己所要做的事情做好，这就是生活的意义。把平常的事情做得有意义，正如《士兵突击》里许三多说得最多的一句话就是"这件事有意义"。我们每天面对着各科的作业和紧张的学习，都是平常事，也是有意义的事。

运斤成风

每接手一个新的班级，我就会给学生分享"运斤成风"这个成语故事。我第一次听到这个故事是在20多年前我进入高一时，语文老师孙老师在第一节语文课上与我们分享的。孙老师是我们市的名师、语文特级教师，他讲课风趣幽默，我们的第一节课他就以这个故事作为见面礼，所以我至今还记得。如今，当我站在这个讲台，我也想把这个故事送给我的学生，这可能就是一种传承吧。

"运斤成风"这个成语出自《庄子·徐无鬼》。

庄子送葬，过惠子之墓，顾谓从者曰："郢人垩慢其鼻端若蝇翼，使匠石斫之。匠石运斤成风，听而斫之，尽垩而鼻不伤，郢人立不失容。宋元君闻之，召匠石曰：'尝试为寡人为之。'匠石曰：'臣则尝能斫之。虽然，臣之质死久矣。'自夫子之死也，吾无以为质也，吾无与言之矣。"

这个寓言故事的大意是：楚国的郢都有个勇敢沉着的人，他的朋友石是个技艺高明的匠人。有一次，他们表演了这样一套绝活：郢人在鼻尖涂上像苍蝇翅膀一样薄的白粉，让石用斧子把这层白粉削去。只见匠人不慌不忙地挥动斧头，"呼"的一声，白粉完全被削掉了，而郢人的鼻尖却丝毫没有受到损伤，郢人也仍旧面不改色，若无其事地站在那里。这件事被宋国的国君知道了，他非常佩服匠人的绝技和郢人的胆量，很想亲眼看一看这个表演。于是，国君就恭恭敬敬地把匠人请来，让他再表演一次，匠人却说："我的好友已经去世，我失去了唯一的搭档，再也没法表演了。"

当我听完这个故事后，很赞叹匠人熟练的手法、高超的技艺，但我更惊叹匠人和郢人这种默契，这种默契是建立在绝对信任的基础上的。试想，如果郢人对他朋友不够信任，他绝不会如此勇敢；如果匠人对他的朋友没有足够的了解，他也绝不会如此淡定。这种彼此间的信任是如此重要，信任是我们与人相处的重要法宝。

当年，孙老师把这个故事分享给我们，就是希望我们能够对他多一份信任。同样，我给我的学生在开学第一课讲这样的一个故事，也是希望我的学生对我要有足够的信任。常言道：亲其师信其道。不管出于什么样的考虑，师生关系融洽都是教育的一个基本要求。我很提倡师生之间亦师亦友，从教十多年，很多学生甚至工作后还经常与我联系，当这些曾经的学生再一次出现在我面前的时候，我真心感觉做教师很幸福。

从古至今，钟子期与俞伯牙的故事被人们传为一种美谈，朋友易得，知音难求。作为教师，我们不期望学生成为我们的知音，但我们真心希望能够与学生保持一种良好的师生关系。学生是我们耕耘的花朵，我们要用情培育、用爱浇灌。在从教生涯中，我一直坚信，我们的真诚和爱心一定可以赢得学生的信任，同时也会收获这种"运斤成风"般的默契。

躬身入局

2015年5月7日晚上，我召集班上的班干部到办公室开会，就算是对班干部进行一次培训，这也是作为班主任进行班级管理的一个重要部分。班级管理是需要对班级事务细化，并有明确的分工。只有大家各司其职，坚守本位，我们班主任才不用在每件事上都做到事必躬亲。当班干部到齐后，我没有急于告诉他们应该做什么，而是给他们分享了一个故事，故事大致是这样的：

两个农民，挑着沉重的担子，相遇在农田间狭窄的田埂上。他们谁也不愿意相让，因为那样的话，他们中的一个人就要一脚踩到泥泞的水田里，沾一脚泥！他们就那样杠上了，谁也不让谁！接下来的考题是：作为一个旁观者，你该如何相劝呢？

我最初听到这个故事的时候，第一反应就是，如果我是旁观者，我会告诉他们"退一步海阔天空"的道理。此时，班干部们的想法基本和我一样，就是做思想工作，可能"有其师必有其弟子"吧！细想之后才发现这种处理方法过于理想化，做思想工作未必有效，这两个农民潜意识里的逻辑是："我凭什么要让你？大不了都不走，看谁犟得过谁！"

我告诉班干部们，要从另一个角度提出解决问题的方法：旁观者跳入水田，接过其中一个人的担子，让他先过。这样，问题就解决啦！班干部们听到答案后都"哦"了一下。我趁热打铁，进而告诉他们，作为班干部，当我们在班级管理中遇到问题时，躬身入局不失为一个比较好的破局之策。的确如此，很多时候，我们要稍微转换一下身份，从旁观者变成置身其中的人，把自己放进去，这样无解的问题就有了答案。我告诉他们作为班干部为什么要带头做事，是因为我们作为班级管理者，首先要把自己置于班级之中，把自己置于同学之中，如果我们只是充当发号施令的旁观者，我们就不能够得

心得·学思并进

到同学的信任，我们就会失去民心，缺少威信！

记得有一次学生早上打扫包干区迟到，我不分青红皂白地劈头把学生批评了一顿。后来，有个学生私下交流时告诉我，那天是因为下雨导致包干区的落叶很难扫才导致同学们迟到的。了解情况后，我找了一个机会早早起来和学生一起打扫包干区，树叶贴在水泥路面上，任你怎么努力都很难扫到一起，此时，我终于明白了同学们早上打扫包干区的辛苦。我想，只有当我们躬身入局，才能理解学生在学习中、生活中遇到的难题。否则，我们高高在上，简单说几句"这么简单的事都不会""这有什么困难的"会对孩子和学生造成巨大的伤害。

其实在生活中，我们每一个人都是管理者。作为教师，我们要管理我们的学生；作为父母，我们要管理我们的孩子；作为家庭成员，我们要管理我们的家庭；等等。我想，只要我们参与管理，我们就需要躬身入局，不能把自己当成局外人，这才是破局之道。

当一匹被鞭打的马

今晚（2016年9月20日）第一节是英语晚自习，我给学生们布置了限时测试的任务。测试时间一到，科代表收集好同学们的答题卷交回我办公室，并告诉我有5位同学没有上交答题卷。在这5个学生当中，其实有两个学生英语基础还算不错的，只是对自己要求不够严格，平时学习懒懒散散。我立刻把其中的一位同学叫到我的办公室，故作惊讶地问："怎么你也不交测试卷啊？"没想到他反应挺快的，反问我："老师，是不是还有其他同学也没有交啊？"我不想欺骗他，便告诉他还有4个同学没交。听完后，他似乎略显开心，还有人与他做伴。我看穿了他的心思，但没有立刻指责他，而是调整了一下心态，告诉他："我想给你讲个故事，你愿意听吗？"他不知我葫芦里卖什么药，回答说："好啊！"我给他讲了墨子和耕柱子的故事，故事大致是这样的：

耕柱子是墨子的门徒。一天，墨子授课时，一只小鸟停在窗外的柳树上婉转鸣啼，弟子们纷纷向外张望，耕柱子也随之瞅了一眼。事后，墨子却单独严厉地责骂了他。耕柱子感到很难过，觉得受到很大委屈，抱怨说："我犯的错误并不比别人多，却遭到老师这样严厉的责难。"墨子听到之后，问他："假如你要驾驭马和牛上太行山，你会选择鞭打马还是鞭打牛？"耕柱子回答："我当然要鞭打马。"墨子又问："为什么要鞭打马而不鞭打牛呢？"耕柱子回答："因为马儿跑得快，才值得鞭打，这种能力是牛不具备的。"于是，墨子告诉他说："我责骂你正因为你像马而不像牛，你值得批评啊！"

讲完故事后，我问那个学生："现在知道我为什么只把你叫到我办公室了吗？"他点了点头，似乎有点感动。我继续问他："如果是你，你会选择当一匹被鞭打的马，还是当一只不被鞭打的牛？"他很肯定地告诉我说："当然是那匹被鞭打的马。"

心得：学思并进

作为教师，我们经常会听到一些有关教育管理的负面新闻，说某某教师批评某某学生，然后某某学生报复某某教师等，但这些不是我们放任学生的理由。在学生的成长过程中，难免犯这样或那样的错误，我们应及时给予纠正、批评、训斥，甚至当头棒喝，这些不失为一种有效的管理手段。对于学生而言，应该要有这种意识：那些敢于批评他们的人，才是他们生命中的贵人。在学校，如果你遭遇了特别严厉的批评，说明你是一个可造之才，是一个值得帮助的人。如果一遇到批评，就极力辩解，找各种理由，从来不想自己的原因，一次两次还可原谅，次数多了，别人便会对你失望，你也就失去了提升自己的机会。

生活中，许多人面对严苛的鞭策，只一味地感到委屈，继而意志消沉，慢慢地变得平庸；另外一些人，在鞭打中意识到自己的价值，将鞭策化为动力，扬蹄奋进，勇敢地登上人生的顶峰。一个人才的成长，必须能经受住各种考验，忍受各种委屈，才能完善自我。这些挑剔给了你一个臻于至善的机会，有助于完善你的人格，增加你的底蕴，使你每临大事时都有底气。

孩子的成长到底需要什么

时钟的指针嘀嗒地走过早上6：30的时候，我们家的餐桌上准时地摆好了热气腾腾的饭菜。排列整齐的筷子，简单日常的菜式，还有和往常一样坐在我身旁的妻子，眼前的一切都再正常不过了。而我此时却不得不调侃我的手艺似乎总是无法对我们的女儿子慧产生足够的吸引力，你看，她依然舍不得离开她那跳舞垫上的小世界，陶醉在其中手舞足蹈地蹦来跳去，而她脸上的笑容也仍旧绽放在她每一个转身旋转的动作里，或抬手，或踮脚，或像一只扑腾的小兔子活泼地一跳一跃。

这让我不忍心打扰这只掉进自己小世界里沉醉不知归返的小兔子。出于下意识的习惯，我耐心地把她爱吃的菜一样一样夹进她的碗里，不一会儿，五颜六色的菜就把白米饭遮盖住了。我想这下这只小兔子应该可以被喂饱了。但是子慧洗完手回来看见她的碗上莫名其妙地多了一顶彩色"小山"，她看了看我，坐下来时又看了看"小山"，然后抬头，认真地看着我说："爸爸，我想跟你说一件事，好吗？"我当时并没有太在意她的认真，以为是什么稀松平常的事情，于是随口答应着："好啊，什么事呢？"子慧的目光紧紧地注视着我，她说："爸爸，我希望你以后不要再提前把菜夹到我的碗里了，好吗？碗都装不下了，我都不能自己去夹菜了。"我突然怔住，握着筷子的手尴尬地顿在空中，我没有想到我的"一片苦心"换来的竟然是子慧的不乐意。这在我看来就像是对我的责怪，我心里挺不是滋味的。小兔子，我这不是为你好嘛，怕你来晚了吃不饱啊。本来还想开口跟她说些什么，但是一时不知如何开口，还是忍住了。

我想起我一直以来都有主动为子慧做一些事情的习惯。比如今天会担心她吃不饱而给她夹了满满的菜。但转念一想，如果我总是这样帮她把菜夹好，她或许可以再多玩一会儿，或许吃饭也能吃得快一些，或许就没有后顾

心衔：学思并进

之忧地去做更多事情，因为她知道她可以依赖身后这个替她"夹菜"的爸爸，但是终有一天我们都会发现，她渐渐丧失了自己"夹菜"的能力和"吃饭"的乐趣。而能够自己"夹菜"应该是每个人成长中不可忽视的能力，孩子们在"夹菜"的时候也能发掘出更多属于他们自己的乐趣。而我们把这样简单的"夹菜"都代劳了，这样做真的可以帮助他们成长吗？

那天晚上，我最后还是决定跟子慧开口，我对她说："子慧说得对。好孩子是要自己夹菜的。以后想吃什么就自己夹，爸爸会把夹菜的权利还给小兔子，小兔子可以自由地去完成自己能做的事情。但是小兔子也要答应爸爸，如果遇到什么难事需要帮助，不要忘记身后还有爸爸在哦。""好啊，来拉钩。"子慧古灵精怪地冲我开心地笑笑，弯起小指递过来。我蹲下来跟她拉钩，看见她眼睛里流转着明晃晃的喜悦，心里万分感慨。

第二天早上，站在洗漱台边，我看着睡眼惺忪的小兔子一脸发蒙地揉了揉眼睛，听着墙上时钟嘀嗒嘀嗒地叫嚣着已经早上7：00了，担心着她会不会赶不上校车，那一瞬我突然又萌生了要替她挤牙膏的冲动，因为以往我为了替她节约时间会替她把牙膏挤好，把水倒好。但我又想起了昨天晚上的事情，我拿起牙膏又放下，我要等她自己来做这些事情，我要等她自己学会成长，我不要再自作主张地包办一切，我不要害怕雏鸟受伤就不允许它自己飞翔。

子慧很自觉，自己利落地洗漱完，背起书包就拉着我风风火火地下楼赶校车。今天的校车也格外配合，刚好赶上。看着校车离开，我想即使是迟到也得等她自己动手挤牙膏，自己准备自己的事情。因为我不能剥夺她自己动手做事的权利，不能剥夺她成长的机会。

这让我想起了十年前自己刚当班主任的一件事情。那时我刚刚大学毕业，从坐在讲台下听课变成站在讲台上讲课，摇身一变成了"孩子王"似的班主任。那时我热情澎湃，精力充沛，在班上组建班干部队伍时，班级事项和各类班务也一条一条地分得细致明确。而为了不浪费学生的学习时间，很多事情我都亲力亲为，黑板报也亲自设计，班会课也一个人唱独角戏，劳动名单也亲自安排。而我当时自以为可以帮助学生的"包办"做法，却出乎意料地扯拉出学生身上的"依赖"和"懒惰"。学生总是跑到办公室来请示这件事怎么做、那件事怎么做……而我自己也忙于应付这些日常琐事，在庸碌的琐事中任时光大把大把地溜走。

现在回想起来，我确实是在好心做错事，错不仅错在我把大事小事揽上身这种辜负时间又没有意义的"包办"，更是错在我竟然在不知不觉间剥夺了孩子们成长的机会。

十年后的今天，我更愿意做一个"懒惰"的班主任，我要把自由的土壤留给成长中的他们，要把广阔的天地还给展翅欲飞的他们，要让他们尽情地越过水平线，追寻自己的梦想。

我刚接手（9）班的时候，就在班干部会议上说："以后这个班就要靠大家了，你们才是主角，我是配角，班级管理的事大家放手去做，班级你们管，责任我来担。"他们的眼神中闪过一丝惊喜的感激，可能他们也没有想到我会如此"慷慨"地把管理权统统拿出来吧。他们干得也格外起劲，为了排练班会的节目连午觉也不睡，为了实施新的措施总是留下来开会讨论，我也乐得站在一旁当他们的眼睛。当他们迷茫的时候，我就带他们去"寻找光明"，然后默默地关注他们"南征北战"的身影，而我也终于多了自己的时间，生活变得更加充实起来。

2014年我曾外出学习一周，当时有领导问我需不需要找个科任老师来帮忙管理班务，我自信地回应："不用，这些班干部很可靠。"我们班上的孩子们我最了解，我的"地盘"我最熟悉，我不在这，对于学生来说不仅是一次挑战，也是一次绝佳的锻炼机会。我相信他们。

一周后我回到学校，班干部们簇拥上来迫不及待地跟我展示他们的管理成果，各种表格井井有条地标记好放在我的面前，大家开玩笑说这一周少了我，地球照样转，天下照样太平。有人还调侃着问我："老师你下次什么时候再外出学习哦？我帮你做代理班主任。"没想到遇到学校领导的时候，他们竟然也表扬了这些独立能干的孩子。

的确，每个人都是一只潜力股，关键是你得给它上涨、发挥的空间。无论作为家长，还是老师，如果我们在孩子的成长过程中，一味地"包办"，学生就会丧失锻炼的机会，他们就会永远生活在"幼稚"之中。我们经常抱怨孩子这也不会做，那也不会做，但我们很少去问问自己，我们有把自己动手做事的机会留给孩子吗？衣服我们帮他穿好，书包帮他整理好，衣服帮他叠好等，这些琐事我们都帮孩子做了，那孩子的生活还剩下什么？

坐在办公室，经常听到同事抱怨班上的班干部这也不会做那也做不好。的确，学生在成长的过程中会逐渐暴露出一些不完美的地方，大家都还有很多需要学习的东西，所以需要更多的机会去锻炼、去改正、去成长，如果我

心得：学思并进

们只是一味地抱怨结果，不去反思我们在孩子们成长的过程中扮演的角色，那么抱怨就只是徒劳。作为教师，我觉得我们不能总是以怕耽误学生的学习为借口，什么事情都亲力亲为，我们要大胆地放手，给他们足够展翅的空间。"海阔凭鱼跃，天高任鸟飞""勤快教师教出懒惰的学生，懒惰教师教出勤快的学生"，把机会留给孩子，不要让最渴望孩子飞翔的自己成了用"爱"来束缚他们的人。

蛹要成长，需要自己奋力地撕裂自己的皮囊，独自等待破茧成蝶的时刻。

雏鸟要成长，需要挣脱雌鸟的保护，勇敢地尝试独自向天际飞翔。

凤凰要成长，需要忍受烈火的磨炼，在寂寞中涅槃重生。

而我亲爱的孩子啊，你们要成长，就像蒲公英要摆脱土地的束缚，然后在我们的目光下，在多变的风雨中，一路扶摇，一路绽放。

不同的视角

2016年11月10日，我在微信上看到一个小视频，小视频的内容大致是这样的：在一座高山上，有一个巨大的石头正从山顶往下滚动，山脚就是一座城镇，城镇住着很多很多人。就在这个危险的时刻，一个巨人出现了，他张开他的大手，用力地挡住石头不让它往山下滚动，巨人用尽全身力气终于把石头挡住了。但就在这时，巨人的后脚一不小心把城镇最前面的一栋房子绊倒了。这时，城镇的人们发起了猛烈的攻击，他们朝巨人的头上和身上疯狂地投掷武器，巨人看了看这个城镇，露出了伤心的表情，他终于松开了自己的双手，巨石滚了下来，碾过了这个城镇，城镇瞬间化为平地。

我觉得这个视频很有意思，视频里有三方：巨石、巨人和城镇。显然，这个故事是很有现实意义的，巨石、巨人和城镇寓意不同的人。当我第一眼看到这个视频的时候，我想到的是城镇里的人不懂得知恩图报，以恶报德，巨人拯救了城镇，只因为一个小小的失误而遭到城镇人们的疯狂攻击，我很同情巨人。回归到现实，在我们的身边还有很多这样的例子，帮助了别人但得不到别人的感激，反而受到别人的讹诈，如在马路上帮扶摔倒的老人就是典型的事例。我把这个视频发给我老婆看，她的看法和我一样，责备城镇的人们不懂得感恩。

有一天晚上，我把这个视频给我6岁的女儿看，我问了一个简单的问题："这里面你觉得谁对谁错？"她的回答让我大吃一惊，女儿说："巨人做得不对。"我故意引导她说："巨人救了城镇里的人，城镇里的人还用武器打他，城镇的人应该不对哦。"没想到女儿回答说："即使巨人受到攻击，巨人也不应该放手，让石头把城镇碾平，巨人可以再忍受一下啊。"的确，女儿的说法有道理，巨人因为自己的一点儿委屈就放弃整个城镇，这实在是一种自私的做法。巨人的委屈与整个城镇人们的生命相比，孰重孰轻，不言而喻。

心得 ：学思并进

这里我不想再去谈论谁是谁非的问题，这个故事给了我一个很大的感触，那就是作为教师，我们是教育者，我们不能意气用事。前几天，一个同事课上到一半就气冲冲地跑回办公室，问其原因，原来是班上一个同学上课睡觉，被同事发现，同事觉得该同学不尊重课堂，非常生气，没有控制住自己的情绪，把该同学当堂狠狠地批评了一顿，然后觉得不解气，干脆让全班停课反思。的确，那个睡觉的同学违纪应该受到教育，但不能因此停课而惩罚全班同学，因为一个同学的错而"放弃全班同学"，这和那个巨人的行为不是很像吗？

同时，我也意识到对于同一个问题，不同人的看法和感受可能是不一样的，我们要尽可能多一点儿理解和包容。这让我想起不久前班上刚发生的一件事，那天是我的英语课，课上到一半的时候，我突然发现一个男同学在用耳机听着什么，因为不想中断我的课，我没有马上点名那位同学停止这一行为，而是找个机会走到他的面前，示意他不要再做这件事。那位男同学意识到我发现了他的违纪，马上把耳机收了起来。等到下课时，我把那位男同学叫到办公室，毫不客气地批评了他一通，我的心情似乎好了很多。这时我也马上意识到，是应该与这位同学交流一下了，在听完他的解释后，我才意识到这位男同学英语基础很弱，平时上课很难跟上全班的学习节奏，他这次用耳机听的不是音乐，而是课本的录音。听完他的解释后，我有些欣慰，他总算是在学习。后来我了解到这位同学英语基础比较弱，他也想过要改变要努力，但是不管怎么努力似乎成绩也没有什么变化。得知这事后，我陷入了沉思，作为教师，很多时候我们也应该站在学生的角度去思考问题，不能总是高高在上地去思考问题。

"横看成岭侧成峰，远近高低各不同。"由于每个人的年龄和心理特点不同，看问题的方式方法也会有差异，我们不能以自己的标准去看待每一个人。一些班主任总是抱怨学生为什么不能够多理解自己一些。我想，如果认知不在同一个层次上，难免会发生误解。对于教师而言，因为阅历而形成的惯性思维，很难理解学生天真和稚嫩的想法；而对于学生，因为涉世不深很难理解成人世界的规则和思维，两者之间产生误解是必然的。作为教师，我们所需要的是能够站在学生角度的勇气，并且能从学生的视角去思考问题，这样才能理解学生、宽容学生、爱护学生。否则，就会产生误解和偏见，这既不利于教师本身，也不利于学生的成长。

珍惜时间

——全校升旗仪式时国旗下的讲话稿

2017年5月21日，我给远在湖北老家的爷爷打电话，电话里我们聊了很久，临挂电话时，爷爷问我："今年暑假要回来吗？"我迟疑了片刻说："暑假一定回家的。"我是爷爷一手带大的，他现在已经80多岁了，每年春节回家，他就问我暑假什么时候回来；每年暑假回家，他就会问我春节要不要回来。我知道我和爷爷在一起的机会不多了，所以今天我想跟大家谈谈"时间"这个话题。

前两年有一首歌——《时间都去哪了》红遍大江南北，平实却动人的歌词配上王铮亮真挚的演唱引起了人们的共鸣，它唱出了人们对时间的感慨。孩子对爸妈说："爸爸，如果你们再不陪陪我，等我长大了，就不用你们陪了。"老人对孩子说："孩子，如果你们再不回来看看我，等我走了，你们就再也看不着了。"当我们听到这些话的时候，悲伤之情油然而生，但在时间面前，一切都显得那么的残酷和无奈。一个人的时间太有限了，时间的步伐太快了，如果我们不珍惜它，我们就会留下太多的遗憾。

朱自清先生在《匆匆》里写道："洗手的时候，日子从水盆里过去；吃饭的时候，日子从饭碗里过去；默默时，便从凝然的双眼前过去。我觉察他去得匆匆了，伸出手遮挽时，他又从遮挽着的手边过去。天黑时，我躺在床上，他便伶伶俐俐地从我身上跨过，从我脚边飞去了。等我睁开眼和太阳再见，这算又溜走了一日。我掩着面叹息。但是新来的日子的影儿又开始在叹息里闪过了。"

时间对于每个人都是公平的。一年365天(最多366天)，一天24小时，一小时60分钟，一分钟60秒，对每个人都一样。但由于人们对待时间的态度不同，因此就有不同的结果。珍惜时间的人"留下串串果实"，不仅延长了生

心得：学思并进

命，而且使生命富有意义；浪费时间的人却"两手空空，一事无成"，只能徒伤悲，空叹息。对我们学生来说，也是这样的。经过一学期的学习，有的同学取得了优异的成绩，各方面都有了长进；而有的同学却收效甚微，甚至一天更比一天差。这是因为珍惜和不珍惜时间造成的差别。

时间有一个特点，就是一去不复返。即使是最伟大的科学家，使用最先进的科技手段，也不能把时间挽回。因此，著名科学家富兰克林把时间比作生命；我国现代伟大的文学家鲁迅把浪费别人的时间比作"谋财害命"，把浪费自己的时间比作"慢性自杀"。由此可见时间的珍贵。时间虽然一去不再来，但是人对于时间并不是无能为力、无所作为的。

对于高三的学生而言，离2017年高考只有15天的时间了，时间虽然短暂，但我们还是可以让自己有所改变的。

15天，你可以重新审视自己常犯的15个错误，例如步骤不合理、审题不细……

15天，你可以把必考的题型挨个拿过来训练。

15天，每天鼓励自己一次，你都有15次自我鼓励的机会。

15天，你还有很多与优秀同学、老师在一起的机会，可以有远远超过15次找他们问问题的机会。对人摧残最大的不是过错，而是错过，不要错过那些能帮你解决问题的人，不要错过这些属于自己的机会。

如果，你已经决定放弃自己……如果，你还在犹豫不前……

如果，你还在执迷不悟地玩着手机并且幻想高考成功……

如果，你整天依然忙忙碌碌没有明确的目的和方向……

如果，你还在浑浑噩噩整天消沉地悔恨当初没有努力……

如果这样的话，那么15天转眼就会过去，你收到的可能是这样的话：时间太细，指缝太宽，不知不觉时间就从指缝间流逝……振作起来，让自己专注，让自己清醒！不要错失这15天的时间，它给我们很多同学留有自我救赎的机会。

对于高二的学生而言，6月9日参加完学业水平考试，你们即将成为高三的学生，300多天太长，只争朝夕。

对于高一的学生而言，你们也即将面临一个角色的转变，从曾经的学弟学妹成长为学长学姐，成为一个准高二的学生，也将肩负着高级中学更大的责任和使命。

最后请同学们永远记住：我们无法改变时间，但我们可以在时间中改变自己，只要我们把握好时间，时间就能让我们成为更好的自己！

教师的"仁爱之心"之我见

孔子曰："仁者，爱人也。"教师就是人类社会灵魂的工程师，只有真心诚意地去爱每一名学生，才能成为一名合格的教师。习近平总书记对"好老师"也提出了"四有"的要求，其中包含"有仁爱之心"。我们要有仁爱之心，这是教师的职业所需，也体现和谐育人的导向。但我们该如何做一名有"仁爱之心"的好教师呢？笔者从三个方面阐述了何为师爱：爱是一种尊重，爱是一种理解，爱是一种接纳。

一、爱是一种尊重

作为班主任，我们是否尊重学生，绝不在于我们的"好心"，而是学生的感受。我们也绝不能以"我是为你好"或"严师出高徒"之类的理由剥夺学生的尊严。

今天（2018年6月15日），我再次找我所选定的5个去参加数学辅导的学生谈话，我想了解他们最近参加数学辅导的情况，他们告诉我他们很满意，很感激我推荐他们参加数学辅导班。临界生辅导是年级的一个管理措施，首先由年级根据考试成绩画出重点临界生名单，然后由班主任根据学生情况分配到不同的辅导班。这让我想起了上学期，同样是按照年级的安排为重点临界生安排辅导老师，我自作主张地把6个临界生安排给不同科目的老师。我事先没有跟这6个学生商量，而是根据他们各科的成绩情况和平时的表现进行安排的，我自以为做得很合理，但我的一厢情愿也犯了一个严重的错误，这件事我至今仍然记忆犹新。当时，我把黄某某安排给一个数学老师来辅导，因为她数学基础不好，我想帮她一把。没有想到过了两个星期，她走到我办公室，胆怯地跟我说："老师，我可以不去辅导吗？"我马上意识到了问题，问道："怎么了？你不想把数学学好吗？"她马上说："老师，你为什么要让我去辅导啊，不去辅导我也可以把数学学好的。我答应你，我会努力的，我可以不去辅导吗？"她情绪有些激动，我不想与她争论，我想她来我办公室，一定是鼓足了勇气，并想好了自己的理由的。我不想让她感受到老师的压力，我只是简单地回答说："那好吧！如果你想辅导的时候，再告诉我好吗？"她说了声"谢谢"就离开了我的办公室。

这件事让我沉思了良久，我也在问自己：为什么非要她去辅导？难道是因为她数学差？这就是理由吗？这只是我的一厢情愿，作为老师，我们不能动不动就把自己的意愿强加在学生身上，让他们没有任何反驳的机会。我发现，我们老师是经常会犯错误的，而且很多错误都犯得理直气壮的。我们不了解我们的学生，往往我们认为是一件很好的事，对于学生来说却是一件让他们伤心的事。在我们的思想中有一个误区，我们以为自己认为的好事对于学生来说也一定是好事。于是，我们总是习惯于把自己的想法当作一种事实强加给学生，根本没有去思考学生会怎么想，这是一种多么霸道的行为啊。我们经常打着"为学生好"的幌子去伤害学生，且并没有发现这种伤害，因而很多错误都在心安理得中进行着，这是多么值得我们警醒的事情啊！所以经过这件事情之后，我会提醒自己，我是一厢情愿吗？我正在犯错误吗？

二、爱是一种理解

诗人泰戈尔说："爱是理解的别名。"理解有多深，爱就有多深。只有了解学生，理解学生，才能有师生情谊，有了感情，才能沟通，才能解决问题，才能尽到教书育人的责任。

2018年6月15日星期五晚上10点56分，寝室教官打来电话，说201寝室我们班的一个学生还没有回寝室。听到这个消息，我心里一阵紧张，我第一反应是谁？我让教官去确认是哪个学生没有回寝室，当教官告诉我是谢某某的时候，这是令我始料未及的，因为在我心目中谢某某是一个很勤奋、很懂事的学生。我让教官再等等看，如果他等会儿回来了就让寝室长给我发条短信；如果过会儿还不回来，就要全校"搜寻"了。我心里很忐忑，想着他怎么这么晚还不回寝室呢？会去哪里呢？……十分钟之后，寝室长的电话打来了，谢某某回寝室了，原来他在综合楼那边的楼道里学习（因为综合楼楼道的灯是通宵亮着的），我也终于松了口气。第二天，当我来到办公室，我很想把谢同学好好地批评一通，但理智告诉我不能这样做。我先找了201寝室的寝室长胡同学，首先我表扬了他，表扬他作为寝室长关心室友，当发现室友没有回寝室的时候及时地报告教官和我。然后我向他了解他的寝室最近的学习情况。在得到表扬之后，胡同学也很开心，他跟我反映了寝室的情况。他告诉我：每次考完试，班上的三个寝室都会不自觉地进行比较，通过比较发现，他们201寝室是最勤奋的，但每次考试还是考不赢其他两个寝室，而203寝室被公认为"学霸寝室"。我听得出来，在说这些话的时候他略显失望，我安慰他："要相信自己的勤奋，付出一定会有收获，可能收获来得晚点而已。"并鼓励他们要继续保持勤奋的态度并注意学习效率。了解了寝室的情况之后，我接下来就知道怎么与谢某某谈话了。我开门见山，直接问昨晚的事情，谢同学以为我没这么快知道，他的第一个反应是："老师，你怎么知道？"我与他聊了起来，他告诉我快要考试了想多学一点儿，我也告诉他三点：一是老师和同学们都很关心他。他略带感动地说："我们寝室的同学很好，很贴心。"二是多与同学们沟通，应该提前告诉寝室同学自己的去向和可能回来的时间。他这时意识到自己的错误，说："对不起，下次不会这样鲁莽了。"三是要注意身体，学得太晚身体会吃不消。他说平时习惯晚点睡，上课状态挺好的。之后，他主动地跟我聊了他的学习状态、家庭情况等。这件事让我明白：作为班主任，当学生做了一些错事时，我们要学会理解，千万不要小题大做，我们要借此机会与学生进行坦诚的交流，打开学生的心扉，拉近师生的距离。

不是锤的击打，而是水的载歌载舞，才使鹅卵石日臻完美。如何能更好地理解学生，关键在于我们要放下自己的师道尊严，蹲下身去听听学生的心声。用学生的眼睛去观察，用学生的耳朵去倾听，用学生的大脑去思考，用学生的兴趣去探寻，用学生的情感去热爱。

三、爱是一种接纳

如果说付出是一种爱，接纳不也是对爱的一种回应吗？

"老师，我帮你把电脑拿到办公室去吧？"

"老师，你也吃一块饼干吧！"

"老师，这是给你的教师节礼物，是我自己做的。"

带班这么多年，我总感觉现在的学生并不缺少付出爱的行动，而是缺少接纳别人爱的能力，这可能与我们的教育有很大的关系，社会和学校往往强调的是教育学生如何付出爱，而忽视了教育学生如何接纳别人的爱。我认为爱与被爱是相互的，一个不懂得接纳别人爱的人是不会去爱别人的。我们经常会听到学生抱怨自己家长和老师的各种不是，我想这种学生是没有体会到家长和老师的爱，没有去真心地接纳他们的爱。

上周我听了一节同事的主题班会课"母爱"，同事讲得很精彩，他从自己的父母讲起，述说自己的父母是多么辛苦，教育学生要爱自己的父母，要求学生回家帮助父母做家务等。的确，我们的父母很伟大、很辛苦，需要我们去爱。课后我总感觉这节课有些不完美，我认为其有两点不足：一是缺少对学生大爱精神的引导，只是局限于自己的父母。为什么就不能借此机会培养我们学生的大爱精神呢？"老吾老以及人之老，幼吾幼以及人之幼。"有些人可能会说其他人的父母与我们没有血缘关系，和我也素不相识，与我何干？我认为我们每一个人都需要摒弃这种狭隘的爱的观念，只要与我们的社会、我们的生存有关的，我们都需要去关爱。我们是人，我们都是同一物种，所以我们要关心人。记得一个社会学家说过：一个人只要经过七个人的关系，就能认识世界上的任何一个人。二是同事只强调了爱的付出，忽视了教育学生爱也需要接纳。当我们的父母含辛茹苦地为我们付出，如果我们一味地拒绝这份爱，这对父母来说也是一种伤害。反之，如果我们孝顺父母时而被父母所拒绝，我们的感情也会受到打击。同样，我们作为教师，我们对学生的爱需要学生真心地接纳，学生对我们的爱，我们也要坦然接纳，爱与被爱同等重要。

总之，作为教师，我们要有仁爱之心，这是我们的职业要求，也是社会的要求。只有我们真心诚意地去爱每一名学生，我们才能成为一名合格的教师。

我们现在努力还来得及吗

—— 2019年3月4日星期一升旗仪式时国旗下的讲话稿

上周，高三年级进行了二〇一六届高考百日誓师大会，会后有同学问我："我现在努力还来得及吗？"大家觉得还来得及吗？

这几天在看《百岁人生》这本书，这本书讨论的是我们这一代人，大概率上都有机会活过100岁，这几乎是医学界的共识，具体的论证我就不多举了。

活得久，有充分的时间，这是一个好消息。但是它会变成我们这代人的一个大问题，为什么？因为我们每一个人、我们整个社会都没有为这个好消息、为这么长的寿命做好准备。

本来60来岁就退休，但如果我能活到100岁，或者120岁呢？60岁才刚刚步入中年，后面还有大几十年呢，可是这些时间用来干什么呢？

去年，有一个收费站的员工出了名。因为她被收费站裁员了，她非常悲愤地说："我都36了，除了收费，啥也不会。到这个岁数，学东西都学不了，也学不会了。我这下半辈子可怎么办呢？"与此同时，一位100岁的老奶奶说："我特别后悔60岁的时候没有开始练小提琴，如果当时练了的话，我现在已经是一个有40年经验的小提琴手了。"

你看，多么醒目的对比：一个36岁的人说自己来不及了，一个100岁的人后悔自己没有早点儿开始另一项人生任务。

浮生一日，蜉蝣一世。蜉蝣一辈子只有一天的生命，如果你是一只蜉蝣，每一个小时都是生命的全部。古人云"六十花甲，七十古来稀"，我们的时间跨度相对还是比较长的，当我们遇到困境的时候，我们有很多机会来自我改变。如果把这个困境放在120年的生命周期里，用新的坐标再看一次呢？情况就完全不一样了。在这个坐标下你会发现，有些困境真的算不了什么，有些想法显得多么可笑、多么荒谬。所以，我想问大家，我们作为高中生，人生才刚刚起步，我们现在努力来得及吗？

东北有位大爷被人们称为"最帅大爷"，24岁当话剧演员；44岁开始学英语；49岁创造了造型哑剧，到北京成了一名老北漂，没房没车，一切从头开始；50岁进了健身房，开始健身；57岁，他再次走上了舞台，创造了世界唯一的艺术形式，活雕塑；70岁，开始有意识地练腹肌；79岁，他走上了T台。有人说他一夜爆红。可是你知道吗？为了那一天，他足足准备了60年。

人的潜能是能够挖掘的，当你说太晚的时候一定要谨慎，它可能是你退却的借口，没有谁能阻止你成功，除了你自己。

活到老，学到老。人生永远没有太晚的开始，只要你有心，只要你敢做，生活就会赋予你不一样的可能。

2016年，有一次我感冒很严重，吃药打针都不见效，当时我最大的想法就是给我一个健康的身体，其他的我可以什么都不要，一个人只有生病时才会想到健康的重要。病好了后，我开始跑步，从三五公里都气喘吁吁到最后能跑完半马、全马，下午或早上在学校操场跑上10公里，后来以跑为缘，无意中加入了各种各样的跑团、跑步群，竟在原有的人际圈外结识了不少很有趣、很厉害的人，与他们的一些交往，完全为我打开了一个全新世界的大门。

曾经跑过的路，竟收获了意外的惊喜。现在我都是早上5点多起来跑步，一个困境引起一次改变，一次改变养成一种习惯，一种习惯带来一分收获。

当我的学生问我"我英语很差，现在努力还来得及吗"时，我给她的回复是："什么时候努力都不晚，现在的你，比未来任何一天都年轻。更何况，你除了努力，还有别的办法让自己抵达梦想的彼岸吗？"

至少，你先找某件事行动起来。行动了不一定改变，但不行动，永远不会改变。更何况，你行动了即使没有达到理想的境地，相对于永远停留在原地，让时间白白流逝，你至少收获了经历。

人生有两种后悔：做了的后悔和没做的后悔。根据心理学家的研究，在短时间内回顾，比如一个星期内，人们为做了某件事而后悔会高于没做某件事的后悔，比例为53∶47；而当人们回顾过去五年、十年，甚至半辈子时，人们后悔没有做的事情比例远远胜于做了的事情，比例为84∶16。换句话说，从长期来看，我们八成会比较后悔自己没有做的事情。所以，去行动，去改变，为了梦想去努力。

时间对于每个人很平等也很残酷，一天24小时、1440分钟，用得好不会有多的时间奖励，用得不好也会即时清空，不会等到你醒悟过来再还给你。唯有让每一段时间都发挥价值，带来成长，才能收获"人生没有白走的路，每一步都算数"的喜悦。

　　不管你现在成绩处于什么位置，处于什么样的学习状态，你如果对现状不满，那就开始行动吧。没有明确的方向不要紧，未来结果如何也无须有太多考虑，从点滴行动着手，边走边想，边走边调整。你要知道人生没有白走的路，每一步都算数。让我们的生命除长度外，更能收获广度和深度。一切都还来得及，人生永远没有太晚的开始。

如何成为学习高手

——2019年11月4日星期一升旗仪式时国旗下的讲话稿

各位同学，早上好！

高三年级上周进行了惠二调考试，高一年级、高二年级也进行了本学期第一次月考并召开了家长会，借此机会我想与大家谈谈学习方法，所以我今天演讲的题目是"如何成为学习高手"。下面我想与大家分享三个人的学习方法，仅供大家借鉴。

第一个是我们的孔圣人。孔子在与弟子的交谈中多次提及学习方法问题，最著名的莫过于"学而时习之，不亦说乎""温故而知新，可以为师矣"。孔子认为复习是一种重要的学习方法。与此同时，孔子还特别强调思考的重要性，"学而不思则罔，思而不学则殆"这句名言深刻道出了学习与思考的辩证关系，告诉我们学习要防止"学而不思"和"思而不学"这两种现象，只读书不思考就会感到迷惑，只空想不读书就会精神倦怠。正所谓"不深思则不能造于道，不深思而得者，其得易失"，因而，我们要在学习中学会思考、善于思考、勤于思考。

孔子又说："吾尝终日不食，终夜不寝，以思，无益，不如学也。"学习是思考的基础，如果没有学习这一前提，单纯思考是没有任何实际作用的。另外，孔子还非常重视精益求精、仔细推敲的学习方法，"如切如磋，如琢如磨"。反对一知半解，浅尝辄止，学习应该举一反三，融会贯通。从孔子身上我们得知：学习要重复习，多思考，常交流。

第二个是习近平总书记指出："你脑子里装着问题了，想解决问题了，想把问题解决好了，就会去学习，就会自觉去学习。"由此可见，问题是学习的原点和推动力。习近平总书记强调："一切学习都不是为学而学，学习的目的全在于应用。"学习和运用是密不可分的两个方面。"一个人如果不注重把学到的知识运用到生活中、落实在行动上，即使他'学富五车、才高八斗'，也不能说达到了学习的最终目的。"另外，习近平总书记还强调："学习需要沉下心来，贵在持之以恒，重在学懂弄通，不能心浮气躁，浅尝辄止，不求甚解。一个人学习一阵子容易，长年累月地坚持学习并不容易。"学习是一个日积月累、循序渐进、由浅入深的过程，要想扎实、系统地掌握知识，必须做到持之以恒，最忌"三天打鱼，两天晒网"。正如荀子所说："不积跬步，无以至千里；不积小流，无以成江海。"我们要把学习作为一种追求、一种爱好、一种健康的生活方式，做到好学乐学。从习近平总书记的指示中，我们可以得知：学习要以问题为导向，学习的根本出发点是研究和解决问题，学习的目的是应用，学习贵在持之以恒。

第三个是我们的学长，二〇一六届惠东县理科总分第一名杨同学，他2013年从高谭中学考入我们学校，入校时中考成绩在年级排名是全年级七百九十一名，2016年最终以648分获得惠东县理科总分第一名并被浙江大学录取。与他相处的这三年，我想从他的经历中给大家分享三点学习方法。

一、失败后仍要奔跑

杨同学入校时名次为七百九十一名，高一整个学年都还在年级二百名左右徘徊，高二时有时候年级前十名，有时候年级前一百名。他也曾失落、沮丧、迷茫过。对于一名高中学生来说，除了在学习的道路上摸索出一条出路，还能做些什么？每一次考试都让他越发地坚定。不管成功与失败，他不断地进行自我调整，希望自己能以一个好的心态去面对每一次考试。他经常说，负面情绪过夜，就是懦弱的表现。我们没有办法拒绝失败带来的悲观情绪，但这不会是主流。失败了，痛苦了，就该再站起来，毕竟，大家都在奔跑，你停下来，就会被超过。第二天，你又是全新的自己，没有人说你必须背负失败。

二、老师才是课堂焦点

三年来，他给我留下最深刻的印象就是他是一个非常踏实的学生。他在班上介绍学习经验的时候常说：要绝对相信老师。上课时，老师就是焦点，听课要认真。老师的课，都是精心准备过的，把所有的知识点都串联在里面。老师一句不经意的话，就可能正是你遗漏的知识点，也可能对你来说是难点或重点。课堂，永远都是首要的。有的同学上课一边听课，一边做题，这是学习的大忌。

三、好记性不如烂笔头

当年高考，他数学133分，理科综合276分，他说学好数理化的秘诀就是做好错题本和好题本。他在数学学习上有两个笔记本，错题本专门用来整理考试中的错题，好题本是专门收集教师介绍的经典例题。的确，作为一名优秀的高中生，注重做课堂笔记是十分必要的，记下来的比听过就算的来得更真切。记笔记开始是一种要求，后来便是习惯。如果有时间，可以先记在卷子上，课下再整理在本子上，这样是最好的。如果没有时间整理，也可以直接写在本子上，前提是不要妨碍听课。另外，老师上课布置的内容和自己下课要整理的部分要记在小本子上以免忘记。每天做一个简单的学习计划。你每天面对着很多卷子，这不是任务，而是机会，是阶梯。当你没有找到适合自己的方法时，做题就是方法；当你没有学会取舍时，尽量多去完成；当你还不知道什么是重点，那就都当作重点来记。正如拿破仑所说："想得好是聪明，计划得好是更聪明，做得好才是最聪明。"

从我们学长的身上，我们可以学到：好的心态是成功的基石，老师是课堂的焦点，做好错题本和好题本是学好数理化的秘诀。

最后，我想告诉各位同学，高中是培养人才的地方，是实现梦想的地方，是创造奇迹的地方，希望各位同学端正学习态度，掌握科学的学习方法，早日成为学习上的高手。

和孩子一起成长

各位家长：

晚上好！当收到周老师的通知，让我代表我们三年级（6）班的家长在此发言时，我既深感荣幸，同时内心也很忐忑。我不知道今晚我与大家分享什么，思考良久，我就暂定一个主题为"和孩子一起成长"吧。

首先，我想代表我们家长对我们三（6）班的老师表示感谢！我是一名高中英语教师，作为教师，我每天要备课，要找学生谈心，要研究教学，要看书，和我的学生一起成长；作为一名父亲，我也要学习，努力让自己成为一名好父亲。总之，学习之路漫长而遥远，我一直在成长的路上。

前几天，我们学校的高一年级进行了第二次月考，成绩出来后，当时就听到办公室的老师在抱怨现在高一的学生太差了，这也不会那也不会。的确，高一新生刚刚踏进高中，他们需要一个适应的过程。有时候我在想，如果孩子一学就会，一听就懂，那我们作为老师的价值体现在何处？作为家长的价值体现在何处？正是因为我们的孩子什么都不会，所以我们要让他们从不会到会，从不懂到懂，这就是教育，这才能体现出我们作为教师的价值，作为家长的价值。其实有时候想想，我们孩子的成长过程，也给了我们成长的机会。我们在教育孩子的时候，也是在提升自我，特别是对于母亲来说，更是一种历练，正像那句话所说的："女子本弱，为母则刚。"

最近网上流传着一个段子：学生学习成绩不好，归咎原因的时候，大学教师怪高中教师没教好，高中教师怪初中教师没教好，初中教师怪小学教师没教好，小学教师只能怪幼儿园没教好，那幼儿园怪谁？只能怪家长没有教育好小孩儿。这只是一个笑话，但也从中折射出家庭教育的重要性，对一个孩子最重要的便是人生的开始阶段，也就是所谓的家庭教育，当前的教育对我们家长提出了更高的挑战。

我记得《人民日报》有一篇题为"教育改革要从家庭教育开始"的文章，文中提出了家长的五个层次论。第一层次：舍得为孩子花钱；第二层次：舍得为孩子花时间；第三层次：家长开始思考教育的目标问题；第四层次：家长为了教育孩子而提升和完善自己；第五层次：父母尽其所能支持鼓励孩子成为最好的自己，也以身作则支持孩子成为真正的自己。看了这篇文章，我也在内心反省自己，在孩子的家庭教育过程中我已经成长到哪一个层次？借此，我想与大家谈谈三点感悟。

第一，陪伴小孩做作业，帮助孩子养成良好的学习习惯

之前网上有一句话很火："我只有两只手，要么搬砖，要么抱你，我抱你就不能搬砖，可不搬砖就没办法养你。"的确，每个家庭的情况都不一样，很多时候，我们没有办法既做好工作，又照顾好家庭。我跟我老婆都是高中教师，每周至少有两个晚上是要上晚自习的，为了多一点儿时间辅导小孩儿做作业，我们把晚自习调开，基本上保证每天晚上有一个人在家辅导小孩儿做作业；如果实在都错不开，就把小孩儿带到办公室做作业。因为我们知道，孩子在小学阶段，养成良好做作业的习惯至关重要。虽然在辅导小孩儿作业时，我也偶尔会发脾气，我想在座的家长可能也有与我同样的经历，总感觉自己的小孩儿太笨，怎么这么简单的题目都不会做，这么简单的运算总会做错。其实，有时候想想，我们容易发脾气、容易冲动是我们自己不成熟的表现，如果哪一天我们能心平气和地辅导孩子做作业，说明我们正一步步走向成熟，是我们的孩子让我们变得成熟的。

因为职业的原因，我经常看到一些高中学生在学习上存在较大的差异，有时候我也会去找原因，最终发现小学阶段是分水岭。家长多陪伴小孩儿的学习，及时监督，让孩子按时完成作业，让孩子养成良好的学习习惯，这对于他们以后高中阶段的学习至关重要。如果父母没有在孩子最需要陪伴的那几年和他建立亲密的联系，就会导致亲子关系的疏离。父母在陪伴孩子这件事上偷懒，缺席了孩子成长中最为关键的那几年，以后会有更多更大的麻烦等着你。

第二，勇于管教孩子的错误，帮助孩子在心中树立规矩

我记得有这样一段话："如果悬崖边上设有栏杆，那么人就敢靠着栏杆往下看，因为不会害怕摔下去；如果没有栏杆，大家在离悬崖很远的地方就停住了，更别说站在悬崖边缘往下看了。栏杆就是界限，知道界限（规矩）

的孩子会有安全感，相反，没有界限的孩子没有安全感，因为他不知道安全的尺度在哪里。"

孩子在成长过程中，犯些错误是在所难免的，可能对于有些顽皮的孩子来说，犯错误就是家常便饭。人非圣贤，孰能无过？过能改之，善莫大焉。但是孩子犯错，我们作为家长也是要有底线的，有的可以宽容，有的必须追究。

上周六，孩子上完兴趣班后我就带她到沃尔玛超市，规定她可以挑选两样学习用品，但总价在20元以内。买完东西回到家，她妈妈问她满意吗？她不屑地回答："才两样东西。"语气中流露出不满足。当时，我感觉很不是滋味，就立刻狠狠地把她批评了一顿，我想让她知道：每个人要懂得知足，要懂得感恩，任何事情都是有规矩的，不是自己想怎么样就怎么样的。坦白地说，我也用衣架打过自己的小孩儿，每次打完小孩儿后都觉得特别内疚，但小孩在一些原则性的事情上犯错是不可饶恕的，我们一定要通过惩戒，让孩子对一些东西有敬畏之心。不过我们要注意的是打完孩子后并不是万事大吉了，不然孩子心里只会产生恶意和仇恨，当你打完孩子之后，要记得和孩子沟通，要让孩子知道爸爸虽然打你了，但爸爸还是爱你的。重要的是，要让孩子知道为什么会挨打，以后怎么做才能避免类似的挨打。

我们不能为了惩罚孩子而惩罚孩子，应当让他们知道这些惩罚是他们不良行为的自然后果，惩罚是高难度的教育技巧。人在成长过程中，要对一些东西有敬畏之心。如果孩子违法了，惩罚实际上是一种保护，让他知道怕，知道后悔，以后再也不敢了，真的让他不敢了才是保护他。

第三，全力配合学校教育，帮助孩子了解自己的兴趣特点

教育界有一个著名的"5+2=0"公式，所谓的"5+2=0"，指5天的学校教育颇有成效，但如果2天的家庭教育没有跟上的话，孩子的教育就会始终在原地打转，甚至会变得越来越差。在学校里，孩子上的是一样的课，接受的是一样的教育，他们的水平并没有太大的区别。可是回到家里之后，父母不同，家庭环境不同，孩子的学习效果自然不同。有些父母给孩子营造了良好的学习氛围，自己也起到了榜样作用，孩子自然会好好学习。反之，则会给孩子带来非常严重的后果。家庭教育不到位，不仅会抵消学校教育的效果，还会给孩子发展造成一定的消极影响。我想我们不仅要配合好老师的课堂教学，还要拓展学生的兴趣和各种能力，因为小学阶段正在孩子智力发展的高峰期。

　　我想很多家长可能跟我一样，一到周末就成了小孩儿的专职司机，这个培训班那个兴趣班，专业的事情交给专业的人去做。每次小孩上培训班，我都会拿上笔记本电脑，小孩儿上兴趣班，我做我的工作。当然，除了学习，我有空余时间就会带小孩出去转转，正所谓"读万卷书，行万里路"。

　　总之，教育是一件很复杂的事情，作为家长，我们要一直保持学习的态度。一千个家庭，就有一千种教育方法。不管什么样的教育，我想我们的主观愿望都是美好的，让我们和孩子一起成长吧。

仪式感带来的精神动力

——2020年教师节表彰大会有感

2020年9月10日是我国第三十六个教师节。上午，2020年教师节表彰大会在县会议中心召开。这是我到教育局办公室跟岗以来参与的第一个重大会务，为了这次会议，教育局很多股室人员也参与其中。办公室负责会议的统筹工作，包括布置会场、安排座位、准备材料等很多项工作。

9月4日，设计《教师平凡的一天》的脚本为录制教师节教育专题片；9月5日，修改刘老师的教师节演讲稿；9月7日，修改范老师的教师节演讲稿；9月8日，因为会议中心的显示屏出现故障，去西枝江中学和平山一小借多媒体电视，我们4人硬是把一台280斤的大电视从四楼搬下来；9月9日，我们在办公室准备材料一直加班到晚上10点。之前我从来没有过这样的经历，台前幕后，有时候还真是不容易，往往我们只是作为观众参与其中，从来也没有想过会务的烦琐，有时候可能从别人嘴里听说过，但没有体验过也就没有切身的感受。

这次大会对我县2019—2020学年优秀教师、优秀班主任、师德标兵、教学工作先进个人、县师德建设先进单位、教学质量奖获奖学校等进行表彰和颁奖。看着这一批批上台领奖的优秀教师，他们是众多奋斗在教育一线的教师代表。这是一个庄严而神圣的时刻，我想他们此刻的心情一定是激动而自豪的，这种表彰体现了他们的价值，这种表彰也彰显了党和国家对教育的重视。很遗憾，我没有参加过县里的表彰，但我参加过市里的两次教师节表彰，第一次是2012年我荣获惠州市优秀班主任。当时为了会议的顺利进行，我们受表彰的代表头一天就进行了彩排。第二次是2017年我荣获惠州市首席教师，当时也是被选中作为受表彰代表上台领奖。当我站在台上，接过证书的那一刻，我真的很激动，这是一个教师的价值得到肯定的见证，这是一种超越任何物质的精神激励。

那一本本荣誉证书本身是没有生命力的，但当我们接受证书的那一刻，我们是如此自豪和骄傲，到底是什么产生了如此大的作用呢？我想，一方面是生活的仪式感。人们常说："生活中不可缺少仪式感。"假如不是在这么隆重的场合接受证书，学校领导私下悄悄地把一本获奖证书给你，你还会如此激动和自豪吗？仪式感是我们精神动力的外在包装，贵重的礼物如果配上一个不错的包装盒，可能会收到神奇的效果。另一方面是我们对职业的追求。我之所以激动，很大程度是因为证书体现了我的职业价值。我热爱教师这个职业，我希望自己的职业价值能展现出来，而教师节的表彰大会这种仪式感正好体现了我的人生价值。正所谓对教育的精神追求就犹如珍宝，这个珍宝一直存放在我的内心，表彰大会就犹如一个礼盒，借表彰大会之机我终于可以把珍宝置于礼盒之中，所以我感到自豪与骄傲。

"严慈相济"的班级管理

今天（2020年9月24日）晚上，学校举行了2020年高考论坛，二○二○届高三年级领导、5位班主任代表、3位备课组长代表和2位教师在论坛上发言，这次论坛总结了2020年高考备考中成功的经验。

虽然我坐在后排，但是丝毫不影响我学习的热情。这是一次非常好的学习机会，我认真记录每一个上台教师的讲话，他们分享的是我身边的人和事，因而感觉特别亲切。当然，给我印象最深的是班主任代表介绍班级管理那部分，一方面是因为自己从事了十几年的班主任工作，另一方面是因为班主任工作不涉及学科专业知识，比较容易听懂。这几位班主任介绍班级管理的措施都非常好，比如丁劲老师讲的"笨鸟先飞、绝不放弃、学会放松"，郑卫锋老师讲的"注重氛围、注重常规、注重协同"，袁宏斌老师讲的"加强专业研究、勤于观察、善于团结"，宋培培老师讲的"营造温馨的班级氛围、利用好班会课、关注学生的心理健康、以爱走进学生心里"，刘晶老师讲的"以严提高战斗力、以慈增进感情、保持平和心态"等。

当时，引起我思考的是：女性班主任是否更有慈爱之心？在班级管理中，女性班主任是否比男性班主任更有优势？刘老师和宋老师两位女班主任在讲话中不约而同地谈到班主任管理中"慈爱"的重要性，并且都进行了举例论证。的确，爱是维系人类社会正常运转的纽带，爱在教育中也是不可或缺的，它能起到春风化雨、润物无声的作用。作为教师，我们只有真正爱学生，才会去理解、包容、接纳我们的学生，教育才会由此发生作用。孔子提倡"仁爱"，墨子提倡"兼爱"，从古至今，我们都提倡"师爱"，我想，"师爱"也是当今我们所提倡的师德的灵魂吧。没有爱的心灵，是贫瘠的沙漠，不会长出红花绿草般的美德；没有爱的教育，是干涸的河床，不会泛起情感的涟漪，激不起心灵的浪花。

心得：学思并进

　　记得我最初当班主任时，年龄和学生相差不大，还没有成家，天天和学生打成一片，久而久之，我发现虽然和学生关系很融洽，但因为我在学生心目中缺少威严，班级管理很松散。当我带第二届学生的时候，我一反以前的做法，严守班规，照章办事，严肃而严格，在学生心目中我是一个缺少人情味的教师，虽然同在一个教室，但学生和我的心总走不到一起。后来，随着班级管理经验的不断丰富，我终于选择了中庸之道。

　　在班级管理中，女性班主任更容易显露出"母爱式"的关怀，也更容易走进学生的内心，而男性班主任更容易显露出"父爱式"的威严。但任何事物都不是绝对的，教育亦是如此，如果对学生只有"母爱式"的关怀，就会因纪律不严而产生混乱；如果对学生只有"父爱式"的威严，就会因缺少宽容而难以走进学生的内心。正如《道德经》中所言："有无相生，难易相成，长短相形，高下相倾，音声相和，前后相随。"作为班主任，我们对学生既要有"母爱"也要有"父爱"，宽严相济才是王道。

感恩背后的团队

今天（2020年9月26日）下午，惠州市召开了2020年全市基础教育质量大会，惠东高级中学再次以高考（优投与本科）综合加工能力全市第一的成绩荣获惠州市高中教学质量一等奖。同时，生物备课组荣获2020年高考备考十佳团队，王团校长代表学校和陆老师代表生物备课组分别上台领奖。这个成绩来之不易，是继2019年之后第二次荣获惠州市第一名。当听到这个消息后，我和同事们都很激动，立马发了朋友圈，当我再次打开朋友圈的时候，发现这条消息在朋友圈刷屏了，我突然感受到学校大家庭的空前团结。

这种团结源于同事们发自内心地对学校的热爱，这种爱是不用言语来表达的，也是不添加任何掩饰的。今年是我在惠东高级中学工作的第十七个年头，平时总能听到身边的同事抱怨学校的这个不是或那个不是，似乎这个学校对于他们来说就是痛苦的源头，但当我们一旦把惠东高级中学与市内其他高中相提并论的时候，同事们又不由自主地肯定惠东高级中学，而抱怨其他学校的种种不是。其实这些同事从骨子里还是热爱惠东高级中学这个大家庭的，正如我们所教过的学生，每次当他们抱怨学校种种不好的时候，他们的内心总是会遵循"母校就是在你心里骂了一千遍一万遍却不允许别人说一句坏话的地方"这句话，这可能就是最真实的人生吧。

每个人如"天地一沙鸥"，但我们却可以拥有"会当凌绝顶，一览众山小"的豪情，这种力量来自哪里？我想，这种力量来自我们的团队。人类是群居性动物，种群的力量是每个个体赖以生存的依靠。我们每一人也都是从群体中找到力量的，这种群体小至家庭，大至国家。作为一名教师，当我走出校园的时候，我可以告诉其他人我是某某学校的老师，他们会投来羡慕和尊敬的眼光，他们尊敬的不是我这个人，而是教师这个职业，是教师这个群体。作为一名中国人，当我们去巴基斯坦等国家旅游的时候，我们告诉他们

心得：学思并进

我们是中国人，他们会给予尊敬和帮助，他们尊敬的不是我们这个个体，而是我们这个伟大的国家。

当惠东高级中学获得第一名的时候，我们刷屏朋友圈，是因为我们学校这个团队给了我们力量，我们作为团队的一员倍感自豪和骄傲，与学校荣辱与共。正如面对疫情时，我们举国同心、舍生忘死、命运与共，取得了抗击疫情的巨大胜利。

从教以来，我也获得过不少荣誉，如惠州市首席教师、市优秀班主任等。每次当别人祝贺我的时候，我的内心总有一个声音，这些荣誉不是我个人的，是学校集体的荣誉，如果没有学校这个平台，我什么也不是。我想告诉他们，但最终还是一笑而过。在给新教师建议的时候，我也常说：作为一名教师，我们不要总想学校为我们做什么，而要想我们能为这个学校做什么。只有当我们感恩我们所在的学校时，我们才会珍惜这份工作；只有当我们珍惜这份工作时，我们才会有更充实的人生。

"变"永远在路上

2020年10月14日上午，我们在教师发展中心观看了习近平总书记在深圳经济特区建立40周年庆祝大会上的讲话，下午随领导们到惠东高级中学和惠东中学对高三的备考工作进行调研。从惠东中学回来的路上，我大脑中一直浮现一个词——"改革"，习近平总书记在深圳的发展上多次强调"深圳改革"的重要意义，王团校长在介绍学校情况时重点谈到卓越班的建设情况，周刚校长在高三备考策略上多次提及学校所采取的新措施。的确，不管一个国家、一个城市，还是一所学校，改革永远在路上，改革之路无坦途。

我们姑且不谈其他，这里我想聊聊我们学校的卓越班。这是学校第一次开设只有约20个学生的精英班。对于学校而言，这是一次改革，是一个大胆的尝试，也是一大创举。目前，我们学校已经达到重点率和本科率的瓶颈期，已经在2019年和2020年高考中连续两年荣获惠州市教学质量综合评价第一名，要想突破难度很大。

所谓"穷则思变，变则通，通则久"。我想，每一项"改革"并不是空穴来风，而是因势利导。我们惠东县享有高校专项和地方专项的国家政策，而惠东高级中学又集中了惠东县大部分的优秀生源，每年都有70多位学生在高考录取中享受了地方专项政策的优惠。近年来，名校录取的学生也都是因为高校专项的优势，如2016年的陈同学被清华大学录取、杨同学和陈同学被浙江大学录取等，2020年的陈同学参加清华大学的自主招生被加20分，虽然最终与清华大学擦肩而过，但这激励了尖子生群体的奋斗。卓越班也就应运而生，与其说，是学校的"改革"，不如说是学校发展的必然产物。

"看似寻常最奇崛，成如容易却艰辛。"卓越班看似容易却艰辛，配备优秀的师资，选择优秀的学生，这些相对容易一些，但尖子生如何突破却是一大难题。在学校的座谈会上，教育局赵局和县教师发展中心郭主任谈得最

心得：学思并进

多的是卓越班的发展，这也表明了领导对这一"改革"的支持与重视。高三卓越班的班主任赖老师谈了班级的管理情况，如建立学生档案、统计学生成绩、帮助学生学会自我分析、做好班集体建设、重视学生的身心健康等，从谈话中可以听出班主任在班级管理上很用心。

方法总比困难多。只要我们坚定了方向，总是可以破冰突围的。对于卓越班而言，一方面，我们要"用力"，正如赖老师说的，尽力把该做的事情做好。"用力"就是加强自身的修炼，从学生层面而言就是要刻苦学习，从教师层面而言就是要加强专业修养和教育的智慧。另一方面，我们也要学会"借力"，坚持"引进来"和"走出去"的策略，他山之石，可以攻玉，从学校层面而言，要为教师提供更多提升的机会，同时为学生提供更多拓宽视野的平台。

每个学生都是unique

2020年10月22日下午，我来到高一（3）班的教室，这是我给这个班上的第一节英语课。因为一个同事生病请假，学校临时安排我给这个班带一个月的课。我早早地来到八楼办公室，因为是第一节课，我想总该给学生们一点儿"见面礼"吧。在准备人教版必修一Unit2 Travel around的讲课稿的时候，单词表中的"unique"这个词给了我灵感，我想到了《小王子》中狐狸和小王子那段经典的对话，这是我最喜欢的文段之一，何不把这段对话分享给学生，作为我给学生的"见面礼"呢？

To me, you are still nothing more than a little boy who is just like a hundred thousand other little boys, and I have no need of you, and you, on your part, have no need of me. To you, I am nothing more than a fox like a hundred thousand other foxes. But if you tame me, then we shall need each other. To me, you will be unique in all the world. To you, I shall be unique in all the world.

我用PPT给（3）班的学生呈现了这段话，让他们尝试翻译出来，我叫了几个学生做翻译，但学生都没有讲明白，可能和他们的词汇量、人生阅历有关系，再加上大部分学生没有读过《小王子》的英文原著，所以他们对这段话基本上是没有什么感觉的。最开始，当我读这段话的时候，我也没有什么感觉，仅仅是凭借一个英语教师对这段文字语言层面的理解，只是觉得"nothing more than""have no need of""be unique in all the world"等词句很不错。

不知道是哪一年，当我看电视剧《手机》的时候，剧中费墨教授和严守一的精辟论断——驯养关系理论给我留下了深刻的印象。驯养关系理论认为：这个世界上的事物都存在一种驯养和被驯养的关系，你养了一只小狗，在你没有养它之前，你们彼此是没有任何关系的，一旦构建了驯养关系，你们在彼此眼中都是独一无二的。同时，驯养也是相互的，你以为自己驯养了小狗，实际上在这个驯养的过程中，你自己也成了小狗眼中被驯养的对象了。

初听这个理论，我们可能会感觉很荒谬，但细想之后，你会发现它不无道理。这个驯养关系理论就是来自《小王子》中狐狸和小王子的这段对话，当时我就搜索了《小王子》这部分的英文原文，认认真真、仔仔细细地读了几遍，越读越有感觉，越读越感觉到它的哲理深刻。我很喜欢"tame"和"unique"这两个词，我感觉"tame"这个词翻译成"驯养"有点刺耳，"tame"可以理解为构建一种关系，但"tame"没有办法用中文准确地表达，可以意会但无法言传。比如说我们养一只小猫，我们每天要给它吃东西，甚至给猫洗澡、陪着猫玩等，它们把我们当作主人，我们从内心也会对小猫产生牵挂，我们就建立了驯养关系。人与动物之间是驯养关系，对于彼此而言，他们在对方眼中都是独一无二的。

作为老师和学生，我们谈不上"驯养"，但我觉得教师和学生原本是两个独立的个体，这两个个体因缘而起，因爱而聚。教师和学生本来是茫茫人海中两个毫无关联的个体，正是教师的"教"和学生的"学"让我们联系到一起，关系一旦确立，任何一方都无法缺失，我们都彼此需要。对于教师而言，学生是独一无二的；对于学生而言，教师是独一无二的。

我给学生分享《小王子》中的这段话，一方面，希望学生明白，今天我第一次给他们上课，从此我们的关系便从"无"到"有"，我会用心地教他们、用爱呵护他们，他们也要"亲其师，信其道"，珍惜彼此；另一方面，我也希望他们明白，对于我而言，班上每个学生在我眼中都是"独一无二"的。

教师的"预"与"立"

2020年10月27日下午14：00左右，一个电话把我从午睡中叫醒，这是平山中学魏校的电话，他问我有没有时间指导一下他们学校的教师如何做评职称的材料。我犹豫了一下还是答应了，时间就定在当晚8：00。我给自己找了一个难题，对于如何做好中一职称的材料，我真的没有什么经验而言，魏校邀请我的原因可能是考虑到我之前做过两次中一评审评委吧。

的确，这几年我一直在准备高级教师评审材料，印象深刻的是2015年，我们刚在学校做完高级职称评审的述职工作，第二天就收到职称评审暂停的通知；2017年又恢复职称评审，但去农村学校或薄弱学校支教一年成为高级职称评审的硬性指标，我再次无缘参评，但我仍在坚持准备材料，因为我坚信机会往往只留给有准备的人，2019年我顺利通过了高级职称评审。

晚上20：00，我如约而至，在平山中学的会议室与参评中一职称的20来个教师进行了交流，我把职称评审要注意的事项都列了出来，并做了解释，同时，我也以自己的材料为案例与大家分享了如何填写"申报表"和"推荐表"。在互动交流中，教师的问题很多，我把自己所知道的都做了一一解答，但教师们还是有很多问题，说实在的，有些问题我也不知道如何解答。我能理解他们焦急的心情，这两年对于高中教师而言，中一职称评选的名额非常有限，很多教师对职称评审没有抱太大希望，甚至有点放弃的意思。但今年突然每个学校有二十几个中一职称的名额，幸福来得太快让很多教师措手不及，很多材料没有提前做好准备。由于每个教师的情况不一样，所以在填写表格的时候常常会遇到个体性的问题，又没有前车之鉴，焦急在所难免。

不知不觉已是晚上9：30了，我整理好材料准备开车回家。在坐上车的那一刻，我突然有一种非常轻松的感觉，这种轻松是快乐的。虽然在职称评审方面我谈不上什么指导，但我与他们分享了自己的做法，至少还是可以帮助

心得：学思并进

一些教师解决切实困惑的，正所谓独乐乐不如众乐乐。第二天，我们学校有几个今年参评中一职称的同事把材料发给我，让我给他们看看，我也认真地查看了同事的材料，并给他们了一些反馈。

经过这件事后，我一直在思考一个问题："凡事预则立，不预则废。"尤其是对一名年轻教师来说，未来的工作可能充满挑战，但我不会因此而退缩。为了能让自己更快更好地成长和发展，成为领导放心、家长认可、学生喜欢的教师，我会认真规划未来，从短期、中期和长期三个方面给自己提出要求。

首先，我的近期规划是尽快融入新的工作环境，熟悉同事并营造和谐的工作氛围，掌握自己工作所需的基本知识和方法技能，通过仔细研读课程大纲，认真备课，广泛吸取同事和领导的意见和经验、不断完善课程内容，提升教学技能，迈好教师生涯的第一步。

其次，我的中期规划是不断学习，夯实理论基础并提高自己的业务水平和工作能力，认真开展教研工作，积累教学经验，积极参与科研任务，实现质的提升。

最后，我的长期规划是关注学生的点滴变化，理解学生，欣赏学生，并针对他们的个性特征因材施教，成为学生信赖的朋友与导师。同时，我也会积极推进班级和学校建设，实现组织目标，为教师事业做出积极贡献。

"读万卷书"与"行万里路"

"读万卷书"与"行万里路"，孰重孰轻？也许这两者无法简单地用轻重来衡量，因为它们从不同的角度带来了不同的价值和体验。

"读万卷书"强调了读书的重要性。通过阅读，我们可以获得知识、启示和智慧。书籍是人类文明的宝库，读书可以拓宽我们的视野，培养我们的思维能力，并提供与历史、文化、科学和艺术有关的深层次理解。读书能够让我们从别人的经验中学习，尤其是那些已经逝去的智者和伟人的智慧。通过读书，我们可以利用时间和空间来与其他人进行交流，这是一种深度的思考和反思的方式。读书不仅可以帮助我们获取专业知识，也可以培养我们的创造力、同理心和审美能力。读书是一种悦己和自我提升的方式，可以让我们在思维上变得更开阔。

"行万里路"能够给人们带来身临其境的体验和直接感知。我们可以亲身体验不同地方的文化、风土人情和历史遗迹。通过亲身经历，我们可以开阔自己的视野，丰富我们的人生阅历，增长我们的见识。实践也是一种学习和成长的机会，它可以帮助我们了解自己，挑战和克服自己的局限。

两者的重要性不言而喻，但现实中，人们更注重"读万卷书"，导致"行万里路"的机会更弥足珍贵。在孩子的成长过程中，作为父母，我也会尽力地为孩子"行万里路"创造条件和机会，但一个家庭的力量还是显得单薄，非常感谢高级中学的"高级放牛班"，这是一个由我们学校教师自发组成的团队，为了让孩子健康、快乐地成长；也非常感谢"高级放牛班"的创建人郑优山老师和其他的同事。说实话，子慧的成长也得益于"高级放牛班"开展的各种活动，它不仅让孩子们开展了"读万卷书"的活动，更重要的是让孩子们参与了"行万里路"的活动。

我印象最深的是2020年9月的一个周末，追随秋天的脚步，"高级放牛班"组织孩子们去九龙峰下感受秋的味道，队伍很庞大，有20来个家庭，我们一家也参与其中，子慧和小朋友们一起玩得很开心。可能是每天忙于学校的作业好久没有到野外玩耍的缘故，也有可能是因为很多孩子在一起大家玩得比较开心，这次活动让我感受到了孩子的天性。说实在的，出来走走，我也感觉乐在其中，心情特别放松，看着九龙峰山脚下金黄的稻田，置身于大自然中，让人心旷神怡。回来后，我给子慧布置了一项作业，那就是写一篇日记谈谈自己今天游玩的感受，子慧也没有反对。作为小学四年级的学生，她平时在学校老师也有布置写日记的作业。当天晚上，子慧完成了写作任务，题目是"秋天，真美"，我拿起文章认真看了看，的确，经历过的事情记录起来就是不一样，不是凭空想象着去写，而是带着真情实感去记录生活。后来，我帮她把这篇文章修改了一下，就投稿给惠州日报的《小惠同学》，后来刊登于2020年12月的《小惠同学》，这给了子慧莫大的鼓励和信心。

我想，无论读书还是实践，都是相辅相成的。读书时，我们可以通过他人的视角和经验来了解世界。而通过实践，则可以用自己的亲身经历来体验和感受世界。读书带给我们的是思维的启迪和智慧的积累，而实践则能将这些知识与现实世界相结合，使我们对所学有更深刻的理解和应用。因此，我们无法简单地说哪个更重要，因为它们在不同的层面提供了不同的价值。

附原文：

秋天，真美

秋天是一首丰收的歌，那一串串音符跳动在我的眼前。瞧！远处那一片片金黄的稻田在秋风的吹拂中泛起一道道金色的波纹，那一串串饱满的稻穗在向我们招手，好像在说："秋天来了！秋天来了！"

在这秋高气爽的日子，我们来到九龙峰山脚下的稻田，让自己沉醉在稻浪之中，感受秋的气息，寻找秋的味道。那一束束金灿灿的稻穗在风中嬉戏，轻轻摆动它那孱弱的腰肢，多像活泼可爱的小姑娘头上扎的麻花辫啊！坚挺、细长的稻叶边缘就像一把把锋利的尖刀，在每片稻叶的中间有一条明显粗茎，好似风儿将它们对折后留下记忆的凸痕。一阵凉爽的秋风吹过，稻穗像金色海洋掀起了一道道波浪。站在稻田边，我们仿佛在这金色的海洋中徜徉着……

这时，一位阿姨情不自禁地给我们讲起水稻的历史，从远古的神农氏到当今的中国杂交水稻之父袁隆平爷爷。望着这一片颗粒饱满的稻田，我对袁隆平爷爷的敬佩之情不禁油然而生。

漫步在田间小路上，我发现路旁有许多长长的藤蔓盘根错节。正好可以折下来做花环，我心中一阵窃喜，赶紧和妈妈忙活开了。只见妈妈把刚才折下来的藤蔓弯成了一个圆形，再把细小的藤叶绑在一起，在我头上试戴了一下，不大不小刚刚好。妈妈高兴地说："真好看！"我高兴极了，兴奋地跑去采了些小野花和较细的藤蔓，然后把小野花绑在花环上。小野花真美啊！五颜六色，红的似火，白的如雪，黄的赛金。五彩缤纷的花朵点缀了藤蔓的"孤独"。藤蔓和花儿小手拉大手，凑成了一顶美丽的花环。

最后，我和小伙伴们来到一处空地上，玩起了有趣的游戏——飞花令。"万里悲秋常作客，百年多病独登台。""春花秋月何时了，往事知多少。""落霞与孤鹜齐飞，秋水共长天一色。"小伙伴们你一言我一语，谁也不让谁。在这兴趣盎然的游戏中，我学到了很多中国古诗词，也让我更加热爱中国古诗词了。

秋天是一首歌，它唱出了我们的欢乐，唱出了我们的友情，唱出了我们的童年。秋天，真美啊！

做合作型父母与孩子同成长

10月5日，我参加了惠东高级中学二〇二二届卓越班国庆亲子户外活动。因为这个卓越班是我妻子做班主任，又加上我是原班主任，我和妻子还带上大宝二宝一起参加了这次活动。这是学校今年第一次开设这样的班型，卓越班只有22名学生，是从全年级1500名学生中挑选出来的优秀学生。这次活动是由班级家委组织的，家委们制作了详细的活动方案，家长们也积极参与。这次活动内容很丰富，包括参观大平岭核电站、参观中科研"两大科学装置"项目厂址、惠东港口海龟国家级自然保护区、双月湾观景台、开展CS野战及射箭活动、烧烤活动、沙滩篝火晚会等。早上7：30出发，到晚上11：00返回学校。在回来的车上，我的两个孩子都睡着了。这一天虽然累，但很充实，很有意义。这是一次亲子活动，有十几个学生家长全程参与活动。让我印象最深的是沙滩篝火晚会，父母牵着自己孩子的手围成一圈，然后大家按照指令跳起来，都非常开心。

作为教师，我希望这些孩子更加优秀；作为父母，我有两个孩子，大的10岁，小的2岁，我希望自己的孩子能像这些哥哥姐姐一样优秀。说实在的，我很羡慕这些家长，他们有这么优秀的孩子。在这一天的活动中，我也特意与这些家长交流，想从他们身上学到更多的育儿之道。这些家长对孩子的教育真的很重视，教育方法也值得我学习，正所谓"每一个优秀的学生后面都会有一位优秀的家长"。我注意到他们有一个共同特点，就是家庭关系很和谐，父母和孩子呈现出一种合作型关系。在孩子的成长过程中，父母和孩子应该是一种共同成长的关系。对于孩子来说，我们之间是只具备血缘意义上的父母与子女的关系，想要做一个优秀的父母，我们同样是需要不断学习的，和孩子共学习、共进步，做一个合作型父母才是我们的最佳选择。

这也让我想到了另外一些家长，每次打电话给我时，他们总是抱怨：

"为什么我的孩子上了高中后越来越不听话啦？"我真不明白他们所谓的"听话"到底指的是什么？如果父母总是以最权威的角度安排着孩子的一切，和孩子的关系不是"你说我听"，而是"我说你做"，父母说什么，孩子必须"听话"地做什么，我想，这种"听话"大可不必。作为父母，我们抱有控制孩子一切的思想是不正确的，孩子终究是要成长的，在成长的过程中，难免有这样或那样不尽如人意的地方。如果父母为了让孩子避免犯错误而控制孩子的一言一行，我想，父母的这种做法就是最大的错误。被父母的想法控制的孩子，就像笼子里的鸟，虽然笼子会移动，但也只是换了个地方被关。如此一来，孩子的一生必然是不幸福的。

我们应该明白犯错是孩子成长的必经过程，探索性学习可以激发他们的创造性。尊重孩子的想法，给孩子平等对话的机会和权利，鼓励他们大声发表自己的观点和建议，给孩子营造一种和谐的家庭环境至关重要。

教育的"成全"与"设限"

2021年10月20日中午，我们一家四口在餐桌上吃饭。妻子问我这个学期还要不要送大宝去学钢琴。大宝今年上小学四年级，有两年的学钢琴经验，但大宝一直不怎么喜欢弹钢琴，每次钢琴老师布置的作业，大宝都是在妻子的连哄带训下完成的。有时候，为了练琴，妻子和大宝之间会发生一些不愉快的事情。我马上转头问大宝："子慧，你来决定这个学期是否还要继续学钢琴吧。"大宝看了一下我迟疑地说："还是不学了吧，我不怎么喜欢钢琴。"她为难地看着她妈妈，我知道她担心妻子说她。我马上跟妻子说："不学也好啊，她这个学期有学跳舞、主持、书法和画画，已经很充实啦！"妻子也没说什么就同意了。大宝此时也露出了笑容。我突然想起前段时间我们一起散步时她给我讲的一个故事，我马上对子慧说："子慧，你上次编的那个故事很有趣，可以跟妈妈分享一下哦。"妻子也好奇起来："什么有趣的故事不告诉我啊？"子慧开始分享故事。

从前有一个妈妈生了两个儿子，第一个儿子身材修长，像条鱼一样很会游泳，第二个儿子长了一对翅膀，可以在空中飞行。妈妈为这两个儿子感到自豪。有一天，妈妈带着这两个儿子去旅行，走着走着，一条大河挡住了他们的去路，妈妈马上决定说："这里有一条河，你们两兄弟比赛一下，看谁先游到河对岸。"第一个儿子听了很开心，第二个儿子有些为难，但还是答应了妈妈的要求。比赛开始了，两个儿子都跳进河里，第一个儿子很快游到河对岸，当他回头看他身后兄弟的时候，他的兄弟此时正在河里苦苦地挣扎。

那天子慧告诉我这个故事的时候，我以为是她从哪本书上看的，她说是她自己编的。妻子听完这个故事，也表扬了子慧。虽然这个故事编得有些稚嫩，但让我很受启发。面对一条大河，第一个儿子可以游过去，因为他擅长游泳。第二个儿子有一双翅膀，为什么不能飞过去呢？为什么不能看到两个儿子各自的优势和特点呢？这是他妈妈的错吗？妈妈不该让他们比赛吗？

这也让我想起爱因斯坦的那句名言："每个人都是天才，但如果你以爬树的本领来判断一条鱼的能力，那它终其一生都会以为自己是个笨蛋。"从事高中班主任12年，我接触过很多家长，很多家长对自己的小孩儿的特点是不了解的。如果问家长小孩儿的缺点是什么，家长们"如数家珍"，记忆清晰；如果问家长小孩儿的优点和特长是什么，家长们的回答却很笼统，比如很勤奋、很聪明等。在普通的父母眼里，孩子只有优点和缺点，他们觉得必须帮孩子改正缺点才能帮助他们成为好孩子。这样的父母习惯发现孩子身上的缺点，也习惯发现别人家孩子身上的优点，所以他们总是在比较，总是在寻找平衡，从而变得急功近利。

其实，每个孩子都是独一无二的，所以他们根本没有互相比较的必要，也不能用统一的标准去衡量。优点也好，缺点也罢，都只是孩子的特点。父母眼中的缺点，只是孩子在成长过程中显现出来的特质，它的存在，也是成长的问候。正如教育家约翰·格雷说过："我们不必去想该做什么使孩子更美好，而是必须认识到我们的孩子已经是美好的了。"

因此，不管作为父母还是作为教师，在孩子的成长过程中，我们应该更多地使用"成全"教育，而不应该一味地实行"设限"教育。

心得：学思并进

县城高中生涯规划教育的几点思考

高中生涯规划旨在帮助学生了解自己的兴趣、性格、能力和价值观，并将其与未来的职业机会相匹配。在高中阶段，学生面临着许多选择，包括选科、参加社团活动、选择大学和专业等。一个良好的生涯规划可以帮助学生更好地适应这些选择，为未来做出明智的决策。目前的高中生涯规划教育在不同地区和学校之间存在一定的差异，但在县城高中，生涯规划教育还面临着一些困境。

一、县城高中生涯规划教育的现状

目前，高中生涯规划教育正逐渐受到更多的关注和重视，越来越多的学校和教育机构意识到高中生涯规划对学生未来的重要性。但对于惠东县城高中学校而言，生涯规划教育也面临较大的困境，主要表现在以下几个方面。

（一）教育资源不足

相较于大城市的高中，县城高中比较缺乏专业的生涯规划指导教师和经费支持，无法提供足够的职业指导和辅导资源，限制了学生的生涯规划选择和指导。如在高一选科时，虽然学校有一定的指导，但缺少权威的数据分析，在指导方面缺乏科学性。

（二）社会行业缺乏

县城地区相对较小，不同行业和职业的机会有限，这导致学生在了解不同职业要求和发展机会方面面临困境，也缺乏现实的实践机会。比如在县城缺少一些高科技公司，学生很难接触到一些高科技人才，导致对一些行业了解较少，在以后的专业选择中限制了学生选择未来职业的机会。

（三）教师专业知识不足

在县城高中，教师的专业素养和职业指导能力相对较弱。他们可能缺乏对最新行业动态的了解，无法为学生提供准确和全面的生涯规划信息和指导。比如在广州深圳等大城市，高中学校都会有专业的职业规划师。即使是普通教师，他们受到生涯规划培训的机会也比较多，对职业动态的了解和职业的选择相对比较专业。

（四）家长支持力度不够

县城地区的教育观念可能较为保守和传统，家长更注重的是孩子对学科知识掌握和考试成绩的好坏，很多家长自身对生涯规划并不了解，导致家长对生涯规划教育的重视程度相对较低，这必然会影响学生使其对生涯规划的认识和意识不足。

二、生涯规划教育的实施路径和方法

（一）开设生涯课程，培养生涯意识

学校加强对教师特别是对班主任的培训，为教师提供生涯规划教育的专业培训，提升他们的职业指导知识和能力，以便更好地指导学生进行生涯规划。学校可以适当地开设生涯规划教育课程，生涯规划教育课程包含认识自我、认识社会、行动管理和生涯决策等。生涯规划的第一步是让学生了解自己，班主任开展认知自我的主题班会，如开展兴趣探索主题班会，让学生了解自己喜欢做什么；开展性格探索主题班会，让学生知道自己适合做什么；开展能力探索主题班会，让学生知道自己擅长做什么；开展价值观探索主题班会，让学生了解自己最看重什么，对培养学生的正确价值观进行引导。

（二）开展职业调研，了解职业要求

县城学校由于受其本身条件的限制，大部分学生无法接触到不同的行业和职业，但可以利用少数学生的资源优势，如在假期让有条件的学生去做一个职业调研，以访谈等形式去了解不同的职业，然后形成调查报告，最后让这些学生在班级分享自己的职业调研报告，这样就可以让更多的学生了解相关职业。如果条件允许，可以要求学生以视频的形式记录自己在某银行、某公司、某医院等场所工作一天的真实体验，通过职业调研实践活动，让更多的学生了解各种社会职业。

（三）落实学科渗透，掌握职业知识

将生涯规划内容融入各学科中，切实地将生涯规划与学科知识相结合。教师可以在教学中引入与职业相关的案例、实际应用和行业动态，以激发学

生对职业的兴趣和认识，同时学生也可以掌握相关职业知识。以英语学科为例，英语教材中常包含一些文学作品，如小说、诗歌和戏剧等，可以通过讨论这些作品中的道德观念、伦理问题和人物品质来启发学生的道德思考；英语教材还包含一些非虚构作品，如新闻报道、社论和科普文章，这些作品可以引导学生思考伦理问题、社会责任和公民意识，激发他们的社会关怀和公正观念；英语教材中经常涉及不同国家和文化的背景，这为学生提供了了解和尊重不同文化的机会，通过学习不同文化的价值观和道德观念，学生可以培养跨文化理解和尊重他人的品质；英语教材中的词汇和短语也可以渗透德育的内容，教师可以选择具有积极价值观的词汇和短语，如友善、正直、尊重等，引导学生理解和运用这些词汇和短语。

（四）加强家校合作，拓宽教育渠道

在生涯规划教育过程中，可以充分发挥家校合力，多角度多渠道开展生涯规划教育。一方面定期组织家长会议，向家长介绍生涯规划教育的重要性和方法，分享相关资源和信息。如果有条件，学校可以开展专门的家长培训会，提供关于生涯规划的知识和技能，帮助家长更好地理解学生的职业发展需求，以及如何有效支持他们的生涯规划，这可以帮助家长更好地了解和支持学校的生涯规划教育工作，并为家长指导学生开展生涯规划教育提供条件。另一方面学校与家长之间建立良好的信息共享和通信渠道，包括通过电子邮件、在线平台、手机短信等定期向家长提供学校的生涯规划教育相关信息和活动安排，定期邀请有专业知识背景的家长来学校开展讲座，如在班级开展主题班会时，邀请班上是医生、工程师、公务员等职业的家长给班上学生开设专题讲座，以家长的亲身经历和职业知识来开展生涯规划教育。

（五）参与社团活动，促进职业体验

学校有丰富多彩的学生社团活动，参加社团活动可以给学生提供实际的实践机会，让他们在实践中了解自己的兴趣、技能和特长。通过参与不同类型的社团活动，学生可以发现自己的潜力和兴趣，从而为个人的生涯规划提供参考。社团活动通常需要学生进行合作和协作，培养他们的团队合作意识和能力。这对于未来的职业发展至关重要。因为在工作中，很少有单独工作的情况，学会与他人合作是重要的职业技能。一些社团活动可以提供个人发展的支持和指导，例如学校的播音主持社团，在指导教师的指导下，学生可以制定个人发展目标，了解自己的强项和改进的空间，并为未来的学习和职

业选择做出更有针对性的决策。

三、结论

总之，高中生生涯规划是一个复杂的过程，需要充分的自我探索、职业调研和学术准备。虽然县城高中在生涯规划教育中存在一些困难，但我们可以通过各种途径，让学生了解自己、了解社会，积累实践经验，正确选择大学专业，帮助他们为未来的职业发展打下良好的基础。然而，生涯规划不是静止的，它需要学生不断适应变化，持续学习和发展。

心得：学思并进